KB074652

신주 사마천 사기 28

이 책은 롯데장학재단의 지원을 받아 번역, 출간되었습니다.

신주 사마천 사기 28 / 장의열전·저리자감무열전·양후열전·

백기왕전열전·맹자순경열전·맹상군열전

초판 1쇄 인쇄 2023년 10월 15일
초판 1쇄 발행 2023년 11월 10일

지은이 (본문) 사마천
(삼가주석) 배인·사마정·장수절
번역 및 신주 한가람역사문화연구소 사기연구실

펴낸이 이덕일
펴낸곳 한가람역사문화연구소

등록번호 제2019-000147호
주소 서울특별시 종로구 김상옥로17 대호빌딩 신관 305호
전화 02) 711-1379
팩스 02) 704-1390
이메일 hgr4012@naver.com

ISBN 979-11-90777-41-4 94910

값은 뒤표지에 있습니다.

세계 최초
삼가주석
완역

신주
사마천
사기

28

장의열전 | 저리자감무열전
양후열전 | 백기왕전열전
맹자순경열전 | 맹상군열전

지은이
본문_ 사마천
삼가주석_ 배인·사마정·장수절
번역 및 신주
한가람역사문화연구소 사기연구실

한가람역사문화연구소

차례

사기 제72권 史記卷七十二
양후열전 穰侯列傳

사기 제73권 史記卷七十三
백기왕전열전 白起王翦列傳

차례

사기 제74권 史記卷七十四
맹자순경열전 孟子荀卿列傳

사기 제75권 史記卷七十五
맹상군열전 孟嘗君列傳

新註史記

원 사료는 중화서국中華書局 발행의 《사기》와 영인본 《백납본사기百衲本史記》를 기본으로 삼고, 인터넷 사료로는 대만 중앙연구원 역사어언연구소歷史語言研究所에서 제공하는 한적전자문헌자료고漢籍電子文獻資料庫의 《사기》를 참조했다.

일러두기

❶ 네모 상자 안의 글은 사기 본문 및 삼가주석 서문의 글이다.

❷ 한글 번역문 바로 아래 한문 원문을 실어 쉽게 대조할 수 있게 했다.

❸ 삼가주석 아래 신주를 실어 우리 연구진의 새로운 해석을 달았다.

❹ 사기 분문뿐만 아니라 삼가주석도 필요할 경우 신주를 달았다.

❺ 직역을 원칙으로 삼고 의역은 최대한 피했다.

❻ 한문 원문에서 ( )는 빠져야 할 글자를, 〔 〕는 추가해야 할 글자를 나타낸다.

예) 살펴보니 15개 음은 이 두 음에 가까웠다.

案 十五邑近此(三)〔二〕邑

《사기》〈열전〉의 넓고 깊은 세계에 관하여

1. 시대별 〈열전〉의 세계

《사기》는 〈본기本紀〉, 〈표表〉, 〈서書〉, 〈세가世家〉, 〈열전列傳〉의 다섯 부분으로 구성된 기전체紀傳體 역사서이다. 기전체라는 이름은 다섯 부분 중에 제왕의 사적인 〈본기〉와 신하의 사적인 〈열전〉이 중심이라는 사실을 시사하고 있다. 〈본기〉가 북극성이라면 〈세가〉와 〈열전〉은 북극성을 향하는 뭇별이라는 구성이다. 〈열전〉은 모두 70편으로 구성되어 있지만 한 편의 〈열전〉에 여러 명을 수록하는 경우가 여럿이어서 실제 수록된 인물은 300명이 넘는다. 중국의 24사는 대부분 《사기》를 따라 기전체를 택하고 있지만 《사기》만의 독창적 내용이 적지 않다.

먼저 서술 시기를 보면 《사기》는 한 왕조사가 아니라 오제五帝부터 자신이 살던 한무제漢武帝 시기까지 천하사天下史를 기술했기에 그 시기가 광범위한데, 이는 〈열전〉도 마찬가지다. 그래서 이를 시기별로 나누어 정리할 필요가 있다.

첫째 시기는 춘추春秋시대 이전부터 춘추시대까지 활동했던 여러 인물이다. 〈백이열전伯夷列傳〉부터 〈중니제자열전仲尼弟子列傳〉까지 7편이 그런 경우로서 백이伯夷·숙제叔齊, 관중管仲, 안영晏嬰, 노자老子, 손자孫子, 오자서伍子胥, 공자孔子의 제자들 등이 이에 속한다.

둘째 시기는 전국戰國시대와 진秦 조정에서 활동한 인물들에 대해서 서술했다. 〈상군열전商君列傳〉부터 〈몽염열전蒙恬列傳〉까지 21편이 이런 경우로서 상앙商鞅, 소진蘇秦, 장의張儀, 백기白起, 왕전王剪, 전국 4공자, 여불위呂不韋, 이사李斯, 몽염蒙恬 등이 이에 속한다.

셋째 시기는 초楚와 한漢이 중원의 패권을 다투던 시기에 활동했던 인물들이다. 〈장이진여열전張耳陳餘列傳〉부터 〈전담열전田儋列傳〉까지 6편으로 장이, 진여, 한신韓信, 노관盧綰 등이 이에 속한다.

넷째 시기는 한고조 유방부터 경제景帝 때까지의 인물들을 서술하고 있다. 〈번역등관열전樊酈滕灌列傳〉부터 〈오왕비열전吳王濞列傳〉으로 번쾌樊噲, 육가陸賈, 계포季布, 유비劉濞 등이 이에 속한다.

다섯째 시기는 한무제 때의 인물들이다. 〈위기무안후열전魏其武安侯列傳〉 등으로 두영竇嬰, 이광李廣, 위청衛靑, 곽거병霍去病 등과 사마천 자신에 대해서 서술한 〈태사공자서太史公自序〉도 이 범주에 들 수 있다.

사마천은 한 사람의 인생 전부를 서술하는 개념으로 〈열전〉을 서술하지는 않았다. 그가 관심을 가진 것은 특정 인물이 어떤 사상을 가지고 한 시대를 어떻게 헤쳐 나갔는가, 또는 그 시대에 어떤 영향을 미쳤는가 하는 것이지 인생 전반을 세세하게 서술하는 것은 아니었다. 그러다보니 《사기》〈열전〉을 보면 한 인간의 역경을 통해서 그가 산 시대의 생생한 분위기도 엿볼 수 있다.

2. 〈백이열전〉을 첫머리로 삼은 이유

《사기》〈열전〉이 지금껏 인구에 회자되는 것은 사마천이 당위성만 추구한 것이 아니라 당위성과 실제 현실 사이의 괴리를 포착해 한 인물의 부침을 서술했기 때문이기도 할 것이다. 그가 〈열전〉의 첫머리를 〈백이열전〉으로 삼은 것은 〈세가〉의 첫머리를 〈오태백세가吳泰伯世家〉로 삼아 막내 계력季歷에게 왕위를 물려준 사양辭讓의 정신을 크게 높인 것과 마찬가지로 이利보다는 의義를 추구한 백이·숙제를 높인 것이다.

　사마천은 제후가 아닌 공자를 〈공자세가〉로 높여 서술하고 〈중니제자열전〉과 〈유림열전儒林列傳〉도 서술해 유가儒家를 높이기도 하였다. 그러나 사마천은 단순히 유학을 높인 것이 아니라 유학에서 천하는 공公의 것이기에 자기 자식이 아니라 현명한 인물에게 자리를 넘겨주는 선양禪讓의 정신을 높게 산 것이다. 그래서 오제의 황제黃帝부터 요순堯舜까지 행해졌던 선양禪讓의 정신을 크게 높였다.

　그러나 〈백이열전〉에서 사마천은 "백이·숙제는 남을 원망하지 않았다."는 공자의 말을 수록하면서도 사마천 자신은 공자의 견해에 동의하지 않고 백이·숙제의 뜻을 비통한 것으로 여겼다. 또한 그가 의문을 가진 것은 "하늘의 도道는 친함이 없고 항상 선한 사람과 함께한다."라고 했는데 선한 사람인 백이·숙제 같은 사람이 왜 굶어죽어야 했느냐는 질문이다. 그럼에도 불구하고 이利를 추구하는 삶보다 의義를 추구하는 삶이 중요하다는 생각에서 〈백이열전〉을 첫머리로 삼은 것이다.

　〈백이열전〉뿐만 아니라 초나라를 끝까지 부흥시키려고 했던 〈춘신군열전春申君列傳〉이나 〈자객열전刺客列傳〉 등도 이에 속한다. 〈자객열전〉의

형가荊軻가 남긴 "장사 한 번 떠나면 다시 돌아오지 않으리[壯士一去兮
不復還]"라는 시가가 대일항전기 의열단원들이 목숨을 걸고 국내에 잠입
할 때 동지들과 나누던 시가라는 점은 시대와 장소를 넘어 의義의 실천에
목숨을 건 사람들이 깊은 동질감을 느꼈기 때문일 것이다.

3. 주제별〈열전〉

〈열전〉 중에는 각 부문의 사람들을 주제별로 묶어서 서술한 〈열전〉이
적지 않다. 좋은 벼슬아치를 뜻하는 〈순리열전循吏列傳〉은 이후 많은 기
전체 역사서가 따라서 서술하고 있다. 후세 벼슬아치들에게 역사의 포상
이 가장 중요한 상으로 여기고 좋은 벼슬아치가 되려고 노력하라는 권고
의 뜻을 담고 있다. 또한 혹독한 벼슬아치를 뜻하는 〈혹리열전酷吏列傳〉은
반대로 역사의 비판이 가장 무거운 형벌임을 깨닫고 백성들을 가혹하게
대하거나 가렴주구를 하지 말라는 권고를 담고 있다.

사마천은 비록 유학을 높였지만 유자儒者는 칭송을 받는데 유협游俠은
비난을 받는 현실에 대해서도 불만이었다. 그래서 유협들도 수백 년이
지난 후에도 제사를 받든다면서 〈유협열전〉을 서술했다. 〈유협열전〉같은
경우《사기》,《한서》와 그 전편이 모두 전하지 않는《위략魏略》 정도가
이어서 유협에 대해 서술하였고 이후의 역사서에서는 외면받았던 인물
들이다.

사마천은 또한 '기업가 열전'이라고 할 〈화식열전貨殖列傳〉을 서술했다는

이유로도 비판받았지만 그가 지금껏 역사가의 전범典範으로 대접받는 밑바탕에는 경제를 무시하지 않았던 역사관이 깔려 있었다. 그러나 〈화식열전〉은 이후 《사기》와 《한서》에서만 서술하고 있을 정도로 여러 사서는 벼슬아치와 학자만 높였지 사업가는 낮춰 보았던 것이 동양 유학 사회의 현실이었다.

《사기》에만 실려 있고, 다른 기전체 사서는 외면한 〈열전〉이 〈골계열전滑稽列傳〉, 〈일자열전日者列傳〉, 〈귀책열전龜策列傳〉이다. 〈골계열전〉은 보통 세속을 따르지 않고, 세상의 이익을 다투지 않는 것을 귀하게 여기는 사람들의 풍자정신에 대해 서술한 것으로 해석된다. 사마천이 보기에는 천문관측에 관한 〈일자열전〉이나 길흉을 점치는 복서卜筮에 대한 〈귀책열전〉도 나라를 다스리는데 필수적이라는 생각에서 이를 〈열전〉에 서술했다.

4. 위만조선만 서술한 〈조선열전〉

사마천이 〈열전〉에서 창안한 형식중 하나가 외국에 대한 〈열전〉이다. 사마천은 〈흉노열전匈奴列傳〉을 필두로 〈남월열전南越列傳〉, 〈동월열전東越列傳〉, 〈조선열전朝鮮列傳〉, 〈서남이열전西南夷列傳〉 등을 서술했다. 이것이 공자가 《춘추》에서 높인 존주대의尊周大義와 함께 중국의 전통적인 화이관華夷觀을 만들어 낸 것으로 볼 수 있다.

그러나 사마천은 동이족이 분명한 삼황三皇을 배제하고 오제五帝부터 서술한 데에서 알 수 있는 것처럼 화하족華夏族의 뿌리를 찾기 어렵다는 현실에 부닥칠 수밖에 없었다. 그래서 때로는 이족夷族의 역사를 무리하게 화하족 역사로 편입시키려 노력했다. 한나라를 크게 괴롭혔던 흉노를 하夏나라의 선조 하후夏后의 후예로 서술하고, 남월, 동월 등도 그 뿌리를 모두 화하족과 연결되게 서술한 것은 이 때문일 것이다.

〈조선열전〉에서는 단군과 기자의 사적은 생략하고 연나라 출신 위만衛滿에 대해서만 서술했다. 사마천은《사기》의 여러 부분에서 기자箕子에 대해 서술했고, 그가 존경하던 공자가《논어》에서 기자를 미자微子, 비간比干과 함께 삼인三仁으로 꼽았으므로 그의 사적을 몰랐을 리 없다. 그러니 기자가 주무왕周武王에 의해 석방된 후 '조선朝鮮'으로 갔다는 사실을 몰랐을 리 없고 기자가 간 조선이 '단군조선檀君朝鮮'이라는 사실도 몰랐을 리 없다. 그러나 사마천은 단군과 기자는 생략하고 위만조선만 서술했다. 그럼에도 그가 〈조선열전〉이라도 서술했기에 우리는 위만조선과 한나라의 관계나 위만조선의 왕족과 귀족들이 왜 망국 후 한나라의 제후로 봉함을 받았는지 알 수 있게 되었다.

이제 〈열전〉을 내놓으면서 40권에 이르는《신주 사마천 사기》의 대단원의 막이 내려진다.《신주 사마천 사기》는 비단 지금까지 전 세계에서 발간된 가장 방대한《사기》번역서 및 주석서일 뿐만 아니라 그간《사기》에서 놓쳤던 여러 관점과 사실에 대해 알 수 있다. 예를 들면《사기》본문 및 그 주석에 숱하게 드러나고 있는 이족夷族의 역사를 되도록 되살렸다는 내용면에서도 새로운 시도라고 자평할 수 있다. 《신주 사마천 사기》완간을 계기로 사마천이 그렸던 천하사가 더욱 풍부해질 뿐만 아니라 《사기》속에 숨어 있던 우리 선조들의 이야기가 우리 후손들의 가슴 속에 자리 잡게 된다면 망외의 소득이라고 말할 수 있을 것이다.

사기 제 70 권 史記卷七十

장의열전 張儀列傳

사기 제70권 장의열전 제10

史記卷七十 張儀列傳第十

신주 본 열전은 전국시대 중기 소진과 쌍벽을 이루는 변설가 장의張儀
(?~서기전 309년)와 그 밖의 진진陳軫과 서수犀首의 이야기를 다루고 있다.

장의는 위魏나라 사람으로 소진과 함께 귀곡선생을 스승으로 섬겨
종횡술을 배웠다. 그는 젊어서 초나라에서 유세했는데, 초나라 재상과
술을 마시던 중에 초나라 재상이 벽옥을 잃어버리자 장의를 도둑으로
의심하였다. 이로인해 장의는 모진 매를 맞고 가까스로 살아서 위나라
로 돌아온다. 당시 소진은 이미 출세하여 조나라를 중심으로 합종을 꾸
미고 있었다. 소진은 그동안 진秦나라를 다독여 움직이지 못하게 할 만
한 사람은 장의라고 생각하였고, 그래서 장의를 짐짓 무시하여 발분하
게 함으로써 진나라로 들어가게 하였다. 장의는 나중에 소진이 꾸민 일
임을 알고 소진에게 평생 고마워했다. 그러나 소진이 죽은 뒤로는 장의
는 그의 죽음을 자신의 유세에 이용하였다.

장의는 진나라 혜왕을 만나서 객경客卿의 작위를 얻었다. 혜왕 10년,
진나라는 공자 화華와 장의에게 위나라 포양蒲陽을 함락하게 하자, 위
나라는 상군上郡을 진나라에 들이고 화해한다. 그 공로로 장의는 승상
이 되고, 승상이 된 지 4년 만에 장의는 공公이던 혜왕을 왕으로 칭하게

하였다. 그리고 1년 뒤에 진나라 장군이 되어 섬陝을 빼앗고, 상군上郡에 요새를 쌓았으며, 혜왕 후2년에는 사신으로 제나라와 초나라 재상과 설상齧桑에서 회합한다.

동쪽으로 돌아와 진나라를 위해 위나라 재상이 되었는데, 위나라로 하여금 먼저 진나라를 섬기게 해서 제후들에게 본받게 하고자 하기 위해서였다. 위나라에 머무른 지 4년, 위나라 혜왕惠王이 죽고 위나라 양왕襄王이 즉위한다. 혜왕 후7년에 진나라는 육국의 합종군과 싸워 무너뜨리고, 또 그 뒤에 저리자가 삼진의 연합군과 수어脩魚에서 싸워 물리치면서 8만 명의 수급을 베었다. 이때를 맞춰 장의는 위나라를 설득해 진나라를 섬기게 하고는 다시 진나라로 돌아와 승상이 된다.

혜왕 후9년에 촉蜀마저 합병하고, 장의는 벼르던 초나라 공략을 시작하여 초나라를 철저하게 농락하며, 후13년에 초나라 한중 땅을 빼앗자 초나라는 급격히 약화된다. 이를 기회로 삼아 장의는 각국을 돌며 진나라를 섬길 것을 설득한다. 그런데 〈장의열전〉에 실린 내용을 살펴보면, 시기적으로 전국시대 후기나 말기의 일이 대부분이고, 모두 《전국책》에 나와 있는 내용을 베낀 거짓에 불과하다. 실제로는 진나라 혜왕이 죽고 무왕이 즉위하자 장의는 다른 신하들의 질투를 피하여 위나라로 가서 재상이 되었으며, 또 각 나라를 돌며 설득할 수 있는 겨를이 없었다. 왜냐하면 무왕 2년에 위나라에서 죽었기 때문이다.

진진은 제나라 전씨田氏의 일족으로, 전국시대 각국의 세가世家에 자주 등장하며 일세를 풍미한 변설가이다. 서수犀首는 장군의 호칭으로, 위나라 혹은 한韓나라 장군 공손연公孫衍이다. 그는 진秦나라로 들어가 혜왕을 섬겨 대량조大良造 작위를 얻지만, 장의와 사이가 좋지 않아 다시 위나라 혹은 한나라로 돌아와 봉직한다. 하지만 위나라 양왕 5년, 진秦나라의 저리자에게 의해 안문岸門으로 쫓겨나는데, 그 뒤로 그에 관한 기록이 없다.

진나라를 도운 장의

장의[①]는 위魏나라 사람이다. 일찍이 소진과 함께 귀곡 선생을 섬겨 술수를 배웠는데 소진은 스스로 장의에게 미치지 못한다고 여겼다. 장의는 배움을 마치고 제후들에게 유세하였다.[②] 일찍이 초나라 재상을 따라 술을 마셨는데 초나라 재상이 벽옥을 잃어버렸다. 재상의 문하들이 장의를 의심해서 말했다.

"장의는 가난하고 행실이 좋지 않은데 반드시 이 사람이 군의 벽옥을 훔쳤을 것입니다."

이에 함께 장의를 체포해 매 수백 대를 쳤는데도 자복하지 않자 풀어주었다.[③] 그의 아내가 말했다.

"아아![④] 당신이 글을 읽고 유세하지 않았다면 어찌 이런 치욕을 당했겠습니까."

장의는 그의 아내에게 말했다.

"나의 혀가 있는지 봐주시오. 아직 있소 없소?"

그의 아내가 웃으면서 말했다.

"혀는 있습니다."

장의가 말했다.

"충분하오."

張儀^①者 魏人也 始嘗與蘇秦俱事鬼谷先生 學術 蘇秦自以不及張儀 張
儀已學游說^②諸侯 嘗從楚相飲 已而楚相亡璧 門下意張儀 曰 儀貧無行
必此盜相君之璧 共執張儀 掠笞數百 不服 醳之^③ 其妻曰 嘻^④ 子毋讀書
游說 安得此辱乎 張儀謂其妻曰 視吾舌尚在不 其妻笑曰 舌在也 儀曰
足矣

① 張儀장의

집해 《여씨춘추》에서 말한다. "장의는 위씨의 서자庶子이다."

呂氏春秋曰 儀 魏氏餘子

색은 살펴보니 진晉나라에는 대부 장로張老가 있고 또 하동군에 장성
張城이 있으니 장씨는 위魏나라 사람임이 틀림없다. 《여씨춘추》〈팔람〉에서
위씨의 여자餘子라고 한 것은 아마 위나라 지서支庶일 것이다. 또 《서략설》
에서 여자餘子는 서자庶子라고 했다.

按 晉有大夫張老 又河東有張城 張氏爲魏人必也 而呂覽以爲魏氏餘子 則蓋魏
之支庶也 又書略說餘子謂庶子也

정의 《좌전》에 진晉나라에 공족, 여자餘子, 공행公行이 있다고 한다. 두예
가 말했다. "모든 관직에서 경卿의 적자嫡子를 공족대부로 삼는다. 여자餘子
는 적자와 어머니가 같은 아우이다. 공행公行은 서자이며 공공의 군사에
관한 일을 관장한다." 《한서》〈예문지〉에서 《장자》10편은 종횡류縱橫流
에 있다고 한다.

左傳晉有公族餘子公行 杜預云 皆官卿之嫡爲公族大夫 餘子 嫡子之母弟也 公
行 庶子掌公戎行也 藝文志云張子十篇 在縱橫流

신주 즉 '여자餘子'는 아버지는 다르고 어머니는 같은 사람이다. 곧 '이부

동모'이다. 장의의 어머니 지아비는 위씨이지만 또 장씨와 통하여 장의를 낳았다는 말이다. 고대에는 흠이 아니었다.

② 說세

색은 說의 발음은 '세稅'이다.

音稅

③ 醳之석지

집해 醳의 발음은 '석釋'이다.

音釋

색은 옛 '석釋' 자이다.

古釋字

④ 嘻희

색은 嘻의 발음은 '희僖'이다. 정현이 말했다. "희嘻는 슬퍼 한탄하는 소리이다."

音僖 鄭玄曰 嘻 悲恨之聲

소진은 이미 조왕趙王을 설득하여 서로 합종으로[①] 친할 것을 약속했다. 그러나 진秦나라가 제후들을 공격하고 약속을 무너뜨리면 부담이 될 것을 두려워했다. 이에 진秦나라에 등용할만한 사람이 없을까 생각하고 이에 사람을 시켜 장의에게 암암리에 자극하여 말하도록 했다.

"그대는 처음에 소진과 잘 지냈고 지금 소진이 이미 요직에 올랐는데 그대는 어찌 조나라로 가서 교유해 당신이 원하는 것을 그를 통하여 찾지 않으시오?"

장의는 이에 조나라로 가서 명함을 올려 소진을 만나보기를 청했다. 소진은 문하의 사람들에게 경계하여 통과하지 못하게 하고, 또 수일 동안 떠나지 못하게 했다. 그리고 얼마 후 장의를 만나 당 아래에 앉게 하고 노복이나 천첩들이 먹는 음식을 주었다. 그리고 여러 차례 꾸짖었다.[2]

"그대의 재능을 가지고 이렇게 스스로 곤욕을 치르도록 하였는가? 내 어찌 아뢰어서 그대를 부귀하게 할 수 없겠는가. 그러나 그대는 거두기에 부족하오."

거절하고 장의를 떠나게 했다. 장의가 찾아온 것은 스스로 친구로 여겨 보탬을 구하기 위해서였는데, 도리어 수모만 당하자 노하고, 섬길 만한 제후들이 없으며 진秦나라만이 조나라를 괴롭힐 수 있다고 생각하여 이에 마침내 진나라로 들어갔다.

蘇秦已說趙王而得相約從[1]親 然恐秦之攻諸侯 敗約後負 念莫可使用於秦者 乃使人微感張儀曰 子始與蘇秦善 今秦已當路 子何不往游 以求通子之願 張儀於是之趙 上謁求見蘇秦 蘇秦乃誡門下人不爲通 又使不得去者數日 已而見之 坐之堂下 賜僕妾之食 因而數讓之[2]曰 以子之材能 乃自令困辱至此 吾寧不能言而富貴子 子不足收也 謝去之 張儀之來也 自以爲故人 求益 反見辱 怒 念諸侯莫可事 獨秦能苦趙 乃遂入秦

① 從종

색은 從의 발음은 '종[足容反]'이다.

從音足容反

② 數讓之삭양지

색은 살펴보니 자주 말을 베풀어서 꾸짖는 것을 이른다. 양讓은 또한 꾸짖음이다. 數의 발음은 '삭朔'이다.

按 謂數設詞而讓之 讓亦責也 數音朔

소진이 이미 그의 사인舍人에게 고했다.

"장의는 천하의 현능한 사인이고 나는 그와 같지 못하다. 지금 나는 다행히 먼저 등용되었을 뿐 진秦나라 권력을 운용할 수 있는 자는 장의뿐이다. 그러나 가난해서 추천할 사람이 없다. 나는 그가 작은 이익을 즐기느라 성취하지 못할까 봐 걱정했기 때문에, 불러서 모욕을 주어 그의 뜻을 격동시킨 것이다. 그대는 나를 위해 몰래 그를 받들라."

이에 조왕에게 말하여 금과 폐백과 수레와 말을 내게 하고, 사람을 시켜 몰래 장의를 따르게 하고 숙식을 함께해서 점점 가까이하게 했다. 그리고 수레와 말과 금전을 가지고 하려는 일에 쓰고 가지려는 것에 대주게 하되, 사실을 말하지 말라고 했다. 장의는 마침내 진秦나라 혜왕惠王을 만났다. 혜왕은 장의를 객경客卿으로 삼아 함께 제후들을 정벌할 것을 모의했다.

소진의 사인舍人은 이에 작별 인사하고 떠났다. 장의가 말했다.

"그대에 힘입어 세상에 드러나는 것을 얻었으며, 바야흐로 또 덕에 보답하려는데 무슨 연고로 떠나시오?"

사인이 말했다.

"신은 군君를 알지 못하고 군君을 아는 사람은 소군蘇君(소진)입니다. 소군은 진나라가 조나라를 정벌하면 합종책이 무너질 것을 근심하고 군君이 아니면 진나라 권력을 얻지 못할 것이라고 여겼습니다. 그래서 군君에게 노여움을 느끼게 하고 신을 시켜서 몰래 군君에게 자금을 받들어 대주게 했습니다. 소군의 계획을 다해 도모하여 지금 군君이 이미 등용되었으니 돌아가 보고하길 청합니다."

장의가 말했다.

"아아, 이것은 내가 배운 술책 속에 있거늘 깨닫지 못했으니, 나는 소군蘇君에게 미치지 못하는 것이 명백하구나! 나는 또 새로이 등용되었는데 어찌 조나라를 도모하겠는가. 나를 위해준 소군에게 감사해야 할 것이니 소군의 시대에는 제가 어찌 감히 말을 하겠소. 또 소군이 살아 있는 동안에 제가 어찌[1] 할 수 있겠소."

장의는 진나라 재상이 되고 나서 격문檄文을 만들어[2] 초나라 재상에게 고했다.

"처음에 나는 그대를[3] 따라 술을 마셨고 나는 그대의 벽옥을 도둑질하지 않았는데, 그대는 나를 매질했소. 그대는 그대의 나라를 잘 지키시오. 내가 또 도둑질할 것을 돌아보니 그대의 성이오!"

蘇秦已而告其舍人曰 張儀 天下賢士 吾殆弗如也 今吾幸先用 而能用秦柄者 獨張儀可耳 然貧 無因以進 吾恐其樂小利而不遂 故召辱之

以激其意 子爲我陰奉之 乃言趙王 發金幣車馬 使人微隨張儀 與同宿

舍 稍稍近就之 奉以車馬金錢 所欲用 爲取給 而弗告 張儀遂得以見秦

惠王 惠王以爲客卿 與謀伐諸侯 蘇秦之舍人乃辭去 張儀曰 賴子得顯

方且報德 何故去也 舍人曰 臣非知君 知君乃蘇君 蘇君憂秦伐趙敗從

約 以爲非君莫能得秦柄 故感怒君 使臣陰奉給君資 盡蘇君之計謀 今

君已用 請歸報 張儀曰 嗟乎 此在吾術中而不悟 吾不及蘇君明矣 吾又

新用 安能謀趙乎 爲吾謝蘇君 蘇君之時 儀何敢言 且蘇君在 儀寧渠①

能乎 張儀既相秦 爲文檄②告楚相曰 始吾從若③飮 我不盜而璧 若笞我

若善守汝國 我顧且盜而城

① 渠거

[집해] 渠의 발음은 '거詎'이다.

渠音詎

[색은] 渠의 발음은 '거詎'이고 옛날에는 글자가 적어서 가차했을 뿐이다.

渠音詎 古字少 假借耳

② 爲文檄위문격

[집해] 서광이 말했다. "다른 판본에는 '척일지격尺一之檄'으로 되어 있다."

徐廣曰 一作尺一之檄

[색은] 살펴보니 서광은 다른 판본에는 '장이격丈二檄'으로 되어 있다고
했다. 왕소는 《춘추후어》를 살펴서 '장이척격丈二尺檄'이라고 했다. 허신
은 "격檄은 2자[尺]의 문서이다."라고 했다.

按 徐廣云一作丈二檄 王劭按春秋後語云丈二尺檄 許愼云檄 二尺書

③ 若약

약若은 '여汝'(너)이다. 아래 문장도 여汝로 풀이한다.

若者 汝也 下文而亦訓汝

파苴[巴]와 촉蜀이 서로 공격하여^① 각각 와서 진나라에 위급하다고 알렸다. 진혜왕은 군대를 일으켜 촉蜀을 정벌하고자 했으나 촉으로 가는 길이 험하고 좁아서 이르기 곤란하다고 여기고 있었는데, 한韓나라가 또 진秦나라를 침범해 왔다. 진혜왕은 먼저 한나라를 정벌하고 뒤에 촉을 정벌하고자 했으나 아마 이롭지 못할 것이라 여기고, 먼저 촉을 치고자 했으나 한나라가 진秦나라가 약해진 사이 습격할까 걱정하고 미루어서 결정을 내리지 못했다. 사마조司馬錯^②와 장의는 혜왕 앞에서 논쟁을 벌였는데, 사마조가 촉을 정벌하고자 하자 장의가 말했다.

"한나라를 정벌하는 것만 같지 못합니다."

혜왕이 말했다.

"청컨대 그 설명을 듣고자 하오."

苴蜀相攻擊^① 各來告急於秦 秦惠王欲發兵以伐蜀 以爲道險狹難至 而韓又來侵秦 秦惠王欲先伐韓 後伐蜀 恐不利 欲先伐蜀 恐韓襲秦之敝 猶豫未能決 司馬錯^②與張儀爭論於惠王之前 司馬錯欲伐蜀 張儀曰 不如伐韓 王曰 請聞其說

① 苴蜀相攻擊파촉상공격

집해 서광이 말했다. "초주는 익주益州에서는 天苴의 발음을 '포려包黎'의 '포包'로 읽는다고 했다. 苴의 발음이 '파巴'와 더불어 서로 가까우니 지금의 파군巴郡으로 여긴다."

徐廣曰 譙周曰益州天苴讀爲包黎之包 音與巴相近 以爲今之巴郡

색은 苴의 발음은 '파巴'이다. 파와 촉 사람들이 스스로 서로 공격한 것을 이른다. 지금 글자가 '저苴'로 된 것은 살펴보니 파저巴苴는 곧 풀이름이고 지금 파巴를 논해 마침내 잘못하여 '저苴' 자로 기록한 것이다. 어떤 이는 파인巴人이나 파군巴郡은 본래 파저芭苴를 따라 이름을 얻었기 때문에 그 글자는 마침내 '저苴'를 '파巴'로 삼은 것이라고 하였다. 위에 집해 주석에서 "익주에서는 天苴의 발음을 '파려芭黎'라고 읽는다."라고 했으니, 천저는 곧 파저巴苴이다. 초주는 촉 사람이니 천저天苴의 발음을 '파려芭黎'의 '파芭'로 읽는 것을 알았다. 살펴보니 파려芭黎는 곧 나무를 짜서 겹쳐 갈대 울타리를 만드는 것인데, 지금 강남에서는 또한 갈대 울타리를 일러 파리芭籬라고 한다.

苴音巴 謂巴蜀之夷自相攻擊也 今字作苴者 按巴苴是草名 今論巴 遂誤作苴也 或巴人巴郡本因芭苴得名 所以其字遂以苴爲巴也 注益州天苴讀爲芭黎 天苴卽巴苴也 譙周 蜀人也 知天苴之音讀爲芭黎之芭 按 芭黎卽織木苴爲葦籬也 今江南亦謂葦籬曰芭籬也

정의 《화양국지》에서 말한다. "옛날 촉왕은 그의 아우를 한중漢中에 봉하여 호칭을 저후苴侯라고 하고 이로 인하여 도읍을 가맹葭萌이라고 명했다. 저후苴侯와 파왕巴王은 화친했으나 파巴와 촉蜀은 원수가 되었다. 이 때문에 촉왕은 노하여 저苴를 정벌했다. 저후는 파巴로 달아나 진秦나라에 구원을 요청했다. 진나라는 장의를 보내 자오도子午道로부터 촉을 정벌했다. 촉왕은 가맹의 공격을 방어했으나 크게 패하여 달아나

무양武陽에 이르러 진나라 군대에게 해害를 입었다. 진나라는 마침내 촉을 멸하고 따라서 저苴와 파巴를 빼앗았다."

《괄지지》에서 말한다. "저후는 가맹에 도읍했는데 지금 이주利州 익창현益昌縣 50리에 가맹의 옛 성이 이곳이다. 촉후는 익주 파자성巴子城에 도읍했는데 합주合州 석경현石鏡縣 남쪽 5리에 있고 옛 점강현墊江縣이다. 파자巴子는 강주江州에 도읍했는데 도읍 북쪽에 있는 것은 또 협주峽州의 경계이다."

華陽國志云 昔蜀王封其弟于漢中 號曰苴侯 因命之邑曰葭萌 苴侯與巴王爲好 巴與蜀爲讎 故蜀王怒 伐苴 苴奔巴 求救於秦 秦遣張儀從子午道伐蜀〔蜀〕王 自葭萌禦之 敗績 走至武陽 爲秦軍所害 秦遂滅蜀 因取苴與巴焉 括地志云 苴 侯都葭萌 今利州益昌縣五十里葭萌故城是 蜀侯都益州巴子城 在合州石鏡縣 南五里 故墊江縣也 巴子都江州 在都之北 又峽州界也

② 錯초

색은 錯의 발음은 '착[七各反]' 또는 '초[七故反]'이다.

七各反 又七故反 二音

> 장의가 말했다.
>
> "위魏나라와 친하게 지내고 초楚나라와 잘 지내며 군사를 한韓나라 삼천三川으로 내려보내 십곡什谷의 입구[①]를 차단합니다. 둔류屯留의 길[②]을 막아 위나라는 남양南陽을 끊고[③] 초나라는 남쪽 정鄭에 다다르며[④] 진나라는 신성新城[⑤]과 의양宜陽[⑥]을 공격합니다.

이에 동주와 서주의 교외에 다다라 주왕의 죄를 처단하고 초와 위의 땅을 빼앗습니다.

주나라는 스스로 구원하지 못할 것을 알고 구정九鼎의 보기[7]를 반드시 내줄 것입니다. 구정에 의지하여 도적圖籍을 조사하고 천자를 끼고 천하에 명령하면, 천하에는 감히 듣지 않는 자가 없을 것이니 이것이 왕업王業입니다. 대저 촉蜀은 서쪽 구석의 나라로 융적戎翟의 부류이고, 군사를 지치게 하고 백성만을 수고스럽게 하여 족히 명성을 이루지 못할 것이며 그의 땅을 얻더라도 족히 이롭지 못할 것입니다.

신이 듣기에, 명예를 다투는 자는 조정에서 하고 이익을 다투는 자는 시장에서 한다고 했습니다. 지금 삼천과 주나라 왕실은 천하의 조정과 시장입니다. 왕께서 이것을 다투지 않고 도리어 융적을 다툴 것을 돌아본다면 왕업과는 거리가 먼 것입니다.[8]”

儀曰 親魏善楚 下兵三川 塞什谷之口[1] 當屯留之道[2] 魏絕南陽[3] 楚臨南鄭[4] 秦攻新城[5]宜陽[6] 以臨二周之郊 誅周王之罪 侵楚魏之地 周自知不能救 九鼎寶器[7]必出 據九鼎 案圖籍 挾天子以令於天下 天下莫敢不聽 此王業也 今夫蜀 西僻之國而戎翟之倫也 敝兵勞衆不足以成名 得其地不足以爲利 臣聞爭名者於朝 爭利者於市 今三川周室 天下之朝市也 而王不爭焉 顧爭於戎翟 去王業遠矣[8]

① 什谷之口심곡지구

집해 서광이 말했다. “다른 판본에는 ‘심尋’으로 되어 있다. 성고成皐의 공현鞏縣에 심구尋口가 있다.

徐廣曰 一作尋 成皐鞏縣有尋口

어떤 판본에는 "심곡尋谷"으로 되어 있다. 심尋과 십什은 소리가 서로 비슷하다. 그러므로 그 이름이 의심스럽다. 《전국책》에 "환원轘轅은 구지緱氏의 입구이다."라고 일렀으며, 또한 그 땅이 서로 가까웠다.

一本作尋谷 尋什聲相近 故其名惑也 戰國策云轘轅緱氏之口 亦其地相近也

《괄지지》에서 말한다. "온천수溫泉水는 곧 심尋이며 원류는 낙주洛州 공현鞏縣 서남쪽 40리에서 나온다. 《수경주》에 '심성수鄩城水는 북산의 심계鄩溪에서 나온다. 또 옛 심성鄩城이 있는데 공현 서남쪽 58리에 있다."라고 일렀다. 살펴보니 낙주 구지현 동남쪽 40리에 있으며 심계와 서로 가까운 땅이다.

括地志云 溫泉水卽尋 源出洛州鞏縣西南四十里 注水經云鄩城水出北山鄩溪 又有故鄩城 在鞏縣西南五十八里 按 洛州緱氏縣東南四十里 與鄩溪相近之地

② 屯留之道둔류지도
둔류는 노주潞州의 현이다. 길은 곧 태항산 양장판도羊腸阪道이다.

屯留 潞州縣也 道卽太行羊腸阪道也

③ 魏絶南陽위절남양
남양은 회주懷州이다. 이것은 둔류의 길에 해당하니 위나라를 시켜서 양장羊腸과 한나라 상당上黨의 길을 단절시키게 하는 것이다.

南陽 懷州也 是當屯留之道 令魏絶斷壞羊腸韓上黨之路也

④ 楚臨南鄭초림남정

정의 이것은 십곡 입구를 막는 것이다. 초나라 군사를 시켜 정鄭의 남쪽에 이르러 환원轘轅과 심구鄩口를 막고 한나라 남양군의 군사를 차단하게 하는 것이다.

是塞什谷之口也 令楚兵臨鄭南 塞轘轅鄩口 斷韓南陽之兵也

신주 남정南鄭은 한나라 수도 정鄭의 남쪽이란 말이고 정의 주석의 남양은 본문의 남양과 달리 한나라 남쪽의 남양군을 말한다.

⑤ 新城신성

색은 이 신성은 마땅히 하남군 이궐伊闕의 좌우에 있다.

此新城當在河南伊闕之左右

⑥ 宜陽의양

정의 낙주 복창현이다.

洛州福昌縣也

⑦ 九鼎寶器구정보기

신주 구정은 하夏나라 우임금이 구주九州의 쇠를 모아 만들었으며 하夏, 은殷, 주周의 3대에 걸쳐 서로 전한 보기寶器이다.

⑧ 去王業遠矣거왕업원의

색은 왕王이 되는 것과 거리가 멀다는 뜻이다. 王의 발음은 '앙[于放反]'이다.

去王遠矣 王音于放反

사마조가 말했다.

"그렇지 않습니다. 신이 듣기에, 국가를 부유하게 하고자 하는 자는 그의 국토를 넓히는 데 힘쓰고, 군사를 강하게 하고자 하는 자는 그의 백성을 부유하게 하는 데 힘쓰며, 왕을 하고자 하는 자는 그 덕을 넓히는 데 힘쓰는데, 이 세 가지의 본바탕이 갖추어지면 왕업은 따른다고 했습니다. 지금 왕^①의 땅은 작고 백성은 가난합니다. 그러므로 신은 원컨대 먼저 쉬운 일을 따르라고 하는 것입니다. 대저 촉蜀이란 서쪽 구석의 나라이며 융적戎翟의 우두머리인데 걸桀이나 주紂 같은 어지러움이 있습니다.

진나라가 공격하는 것은 비유컨대 이리를 시켜서 여러 양을 쫓는 것과 같습니다. 그들의 땅을 얻으면 국가를 넓히는 데 족하고 그들의 재물을 빼앗으면^② 백성을 부유케 하고 군사를 충당하는데^③ 족하며, 백성을 손상시키지 않고도 저들은 그저 복종할 것입니다. 한나라를 공략해도 천하는 폭력이라 여기지 않고 이로움이 서쪽 바다까지 다해도^④ 천하는 탐한다고 여기지 않으니, 이것은 우리가 일거一擧에 명분과 실리가 따르는 것입니다.^⑤ 또 폭력을 금지하고 어지러운 것을 그치게 했다는 명분까지 있게 됩니다. 지금 한나라를 공격하고 천자를 겁박하는 것은 명분이 나쁜 것으로 반드시 이롭지 않을 것이며, 또 불의하다는 명분을 가지게 됩니다. 천하에서 하려고 하지 않는, (주나라를) 공격하는 일을 하면 위험합니다.

신이 그 연유를 아뢰기를^⑥ 청하겠습니다. 주나라는 천하의 종실입니다. 제나라와 한나라는 동맹국입니다. 주나라가 스스로 구정九鼎을 잃게 되는 것을 알고 한나라가 스스로 삼천三川이 없어진다는 것을 알면,⑦ 장차 두 나라가 힘을 합하여 함께 모의하고 그로 인하여 제나라와 조나라가 초나라와 위나라에게 화해를 요구하여, 구정을 초나라에 주고 땅을 위나라에 준다면 왕께서는 그만두게 하지 못할 것입니다. 이것이 신이 이른바 위험하다는 것입니다. 촉을 치는 온전함만 같지 못할 것입니다."

司馬錯曰 不然 臣聞之 欲富國者務廣其地 欲彊兵者務富其民 欲王者務博其德 三資者備而王隨之矣 今王①地小民貧 故臣願先從事於易 夫蜀 西僻之國也 而戎翟之長也 有桀紂之亂 以秦攻之 譬如使豺狼逐群羊 得其地足以廣國 取其財②足以富民繕③兵 不傷衆而彼已服焉 拔一國而天下不以爲暴 利盡西海④而天下不以爲貪 是我一擧而名實附也⑤ 而又有禁暴止亂之名 今攻韓 劫天子 惡名也 而未必利也 又有不義之名 而攻天下所不欲 危矣 臣請謁其故⑥ 周 天下之宗室也 齊 韓之與國也 周自知失九鼎 韓自知亡三川⑦ 將二國幷力合謀 以因乎齊趙而求解乎楚魏 以鼎與楚 以地與魏 王弗能止也 此臣之所謂危也 不如伐蜀完

① 今王금왕

신주 혜왕은 그 14년에 왕이라 칭하여 후원 원년으로 삼았다. 또 촉을 정벌하여 멸한 일은 혜왕 후9년인데, 이곳 〈장의열전〉에는 그 순서가 많이 앞당겨져 있다.

② 取其財취기재

색은 우기재遇其財이다. 《전국책》에 '우遇' 자는 '득得' 자로 되어 있다.
遇其財 戰國策遇作得

③ 繕선

정의 繕의 발음은 '선膳'인데, 선饍과 동일하고, 음식을 갖추는 것이다.

繕音膳 同饍 具食也

④ 利盡西海이진서해

색은 서해西海는 촉천蜀川을 이른다. 바다에는 보배가 저장되어 모여서 자라는 것이 마치 진중秦中을 일러서 '육해陸海'라고 그러는 것과 같다. 그 실제로 서쪽에 또한 바다가 있다.

西海謂蜀川也 海者珍藏所聚生 猶謂秦中爲陸海然也 其實西亦有海也

정의 해海는 회晦를 말한 것이며 서이西夷는 어둡고 무지한 까닭에 해海라고 말한 것이다. 이로운 것이 서방의 강융羌戎에서 다하는 것을 이른다.

海之言晦也 西夷晦昧無知 故言海也 言利盡西方羌戎

⑤ 名實附也명실부야

색은 살펴보니 명名은 그의 덕을 전하는 것을 이른다. 실實은 토지와 재물과 보배를 이른다.

按 名謂傳其德也 實謂土地財寶

⑥ 謁其故알기고

색은 알謁은 고告이고 진陳이다. 고故는 마땅히 정벌하지 못할 이유를 펼치는 것을 이른다.

謁者 告也 陳也 故 謂陳不宜伐之端由也

⑦ 韓自知亡三川한자지망삼천

한나라가 스스로 삼천三川이 없다는 것을 아는 까닭에 주나라와 힘을 아우르고 계책을 합하는 것이다.

韓自知亡三川 故與周幷力合謀也

혜왕이 말했다.

"좋소. 과인은 그대의 말대로 하기를 바라오."

마침내 군사를 일으켜 촉을 정벌하여 10월에 빼앗아[1] 마침내 촉을 평정하고[2] 촉왕을 낮추어서 호칭을 후侯로 하고 진장陳莊을 보내 촉의 상相으로 삼았다. 촉이 이미 진秦나라에 소속되자 진나라는 더욱 강성해지고 더욱 부유해져서 제후들을 가벼이 보았다.

진혜왕 10년, 공자 화華[3]와 장의를 시켜 포양蒲陽[4]을 포위케 하여 항복시켰다. 장의는 진나라에 말해서 위나라에 포양 땅을 돌려주게 하고 공자 요繇를 위나라에 인질로 보내게 했다. 장의는 이에 따라 위왕을 설득했다.

"진왕이 위나라를 매우 두텁게 대우하는데 위나라에서 무례하게 하는 것은 안 됩니다."

위나라는 이로 인해 상군上郡과 소량少梁을 진혜왕에게 편입하게 하고 사죄했다. 혜왕이 이에 장의를 재상으로 삼고 소량을 고쳐 하양夏陽이라 했다.[5]

惠王曰善 寡人請聽子 卒起兵伐蜀 十月 取之[1] 遂定蜀[2] 貶蜀王更號爲侯 而使陳莊相蜀 蜀旣屬秦 秦以益彊 富厚 輕諸侯 秦惠王十年 使公子華[3]與張儀圍蒲陽[4] 降之 儀因言秦復與魏 而使公子繇質於魏 儀因說

魏王曰 秦王之遇魏甚厚 魏不可以無禮 魏因入上郡少梁 謝秦惠王 惠
王乃以張儀爲相 更名少梁曰夏陽⑤

① 十月 取之시월취지

색은 〈육국연표〉에는 혜왕 22년 10월에 있다.

六國年表在惠王二十二年十月也

신주 앞서 설명처럼, 혜왕 후9년이다.

② 定蜀정촉

정의 〈육국연표〉에는 진혜왕 후원년 10월에 쳐서 멸했다고 한다.

表云秦惠王後元年十月 擊滅之

신주 잘못된 주석이다. 앞서 설명처럼 촉을 멸한 것은 혜왕 후9년이다.
후원년에는 장의가 위나라 섬陝 땅을 빼앗았다.

③ 華화

집해 서광이 말했다. "다른 판본에는 '혁革'으로 되어 있다."

徐廣曰 一作革

④ 蒲陽포양

색은 위나라 읍 이름이다.

魏邑名也

정의 습주隰州 습천현隰川縣에 있는데 포읍蒲邑의 옛 성이 이곳이다.

在隰州隰州縣 蒲邑故城是也

⑤ 更名少梁曰夏陽갱명소량왈하양

집해 서광이 말했다. "하양은 양산梁山의 용문에 있다."

徐廣曰 夏陽在梁山龍門

색은 夏의 발음은 '하下'이다. 하夏는 산 이름이며 또한 대하大夏라고
하고 이는 촉蜀에서 도읍한 곳이다.

音下 夏 山名也 亦曰大夏 是蜀所都

정의 소량성은 동주同州 한성현韓城縣 남쪽 23리에 있다. 하양성은 현
의 남쪽 20리에 있다. 양산은 현의 동남쪽 19리에 있다. 용문산은 현의
북쪽 50리에 있다.

少梁城 同州韓城縣南二十三里 夏陽城在縣南二十里 梁山在縣東南十九里 龍
門山在縣北五十里

신주 《사기지의》에서 말한다. "〈진본기〉와 〈육국연표〉 및 〈위세가〉에
이 해에 상군上郡을 진나라에 들였다고 하며 '少梁' 두 글자가 없다. 위나
라는 소량을 진효공 8년에 이미 빼앗겼는데, 이때 오히려 어찌 소량을 얻
었겠는가. 〈육국연표〉 '위표'에 진혜왕 8년에 위나라가 소량을 진나라에
들였다는 것도 똑같이 잘못되었다. 〈진본기〉에 하양으로 이름을 고친 것
은 혜왕 11년에 있다."

장의가 진秦나라 재상이 된 지 4년, 공公이던 혜왕이 왕으로 옹립
되었다.① 1년 뒤에는 진나라 장군이 되어 섬陝을 빼앗고 상군上郡에
요새를 쌓았다. 그 2년 뒤,② 사신으로 제나라와 초나라 재상과
설상齧桑에서 회합했다.

동쪽으로 돌아와 (진나라) 재상에서 면직되었으며, 위나라 재상으로 진나라를 위하여 위나라에게 먼저 진나라를 섬기게 해서 제후들에게 본받도록 하고자 했다. 위왕은 기꺼이 장의의 뜻을 들어주지 않았다. 진왕은 노하여 위나라를 정벌해 위나라 곡옥曲沃과 평주平周를 빼앗고 다시 몰래 장의를 더욱 후대했다. 장의는 부끄러워했다. 돌아가 보답할 일이 없어서였다.

위나라에 머무른 지 4년, 위나라 양왕襄王이 죽고 애왕哀王이 즉위하였다.③ 장의가 다시 애왕을 설득했는데 애왕은 듣지 않았다. 이에 장의는 몰래 진나라를 시켜서 위나라를 정벌하게 했다. 위나라는 진나라와 싸워서 패배했다.④

이듬해에 제나라가 또 쳐들어와서 위나라를 관진觀津에서 무찔렀다.⑤ 진나라는 다시 위나라를 공격하고자 했다. 그러나 먼저 한나라 신차申差의 군대를 무너뜨리고 8만 명의 머리를 베어⑥ 제후들을 두려워 떨게 했다.

儀相秦四歲 立惠王爲王① 居一歲 爲秦將 取陝 築上郡塞 其後二年② 使與齊楚之相會齧桑 東還而免相 相魏以爲秦 欲令魏先事秦而諸侯效之 魏王不肯聽儀 秦王怒 伐取魏之曲沃平周 復陰厚張儀益甚 張儀慙 無以歸報 留魏四歲而魏襄王卒 哀王立③ 張儀復說哀王 哀王不聽 於是張儀陰令秦伐魏 魏與秦戰 敗④ 明年 齊又來敗魏於觀津⑤ 秦復欲攻魏 先敗韓申差軍 斬首八萬⑥ 諸侯震恐

① 立惠王爲王입혜왕위왕

정의 〈육국연표〉에 혜왕 13년이고 주나라 현왕顯王 34년이라고 했다.

表云惠王之十三年 周顯王之三十四年也

신주 정의 의 주석은 잘못이다. 혜왕 13년에 왕을 칭했고, 현왕 44년이다. 이듬해 후원後元이란 연호로 고친다.

② 其後二年기후이년

신주 설상의 회합은 혜왕 후2년이므로, 당연히 '명년明年'이 되어야 한다.

③ 魏襄王卒 哀王立위양왕졸 애왕립

신주 양왕은 곧 애왕이다. 사마천이 혜왕 후원년을 양왕의 기년으로 기록한 탓이다. 따라서 죽은 왕은 위혜왕이다.

④ 魏與秦戰 敗위여진전 패

신주 위나라 양왕 원년에 육국의 합종군이 모처럼 초나라 회왕의 주도 아래 힘을 합쳐 진나라를 친다. 하지만 별 성과 없이 합종은 흐지부지된다. 이때 진나라가 위나라를 쳤다고 기록한 사료는 없다.

⑤ 敗魏於觀津패위어관진

집해 觀의 발음은 '관貫'이다.

觀音貫

신주 〈육국연표〉에서 '위표'에는 관진이라 하고 '제표'에는 관택觀澤이라 한다. 〈위세가〉에 홀로 관진이라 했으나 〈조세가〉와 〈전경중완세가〉에는 모두 관택이라 했다. 제나라가 조나라와 위나라 연합군을 친 것이다. 《사기지의》에 따르면, 관택觀澤이 옳다고 한다. 또 이는 장의가 위양왕을 설득하고 진나라로 돌아가 다시 재상이 된 해에 일어난 일이다. 따라서 이 문장은 뒤로 옮겨져야 한다.

⑥ 先敗韓申差軍 斬首八萬선패한신차군 참수팔만

신주 이는 앞서 합종군이 진나라를 공격한 연장선이며, 각종 기록을 종합하면 삼진의 연합군이 진나라에 대패한 사건이다. 〈진본기〉에, 서장庶長 질질疾을 시켜 함께 수어脩魚에서 싸우게 해 8만 명의 수급을 베었다고 한다. 곧 지휘관은 저리자이다. 혜왕 7년부터 8년 초까지 벌어졌으며, 조나라 무령왕 8년부터 9년까지이고 위나라 양왕 원년부터 2년까지이며, 한나라 선혜왕 15년부터 16년까지이다.

장의는 다시 위왕을 설득했다.

"위나라 땅은 사방이 1,000리에 이르지 못하고 군사는 30만 명에 지나지 않습니다. 국토는 사방이 평지이고 제후들과는 사방으로 통하여 폭주하는데 이름난 산이나 큰 물줄기의 한계가 없습니다. (한나라 수도) 정鄭부터 (위나라 수도) 대량에 이르는 거리가 200여 리인데 수레가 달리고 사람이 달려도 힘을 들이지 않고 도착할 수 있습니다. 양梁 남쪽은 초나라와 접경하고 서쪽은 한나라와 접경하며 북쪽은 조나라와 접경하고 동쪽은 제나라와 접경하여, 사졸들은 사방에서 수자리를 살며 정장亭鄣을 지키는 자는 10만 명을 넘지 못합니다.

양梁의 지세는 진실로 싸움터입니다. 양은 남쪽에서 초나라와 동맹하고 제나라와 동맹하지 않으면 제나라는 그 동쪽을 공격할 것입니다. 동쪽에서 제나라와 동맹하고 조나라와 동맹하지 않으면 조나라는 그 북쪽을 공격할 것입니다. 한나라에 연합하지 않으면 한나라는 그 서쪽을 공격할 것입니다. 초나라와 친하지 않으면 초나라는 그 남쪽을 공격할 것입니다. 이것은 이른바 사분四分 오열五裂의 길입니다.

대저 제후들이 합종책을 쓰는 것은 장차 사직을 편안하게 하고 군주를 높이고 군사를 강하게 하고 이름을 날리기 위해서입니다. 지금 합종론자들은 천하를 하나로 하여 형제가 되기를 약속하고 백마白馬의 목을 베어 원수洹水① 위에서 맹세하여 서로를 단단하게 합니다. 친형제는 부모가 같아도 오히려 재물과 돈을 다투는데, 속임수를 반복하는 소진蘇秦의 남은 계획을 믿고자 하면 그것이 성공하지 못할 것임은 또한 명백합니다.

而張儀復說魏王曰 魏地方不至千里 卒不過三十萬 地四平 諸侯四通輻湊 無名山大川之限 從鄭至梁二百餘里 車馳人走 不待力而至 梁南與楚境 西與韓境 北與趙境 東與齊境 卒戍四方 守亭鄣者不下十萬 梁之地勢 固戰場也 梁南與楚而不與齊 則齊攻其東 東與齊而不與趙 則趙攻其北 不合於韓 則韓攻其西 不親於楚 則楚攻其南 此所謂四分五裂之道也 且夫諸侯之爲從者 將以安社稷尊主彊兵顯名也 今從者一天下 約爲昆弟 刑白馬以盟洹①水之上 以相堅也 而親昆弟同父母 尙有爭錢財 而欲恃詐僞反覆蘇秦之餘謀 其不可成亦明矣

① 洹원

洹의 발음은 '환桓'이다.

洹音桓

다른 곳 洹의 발음은 모두 '원'이니 '원'으로 읽는다.

대왕께서 진나라를 섬기지 않으면 진나라는 군사를 내려보내 하외河外를 공격하여① 권卷과 연衍과 연燕과 산조酸棗를 점거하고,② 위衛나라를 겁박하며 양진陽晉을 빼앗을 것입니다.③ 그리하면 조나라는 남쪽으로 통하지 못할 것이며, 조나라가 남쪽으로 통하지 못하면 양梁나라는 북쪽으로 통하지 못할 것입니다. 양나라가 북쪽으로 통하지 못하면 따라서 합종의 길은 끊어질 것이고, 합종의 길이 끊어지면 대왕의 나라는 위태하지 않으려 해도 그리되지 않을 것입니다. 진나라가 한나라를 꺾고④ 양나라를 공격하면 한나라는 진나라에게 겁을 먹으니, 진나라와 한나라가 하나가 되면 양나라가 망하는 것은 가히 순식간에 이루어질 것입니다. 이것이 신이 대왕을 위해 걱정하는 까닭입니다.

대왕을 위한 계책으로는 진나라를 섬기는 것만 같지 못합니다. 진나라를 섬기면 초나라와 한나라는 반드시 감히 움직이지 못합니다. 초나라와 한나라의 근심이 없어지면, 대왕께서는 베개⑤를 높여 주무셔도 국가에는 근심이 없을 것이 틀림없습니다.

大王不事秦 秦下兵攻河外① 據卷衍[燕]酸棗② 劫衛取陽晉③ 則趙不南
趙不南而梁不北 梁不北則從道絕 從道絕則大王之國欲毋危不可得也

秦折④韓而攻梁 韓怯於秦 秦韓爲一 梁之亡可立而須也 此臣之所爲大
王患也 爲大王計 莫如事秦 事秦則楚韓必不敢動 無楚韓之患 則大王
高枕⑤而臥 國必無憂矣

① 河外하외

색은 하수의 서쪽은 곧 곡옥曲沃과 평주平周의 읍 등이다.

河之西 卽曲沃平周之邑等

정의 하외는 곧 권, 연, 연燕, 산조이다.

河外卽卷衍燕酸棗

신주 하수의 서쪽은 이미 진나라 차지이니, 여기서 하외는 곧 위나라
수도 대량에서 하수 북쪽 지역을 가리킨다. 연燕은 옛 남연국을 가리킨다.

② 據卷衍燕酸棗거권연연산조

집해 卷의 발음은 '권[丘權反]'이고 衍의 발음은 '언[以善反]'이다.

卷 丘權反 衍 以善反

색은 권현은 하남군에 있다. 연衍은 지명이다.

卷縣在河南 衍 地名

정의 권과 연衍은 정주에 속한다. 연燕은 활주滑州 조성현이다. 산조酸棗
는 활주에 속한다. 모두 황하 남쪽 언덕의 땅이다.

卷衍屬鄭州 燕 滑州胙城縣 酸棗屬滑州 皆黃河南岸地

③ 取陽晉취양진

정의 옛 성은 조주曹州 승지현 서북쪽 37리에 있다.

故城在曹州乘氏縣西北三十七里

④ 折절

색은 《전국책》에 '절折'은 '협挾'으로 되어 있다.

戰國策折作挾也

⑤ 枕침

정의 枕의 발음은 '침[針鵃反]'이다.

枕 針鵃反

또 진나라가 약하게 만들고자 하는 것은 초나라만 한 것이 없으며 초나라를 약하게 하는 것은 양나라만 한 것이 없습니다. 초나라가 비록 부유하고 거대하다는 명성이 있으나 실제로는 공허합니다. 그 군졸이 비록 많다고 하지만 가볍게 달리고 쉽게 달아나며 군세게 싸우지 못합니다. 모든 양나라 군사가 남쪽으로 향하여 초나라를 정벌하면 승리는 필연입니다. 초나라를 떼어 양나라에 보태고 초나라를 짓밟고 진나라에 가게 하면, 재앙을 떠넘겨 국가를 편안하게 하는 것으로 이것은 좋은 일입니다. 대왕께서 신의 말을 듣지 않으면 진나라는 갑옷 입은 군사들을 내려보내 동쪽을 정벌할 것인데, 비록 진나라를 섬기고자 하더라도 할 수 없을 것입니다.

또 합종론자들은 떨치는 말은 많지만 믿을 만한 것은 적으며, 한 사람의 제후를 설득하여 후侯로 봉하려 합니다. 이런 까닭으로 천하에서 유세하는 사인들은 밤낮으로 팔장을 끼고 눈을 부릅뜨고 이를 갈며 합종책의 편리함을 말하여 남의 군주들을 설득합니다. 군주들은 그들의 말솜씨를 현명하게 여기고 그들의 설명에 이끌리는데, 어찌 현혹되지 않았다고 하겠습니까.

신이 듣건대, 깃털이 쌓이면 배를 침몰시키고 가벼운 것도 무리를 이루면 수레 굴대를 부러뜨리며, 많은 입은 쇠를 녹이고 헐뜯음이 쌓이면 뼈도 삭힌다고 했습니다. 그러므로 원컨대 대왕께서는 안정된 계책을 살펴보십시오. 장차 저는 고향으로 돌아가 위나라를 피할까 합니다."

애왕이 이에 합종의 약속을 배반하고 장의의 청을 따라서 진나라와 화해했다. 장의는 돌아가서 다시 진나라 재상이 되었다.

3년 만에 위나라가 다시 진나라를 배신하고 합종책을 따랐다. 진나라는 위나라를 공격해 곡옥을 빼앗았다.[1] 이듬해, 위나라는 다시 진나라를 섬겼다.

且夫秦之所欲弱者莫如楚 而能弱楚者莫如梁 楚雖有富大之名而實空虛 其卒雖多 然而輕走易北 不能堅戰 悉梁之兵南面而伐楚 勝之必矣 割楚而益梁 虧楚而適秦 嫁禍安國 此善事也 大王不聽臣 秦下甲士而東伐 雖欲事秦 不可得矣 且夫從人多奮辭而少可信 說一諸侯而成封侯 是故天下之游談士莫不日夜搤腕瞋目切齒以言從之便 以說人主 人主賢其辯而牽其說 豈得無眩哉 臣聞之 積羽沈舟 群輕折軸 衆口鑠金 積毀銷骨 故願大王審定計議 且賜骸骨辟魏 哀王於是乃倍從約而因儀請成於秦 張儀歸 復相秦 三歲而魏復背秦爲從 秦攻魏 取曲沃[1] 明年 魏復事秦

① 取曲沃취곡옥

신주 여기 곡옥은 역사상 유명한 하동군 곡옥이 아니라 하서의 곡옥이다. 진나라는 앞서 8년 전에 하서의 곡옥을 빼앗았으니 〈진본기〉에 나오는 초焦 땅이 맞다. 〈육국연표〉와 〈위세가〉에는 곡옥이라 하였으나, 잘못이다.

농락당한 초나라

진나라는 제나라를 정벌하려고 했지만[①] 제나라와 초나라가 합종으로 친교親交했다. 이에 장의가 초나라에 가서 상황을 보려고 했다. 초나라 회왕懷王은 장의가 온다는 소식을 듣고 좋은 객사를 비워서 장의에게 주고 몸소 관사로 가서 말했다.

"이곳은 좁고 누추한 나라인데 그대는 무엇을 가르치려고 왔소?"

장의가 초왕을 설득했다.

"대왕께서 진실로 신의 말을 들으신다면 관문을 닫고 제나라와의 약속을 끊으십시오. 신은 상商과 어於 땅 600리를 헌납하도록 청하겠습니다.[②] 그리고 진나라 딸을 보내서 대왕의 첩으로 삼게 할 것입니다. 그러면 진나라와 초나라는 부인을 취하고 딸을 시집보내서 영원한 형제의 나라가 됩니다. 이것은 북쪽으로 제나라를 약하게 하고 서쪽으로 진나라에 도움이 되는 것이니, 계책이 이보다 편리한 것은 없습니다."

초왕은 크게 기뻐하고 허락했다. 여러 신하가 모두 하례하는데 진진陳軫만이 홀로 조문했다. 초왕이 노해서 말했다.

"과인이 군사를 일으키지 않고 600리 땅을 얻어 여러 신하가 모두 하례하는데, 그대만이 조문하는 것은 무슨 이유인가?"

秦欲伐齊^① 齊楚從親 於是張儀往相楚 楚懷王聞張儀來 虛上舍而自館之 曰 此僻陋之國 子何以教之 儀說楚王曰 大王誠能聽臣 閉關絕約於齊 臣請獻商於之地六百里^② 使秦女得爲大王箕帚之妾 秦楚娶婦嫁女長爲兄弟之國 此北弱齊而西益秦也 計無便此者 楚王大說而許之 群臣皆賀 陳軫獨弔之 楚王怒曰 寡人不興師發兵得六百里地 群臣皆賀 子獨弔 何也

① 秦欲伐齊진욕벌제

신주 이곳부터 2장 끝까지 초나라가 장의에게 농락당한 부분인데, 그 내용의 얼개는 〈초세가〉와 같지만 세세한 말은 상당 부분 다르다.

② 獻商於之地六百里헌상어지지육백리

색은 유씨가 말했다. "상商은 곧 지금의 상주商州이고 옛 상성이 있다. 그 서쪽 200여 리에 옛날 어성於城이 있다."

劉氏云 商卽今之商州 有古商城 其西二百餘里有古於城

신주 600리는 사방 150리이다.

진진이 대답했다.

"그렇지 않습니다. 신이 살펴보건대 (초나라는) 상과 어의 땅을 얻지 못하고 제나라와 진秦나라는 연합할 것입니다. 제나라와 진나라가 연합하면 근심이 반드시 이를 것입니다."

초왕이 말했다.

"설명을 할 수 있겠는가?"

진진이 대답했다.

"대저 진나라가 초나라를 중요하게 여기는 까닭은 바로 제나라가 있기 때문입니다. 지금 관문을 닫고 제나라와의 언약을 단절하면 초나라는 고립됩니다. 진나라가 어찌 저 고립된 나라를 탐내고 상과 어 땅 600리를 주려고 하겠습니까. 장의가 진나라에 이르면 반드시 왕을 배신할 것입니다. 이것은 북쪽으로는 제나라와 교제가 단절되고 서쪽으로는 진나라에 대한 근심이 생기는 것이며, 양국의 군사들이 반드시 함께 이를 것입니다. 왕을 위한 계책으로 좋은 것은 몰래 제나라와 연합하면서 겉으로는 절교한 것처럼 하고, 사람을 시켜 장의를 따르게 하느니만 못합니다. 진실로 우리에게 땅을 준다면 제나라와 절교해도 늦지 않고, 우리에게 땅을 주지 않으면 몰래 (제나라와) 연합하여 계책을 도모해야 합니다."

초왕이 말했다.

"원컨대 진자陳子는 입을 닫고 다시 말하지 말라. 과인이 땅을 얻는 것을 기다리라."

곧 장의에게 재상의 인수를 주고 후한 뇌물도 주었다. 이에 마침내 관문을 닫아 제나라와 약속을 끊었으며 장군 한 명에게 장의를 따르게 했다.

장의는 진나라에 이르러 거짓[①]으로 인장의 끈을 놓치고 수레에서 굴러 떨어져 3개월 동안 조회하지 않았다. 초왕이 듣고 말했다.

"장의는 과인이 제나라와 단절한 것을 진실로 믿지 못하는가?"

이에 용사를 송나라에 보내 송나라 부절符節을 빌려서 북쪽 제왕齊王을 꾸짖게 했다. 제나라 왕은 크게 노하여 부절을 꺾어 버리고 진나라와 (화친할 것을) 하달했다. 이리하여 진나라와 제나라의 친교가 성립되자 장의는 이에 조회하고 초나라 사신을 불러서 말했다.

"신은 봉읍奉邑 6리를 두었는데 원컨대 대왕의 측근에게 바칩니다."

초나라 사신이 말했다.

"신이 왕에게 명령을 받기로는 상과 어의 땅 600리라고 했고 6리라는 소리는 듣지 못했습니다."

돌아와서 초왕에게 보고하자 초왕은 크게 노하여 군사를 발동시켜 진나라를 공격했다. 진진이 말했다.

"소신이 입을 열어 말해도 되겠습니까? 공격을 하는 것보다는 땅을 떼어주어 도리어 진나라에 뇌물로 주고, 그들과 군사를 합쳐 제나라를 공격하느니만 못할 것입니다. 이것은 우리가 진나라에 땅을 내준 만큼 제나라에서 취하여 보상하는 것이니, 왕의 나라는 오히려 보전할 수 있습니다."

초왕은 듣지 않고 마침내 군사를 발동시켜 장군 굴개屈匄를 시켜서 진나라를 공격하게 했다. 진나라와 제나라는 함께 초나라를 공격해[②] 8만 명의 머리를 베고 굴개를 죽였으며, 마침내 단양丹陽[③]과 한중漢中 땅[④]을 빼앗았다. 초나라는 또다시 더욱 군사를 발동시켜 진나라를 습격하여 남전藍田에 이르러 크게 싸웠으나[⑤]

초나라는 대패했다. 이에 초나라는 성 2개를 떼어⑥ 진나라에 주고 화평했다.

陳軫對曰 不然 以臣觀之 商於之地不可得而齊秦合 齊秦合則患必至矣 楚王曰 有說乎 陳軫對曰 夫秦之所以重楚者 以其有齊也 今閉關絶約於齊 則楚孤 秦奚貪夫孤國 而與之商於之地六百里 張儀至秦 必負王 是北絶齊交 西生患於秦也 而兩國之兵必俱至 善爲王計者 不若陰合而陽絶於齊 使人隨張儀 苟與吾地 絶齊未晩也 不與吾地 陰合謀計也 楚王曰 願陳子閉口毋復言 以待寡人得地 乃以相印授張儀 厚賂之 於是遂閉關絶約於齊 使一將軍隨張儀 張儀至秦 詳①失綏墮車 不朝三月 楚王聞之 曰 儀以寡人絶齊未甚邪 乃使勇士至宋 借宋之符 北罵齊王 齊王大怒 折節而下秦 秦齊之交合 張儀乃朝 謂楚使者曰 臣有奉邑六里 願以獻大王左右 楚使者曰 臣受令於王 以商於之地六百里 不聞六里 還報楚王 楚王大怒 發兵而攻秦 陳軫曰 軫可發口言乎 攻之不如割地反以賂秦 與之幷兵而攻齊 是我出地於秦 取償於齊也 王國尙可存 楚王不聽 卒發兵而使將軍屈匄擊秦 秦齊共攻楚② 斬首八萬 殺屈匄 遂取丹陽③漢中④之地 楚又復益發兵而襲秦 至藍田 大戰⑤ 楚大敗 於是楚割兩城⑥以與秦平

① 詳양

정의 詳의 발음은 '양羊'이다.

詳音羊

② 秦齊共攻楚진제공공초

신주 제나라가 참가한 것은 아니다. 한나라가 진나라에 가담했을 뿐이다.

③ 丹陽단양

집해 서광이 말했다. "지강枝江에 있다."

徐廣曰 在枝江

신주 단양은 초나라 옛 수도로 한중 땅에 있다. 서광이 단양을 지강에 있다고 했지만 이는 나중에 옮겨진 것이다.

④ 漢中한중

정의 지금의 양주梁州이다. 한수漢水의 북쪽에 있다.

今梁州也 在漢水北

신주 한수의 중류에 있어 '한중'이라 한다. 옛 수도 단양 일대이다.

⑤ 至藍田 大戰지남전 대전

신주 앞에 '欲' 자가 추가되어 '欲至藍田'(남전에 이르러 싸우려 했으나)로 되어야 할 것이다. 남전은 장안의 바로 남쪽이다. 초나라가 이미 단수丹水와 한중 땅을 다 잃은 상태에서 그곳을 돌파하고 다시 험준한 무관武關과 진령산맥을 넘어 남전을 쳤다는 말은 상식을 벗어난 것이다. 아마 그곳까지 목표로 삼고 군대를 동원하려 한 것은 회왕의 의중일 것이다. 따라서 앞에 '욕欲' 자가 탈락되었다고 보는 것이 합리적이다. 그것도 아니라면, 처음에 남전까지 진출했다가 진나라의 반격을 받고 패한 것이라고 봐야 한다. 또 이때는 초나라 회왕 17년이고, 초나라는 사방 600리의 큰 땅을 잃게 되어 이후 몰락의 길을 걷게 된다. 따라서 이 전투에서 초나라는 쇠퇴하는 반면에 진나라는 팽창해서 통일로 가는 전환점이 된다.

⑥ 割兩城할양성

신주 두 개[兩]의 성은 곧 단양과 상용上庸을 중심으로 하는 한중 일대
이다. 떼어준 것이 아니라 실제로 빼앗긴 것이다. 나중에 진나라는 초나
라를 회유하고자 회왕 25년에 상용 일대를 초나라에 돌려준다.

진나라는 초나라의 검중黔中 땅을 얻고 싶어 무관武關 바깥의 땅
과 바꾸자②고 요구했다.① 초왕이 말했다.
"땅을 바꾸는 것을 원하지 않고 원컨대 장의를 얻으면 검중 땅을
바치겠습니다."
진왕이 장의를 보내고자 했으나 입으로 차마 말할 수가 없었다.
장의가 이에 가기를 청했다. 혜왕이 말했다.
"저 초왕은 그대가 상과 어 땅으로 배신한 것에 노하고 있소. 이
는 그대에게 분풀이를 하려는 것이오."
장의가 말했다.
"진나라는 강하고 초나라는 약하며 신은 근상斳尙과 사이가 좋
은데, 근상은 초왕의 부인 정수鄭袖를 섬겨 정수가 말하는 것은
모두 따릅니다. 또 신이 왕의 부절을 받들고 초나라에 사신으로
가는데 초나라에서 어찌 감히 처형하겠습니까. 가령 신을 처형하
더라도 진나라를 위해 검중 땅을 얻게 되는 것이니, 신이 가장 원
하는 바입니다."

마침내 초나라에 사신으로 갔다. 초나라 회왕은 장의가 이르자 장의를 가두고 죽이려고 하였다. 근상이 정수에게 말했다.

"부인은 또한 그대가 왕에게 천시 받음을 알고 있습니까?"

정수가 말했다.

"무슨 뜻입니까?"

秦要^①楚欲得黔中地 欲以武關外易之^② 楚王曰 不願易地 願得張儀而獻黔中地 秦王欲遣之 口弗忍言 張儀乃請行 惠王曰 彼楚王怒子之負以商於之地 是且甘心於子 張儀曰 秦彊楚弱 臣善靳尙 尙得事楚夫人鄭袖 袖所言皆從 且臣奉王之節使楚 楚何敢加誅 假令誅臣而爲秦得黔中之地 臣之上願 遂使楚 楚懷王至則囚張儀 將殺之 靳尙謂鄭袖曰子亦知子之賤於王乎 鄭袖曰 何也

① 要요

　정의　要의 발음은 '요腰'이다.

要音腰也

② 武關外易之무관외역지

　정의　곧 상과 어 땅이다.

卽商於之地

　신주　〈초세가〉에는 한중漢中의 절반을 나누어 주고 화평한다고 했다. 나중에 상용을 회유용으로 떼어주는 것으로 보아, 〈초세가〉의 내용이 타당하다. 아래 근상의 말에서 이를 알 수 있다.

근상이 말했다.

"진왕은 장의를 매우 아껴서 내주고 싶지 않은데도^① 지금 장차 상용上庸 땅 육현六縣^②을 초나라에 뇌물로 주고 미인을 초나라로 시집보내고 궁중의 노래를 잘 부르는 자를 잉첩^③으로 삼게 하려 합니다. 초왕은 땅을 중요하게 여기니 진나라를 높이면 진나라 여인들이 반드시 귀해질 것이며 부인은 배척될 것입니다. 말을 잘해서 그를 내보내게 하는 것만 같지 못합니다."

이에 정수는 낮밤으로 회왕에게 말했다.

"남의 신하 된 자는 각각 그 주인을 위해 쓰입니다. 지금 땅은 진나라에서 아직 들어오지 않았는데 진나라는 장의를 사신으로 보내왔으니 왕을 중요하게 여겨서 이른 것입니다. 왕이 예를 차리지 않고 장의를 살해한다면 진나라는 반드시 크게 노하여 초나라를 공격할 것입니다. 첩은 모자가 함께 강남으로 옮겨 가서 진나라에게 어육魚肉이 되지 않기를 청합니다."

회왕이 후회하여 장의를 사면하고 옛날처럼 두텁게 예우했다.

靳尙曰 秦王甚愛張儀而不欲出之^① 今將以上庸之地六縣^②賂楚 美人聘楚 以宮中善歌謳者爲媵^③ 楚王重地尊秦 秦女必貴而夫人斥矣 不若爲言而出之 於是鄭袖日夜言懷王曰 人臣各爲其主用 今地未入秦 秦使張儀來 至重王 王未有禮而殺張儀 秦必大怒攻楚 妾請子母俱遷江南 母爲秦所魚肉也 懷王後悔 赦張儀 厚禮之如故

① 不欲出之불욕출지

색은 살펴보니 '불不' 자는 마땅히 '필必' 자가 되어야 한다. 당시에 장의는 초나라에 체포되어 갇혀 있었다. 그러므로 반드시 구출해 내려고 한 것이다.

按 不字當作必 時張儀爲楚所囚 故必欲出之也

[정의] 진왕은 장의를 초나라에 사신으로 보내고자 하지 않았으며, 만약 스스로 가고자 했다면 지금 진나라는 상용의 땅과 미인으로써 장의를 속죄하고자 한 것이다.

秦王不欲出張儀使楚 若欲自行 今秦欲以上庸地及美人贖儀

② 六縣육현

[정의] 지금의 방주房州이다.

今房州也

③ 媵잉

[신주] 시집가는 데 딸려 보내는 사람이다. 잉첩, 잉신 등이 있다.

장의는 석방되고 나서 아직 초나라를 떠나지 않고 있었는데 소진이 죽었다는 소식을 듣고[①] 이에 초왕을 설득했다.

"진나라 땅은 천하의 절반을 차지하고 있고 군사는 사방의 나라와 대적할 수 있고 험준한 곳으로 둘러싸여 있고 하수가 두르고 있어 사방이 요새이니 견고합니다. 용감한 군사는 100여만 명이고 전차는 1,000대이며 기마는 1만 필이고 쌓아 놓은 곡식은 산더미 같습니다. 법령은 이미 분명하니 사졸들은 어려운 것을 편히 여기고 죽는 것을 달갑게 여깁니다.

군주는 현명하며 위엄이 있고 장수들은 지혜롭게 무용을 떨치니, 비록 무장한 군사를 내보내지 않아도 상산常山의 험한 곳을 석권席卷하면 반드시 천하의 척추를 꺾을 것이니[2] 천하에서 늦게 굴복하는 자일수록 먼저 망할 것입니다. 또 합종책을 하는 자들은 양의 무리를 몰아 맹호를 공격하는 것과 다름없는데, 호랑이가 양과 함께 하는 것은 격이 맞지 않는 것이 분명합니다. 지금 대왕께서는 맹호와 함께하지 않고 양 떼와 함께 하십니다. 그래서 신은 가만히 대왕의 계책이 잘못되었다고 생각했습니다.

張儀旣出 未去 聞蘇秦死[1] 乃說楚王曰 秦地半天下 兵敵四國 被險帶河 四塞以爲固 虎賁之士百餘萬 車千乘 騎萬匹 積粟如丘山 法令旣明 士卒安難樂死 主明以嚴 將智以武 雖無出甲 席卷常山之險 必折天下之脊[2] 天下有後服者先亡 且夫爲從者 無以異於驅群羊而攻猛虎 虎之與羊不格明矣 今王不與猛虎而與群羊 臣竊以爲大王之計過也

① 聞蘇秦死문소진사

[색은] 살펴보니 이때는 진혜왕 후원 14년에 해당한다.

按 此時當秦惠王之後元十四年

[신주] 소진이 이때 죽었다는 말이 아니다. 소진은 몇 년 전에 죽었다. 사망 소식이 이때 전해진 것인지도 모른다.

② 必折天下之脊필절천하지척

[색은] 살펴보니 상산常山은 천하의 북쪽에 있어 사람의 척추와 같다는

것이다.

按 常山於天下在北 有若人之背脊也

[정의] 옛날 제왕帝王은 대부분 하북이나 하동에 도읍했기 때문이다.

古之帝王多都河北河東故也

무릇 천하의 강한 나라는 진나라가 아니면 초나라이고 초나라가 아니면 진나라이니 두 나라가 서로 싸우면 그 형세는 양립하지 못합니다. 대왕께서 진나라와 함께하지 않는다면, 진나라는 군사를 내려보내 의양宜陽을 점거하여 한나라 위쪽 땅을 통하지 못하게 할 것입니다. 하동으로 내려가 성고를 빼앗으면, 한나라는 반드시 신하로 들어올 것이며 양梁나라도 바람을 따라 흔들리듯 할 것입니다. 진나라가 초나라 서쪽을 공격하면 한나라와 양나라는 그 북쪽을 공격할 것인데, 사직이 어찌 위태롭지 않겠습니까.

또 합종론자들은 여러 약한 나라를 모아 지극히 강한 나라를 공격하는데, 적을 헤아리지 않고 싸움을 가볍게 여깁니다. 국가는 빈곤한데 자주 군사를 일으킵니다. 이는 위험하고 망하는 술책입니다. 신이 듣기에 '군사가 (상대와) 같지 못하면 맞서서 싸우지[1] 말고 군량미가 (상대와) 같지 못하면 맞서서 오래 버티지 말라'고 했습니다. 대저 합종론자들은 언변을 꾸미고 허황된 말로 군주의 절조를 높여 그 이로운 것만을 말하고 그 해로운 것은 말하지 않으니, 마침내[2] 진나라의 재앙이 있게 된다면 이미 늦고 말 것입니다. 이런 까닭으로 대왕께서 곰곰이 헤아리기를 원합니다.

凡天下彊國 非秦而楚 非楚而秦 兩國交爭 其勢不兩立 大王不與秦 秦
下甲據宜陽 韓之上地不通 下河東 取成皋 韓必入臣 梁則從風而動 秦
攻楚之西 韓梁攻其北 社稷安得毋危 且夫從者聚群弱而攻至彊 不料
敵而輕戰 國貧而數舉兵 危亡之術也 臣聞之 兵不如者勿與挑戰[1] 粟不
如者勿與持久 夫從人飾辯虛辭 高主之節 言其利不言其害 卒[2]有秦禍
無及爲已 是故願大王之孰計之

① 挑戰도전
정의 挑의 발음은 '조[田鳥反]'이다.
挑 田鳥反

② 卒졸
정의 卒의 발음은 '줄[恩勿反]'이다.
卒 恩勿反

진나라는 서쪽으로 파巴와 촉蜀을 갖고 있는데 큰 배에 곡식을
싣고 민산汶山[1]에서 출발해 강수江水에 떠서 내려오면 초나라에
이르기까지 3,000여 리입니다. 배 두 척을 나란히 붙여[2] 병졸
을 실으면 한 쌍의 배에 50명과 3개월 치 식량을 실을 수 있으며,
물에 내려 띄우면 하루에 300여 리를 갑니다. 거리가 비록 멀다
고 하더라도 소나 말의 힘을 허비하지 않고도 10일이 채 안 되어

한관扞關에 닿습니다.③ 한관은 소란스러워질 것이고 국경을 따라 동쪽 모든 성을 수비해야 하므로 검중黔中과 무군巫郡은 왕의 소유가 아닐 것입니다.

진나라가 군사를 일으켜 무관으로 나와 남쪽을 향해 정벌하면 북쪽의 땅과 단절됩니다.④ 진나라 군사가 초나라를 공격하면 3개월 안에 위태롭고 어려워지지만, 초나라가 제후들의 구원을 기다리는 데는 반년 이상이 걸려, 그 세력이 서로 미치지 못합니다. 대저 약한 나라가 남의 구원을 믿고 강한 진나라의 재앙을 잊으니, 이 때문에 신은 대왕을 근심하는 것입니다.

秦西有巴蜀 大船積粟 起於汶山① 浮江已下 至楚三千餘里 舫船②載卒 一舫載五十人與三月之食 下水而浮 一日行三百餘里 里數雖多 然而 不費牛馬之力 不至十日而距扞關③ 扞關驚 則從境以東盡城守矣 黔中 巫郡非王之有 秦擧甲出武關 南面而伐 則北地絕④ 秦兵之攻楚也 危難 在三月之內 而楚待諸侯之救 在半歲之外 此其勢不相及也 夫(待)〔恃〕 弱國之救 忘彊秦之禍 此臣所以爲大王患也

① 汶山민산

[정의] 汶의 발음은 '민泯'이다.

汶音泯

② 舫船방선

[색은] 방선枋船이며 枋의 발음은 '방方'이다. 배 두 척이 나란히 하는 것을 이른다. 또한 '방舫'으로도 발음한다.

枋船 枋音方 謂竝兩船也 亦音舫

③ 而距扞關이거한관

집해 서광이 말했다. "파군 어복현에 한수관扞水關이 있다."

徐廣曰 巴郡魚復縣有扞水關

색은 한관扞關은 초나라 서쪽 영역에 있다. 復의 발음은 '복伏'이다. 살펴보니 〈지리지〉에 파군에는 어복현이 있다.

扞關在楚之西界 復音伏 按 地理志巴郡有魚復縣

정의 협주硤州 파산현 영역에 있다.

在硤州巴山縣界

④ 北地絶북지절

정의 초나라 북쪽 국경은 단절된다.

楚之北境斷絶

대왕께서는 일찍이 오나라 사람들과 다섯 번 싸워 세 번 승리했지만① 진중의 군졸들은 거의 전멸했으며 한쪽 구석의 새로 얻은 성을 지키느라고② 남은 백성은 고생하고 있습니다. 신이 듣건대 '공로가 큰 자는 쉽게 위험에 처하고 백성은 피폐하면 상上(군주)을 원망한다'라고 했습니다. 무릇 쉽게 위험해지는 공로를 지켜서 강한 진나라 마음을 거역하는 것이니 신은 가만히 대왕께서 위태롭다고 생각합니다.

또 진나라가 함곡관으로 나가 15년간 제나라와 조나라를 공격하지 않는 까닭은 몰래 계획하여 천하를 합치려는[3] 마음이 있기 때문입니다. 초나라는 일찍이 진나라와 원수진 일에 얽혀서 한중漢中[4]에서 싸웠는데 초나라 사람들은 이기지 못했고 열후列侯로 홀을 잡은 자 중 70여 명이 죽었고, 마침내 한중을 잃었습니다. 초왕은 크게 노하여 군사를 일으켜 진나라를 습격하여 남전藍田에서 싸웠습니다. 이것은 이른바 호랑이 두 마리가 서로 치고받은[5] 것입니다. 대저 진나라와 초나라가 서로 피폐해지면 한나라와 위나라가 그 뒤를 온전하게 제어할 것이니 이보다 위험한 계책은 없습니다. 대왕께서는 곰곰이 헤아리시기 바랍니다.

진나라가 군사를 내려 보내 위衞의 양진陽晉을 공격하면 반드시 천하의 가슴을 봉쇄封鎖할 것입니다.[6] 대왕께서 모든 군사를 일으켜 송나라를 공격하면 수개월에 이르지 않아 송나라를 빼앗을 것이며 송나라를 빼앗고 동쪽을 가리키면 사수泗水 주변 12제후들[7]은 모두 왕의 소유가 될 것입니다.

大王嘗與吳人戰 五戰而三勝[1] 陣卒盡矣 偏守新城[2] 存民苦矣 臣聞功大者易危 而民敝者怨上 夫守易危之功而逆彊秦之心 臣竊爲大王危之 且夫秦之所以不出兵函谷十五年以攻齊趙者 陰謀有合[3]天下之心 楚嘗與秦構難 戰於漢中[4] 楚人不勝 列侯執珪死者七十餘人 遂亡漢中 楚王大怒 興兵襲秦 戰於藍田 此所謂兩虎相搏[5]者也 夫秦楚相敝而韓魏以全制其後 計無危於此者矣 願大王孰計之 秦下甲攻衞陽晉 必大關天下之匈[6] 大王悉起兵以攻宋 不至數月而宋可舉 舉宋而東指 則泗上十二諸侯[7]盡王之有也

① 嘗與吳人戰 五戰而三勝상여오인전 오전이삼승

신주 오나라와 싸운 것은 먼 옛날 춘추시대의 일일 뿐이다. 심지어 수도까지 함락당하는 수모를 겪었다.

② 偏守新城편수신성

색은 偏의 발음은 '편[匹連反]'이다. 이곳에서 '신성新城'이라고 이른 것은 오吳와 초楚 사이에 있는 것이 마땅하다.

偏 匹連反 此云新城 當在吳楚之間

정의 새로 공격해서 얻은 성인데 소재가 자세하지 않다.

新攻得之城 未詳所在

③ 合합

집해 서광이 말했다. "다른 판본에는 '탄吞'으로 되어 있다."

徐廣曰 一作吞

④ 漢中한중

색은 그 땅은 진秦나라 남산의 남쪽이고 초나라 서북쪽이고 한수漢水의 북쪽에 있어서 이름을 '한중'이라고 했다.

其地在秦南山之南 楚之西北 漢水之北 名曰漢中

⑤ 搏박

집해 서광이 말했다. "어떤 이는 搏의 발음은 '극戟'이라고 했다."

徐廣曰 或音戟

⑥ 大關天下之匈대관천하지흉

집해 서광이 말했다. "관關은 다른 판본에는 '개開'로 되어 있다."

徐廣曰 關 一作開

색은 위衛나라 양진陽晉을 공격해 천하의 가슴속으로 크게 들어가는 것이다. 대저 상산常山을 천하의 척추로 삼는다면 이것은 위衛의 양진陽晉에 이르기까지는 천하의 가슴이 마땅하며 대개 그 땅은 곧 진秦, 진晉, 제齊, 초楚가 엇갈리는 길이다. 진나라 군사가 양진을 점거하면 이것은 천하의 가슴으로 크게 들어가는 것인즉 다른 나라는 활동하지 못한다는 뜻이다.

攻衛陽晉 大關天下匈 夫以常山爲天下脊 則此衛及陽晉當天下匈 蓋其地是秦晉齊楚之交道也 以言秦兵據陽晉 是大關天下匈 則他國不得動也

⑦ 泗上十二諸侯사상십이제후

색은 사수泗水의 곁 근방에 전국시대 제후 12명이 있는 것에 해당하는데 송宋, 노魯, 주邾, 거莒 등이다.

謂邊近泗水之側 當戰國之時有十二諸侯 宋魯邾莒之比也

대저 천하에서 합종의 약속을 믿어 서로 친하게 해서 서로 견고하게 한 것은 소진으로 무안군武安君에 봉해지고 연나라 재상이 되었습니다. 곧 몰래 연왕과 모의해 제나라를 정벌해 깨뜨리고 그 땅을 나누려고 했습니다. 이에 거짓으로 죄를 지은 척하고 달아나 제나라로 들어갔습니다. 제나라 왕은 소진을 받아들이고 재상으로 삼았다가 재상이 된 지 2년 만에 깨닫고 제왕齊王이 크게 노하여 소진을 저자에서 거열형에 처했습니다. 대저 하나의 사기꾼 소진은 천하를 경영하려고 제후들을 하나로 엮으려[①] 했으나 그것이 성공하지 못할 것은 또한 명백했습니다.

지금 진나라는 초나라와 경계가 닿아 땅이 접해 있으니 진실로 형세가 친해야 할 나라입니다. 대왕께서 진실로 신의 말을 들어주신다면 신은 진나라 태자를 초나라에 인질로 들이게 하고 초나라 태자를 진나라에 인질로 들이겠다고 청할 것입니다. 또 진나라 여인을 대왕의 청소하는 첩이 되게 청할 것이고 1만 호의 도시를 바쳐서 탕목읍으로 삼게 할 것입니다. 그리고 길이 형제의 나라가 되어 종신토록 서로 공격하고 정벌하는 일이 없게 하겠습니다. 신은 이보다 편한 계획이 없을 것이라 여깁니다."

이에 초왕은 이미 장의를 얻었으므로 거듭 검중 땅을 진나라에 내주는 것을 허락하고자 했다. 굴원屈原[②]이 말했다.

"지난날 대왕께서는 장의에게 속았습니다. 장의가 이르렀을 때 신은 대왕께서 삶아 죽일 것이라 여겼습니다. 지금 설령 차마 죽이지는 않더라도 또 그의 거짓된 말을 들으신다는 것은 옳지 않습니다."

회왕이 말했다.

"장의를 용서하고 검중 땅을 얻는 것은 좋은 이익이다. 뒤에 배신하면 안 될 것이다."

그러므로 마침내 장의를 용서하고 장의의 말을 따라서 진나라와 화친했다.[③]

凡天下而以信約從親相堅者蘇秦 封武安君 相燕 卽陰與燕王謀伐破齊 而分其地 乃詳有罪出走入齊 齊王因受而相之 居二年而覺 齊王大怒

車裂蘇秦於市 夫以一詐僞之蘇秦 而欲經營天下 混^①一諸侯 其不可成
亦明矣 今秦與楚接境壤界 固形親之國也 大王誠能聽臣 臣請使秦太
子入質於楚 楚太子入質於秦 請以秦女爲大王箕帚之妾 效萬室之都以
爲湯沐之邑 長爲昆弟之國 終身無相攻伐 臣以爲計無便於此者 於是
楚王已得張儀而重出黔中地與秦 欲許之 屈原^②曰 前大王見欺於張儀
張儀至 臣以爲大王烹之 今縱弗忍殺之 又聽其邪說 不可 懷王曰 許儀
而得黔中 美利也 後而倍之 不可 故卒許張儀 與秦親^③

① 混혼

색은 혼混은 어떤 판본에는 '혼棍'으로 되어 있다. 混의 발음은 '혼[胡本
反]'과 같다.

混 本作棍 同胡本反

② 屈原굴원

신주 전국시대 초楚나라 회왕懷王 때 대부이다. 이름은 평平이고 자는
원原이다.

③ 故卒許張儀 與秦親고졸허장의 여진친

신주 〈초세가〉에 따르면, 회왕은 장의를 돌려보낸 것을 후회하고 잡으
려고 했으나 따라잡지 못했다고 한다. 이후 회왕은 진나라에 끌려 다니
다가 결국 진나라에 속아 진나라에 억류되어서 돌아오지 못하고 진나라
에서 죽는다. 그 바람에 초나라는 더욱 진나라에 끌려 다니다가 결국 망
국의 길로 들어선다.

연횡론자 장의

장의는 초楚나라를 떠나 마침내 한韓나라로 가서 한왕을 설득했다.
"한나라 땅은 험악한 산에 거처하고 오곡五穀이 생산되는 바가
콩이 아니면 보리 정도이며 백성의 식사는 대개 콩밥이나 콩잎 국
입니다. 한 해의 수확을 걷지 못하면 백성은 지게미와 겨조차 실
컷 먹지 못합니다. 국토는 900리에 불과하고 2년 치 식량도 없습
니다. 대왕의 군졸을 헤아려보면 모두가 30만 명에 지나지 않는데
잡역부나 짐꾼①이 그 속에 포함되어 있습니다. 순라를 돌고 정장
亭鄣을 지키는 자를 제외하면 군졸은 20만 명에 지나지 않습니다.
진나라의 갑옷 입은 군사는 100여만 명이고 전차는 1,000대이며
기마는 1만 필입니다. 용맹한 사졸로 뛰어오르면서 투구도 쓰지
않고② 턱을 감싸 쥐고 적진으로 쳐들어가는데③ 분노하여 창을
휘두르는 자들④은 헤아릴 수 없을 정도에 이릅니다. 진나라 말은
우수한데 병사는 많으며, 앞발로 방향을 잡고 뒷발굽으로 후벼 파
는데⑤ 말굽의 사이가 21자⑥가 되도록 뛰는 말이 헤아릴 수 없이
많습니다. 산동의 군사는 갑옷을 입고 투구를 쓰고 싸우는데 진
나라 사람은 갑옷을 벗고 맨발에 소매를 걷어 올리고⑦ 적진으로

달려가 왼손으로는 사람의 머리채를 잡아끌고 오른쪽 옆구리에
는 생포한 자를 낍니다.

대저 진나라와 산동의 군졸을 비교하면 맹분孟賁이 겁 많은 사내
와 함께 있는 것 같고 무거운 힘으로 상대방을 누르는 것은 오획
烏獲이 어린아이를 상대하는 것 같습니다. 맹분이나 오획 같은 군
사들이 복종하지 않는 약한 나라를 공격하는 것은 1,000균이나
나가는 무거운 것을 새알 위에 더하는 것과 다름이 없으니 반드
시 요행은 없을 것입니다.

張儀去楚 因遂之韓 說韓王曰 韓地險惡山居 五穀所生 非菽而麥 民之
食大抵(飯)菽〔飯〕藿羹 一歲不收 收不饜糟穅 地不過九百里 無二歲之
食 料大王之卒 悉之不過三十萬 而廝徒負養^①在其中矣 除守徼亭鄣塞
見卒不過二十萬而已矣 秦帶甲百餘萬 車千乘 騎萬匹 虎賁之士跿跔
科頭^②貫頤^③奮戟者^④ 至不可勝計 秦馬之良 戎兵之衆 探前趹後蹄^⑤間
三尋^⑥騰者 不可勝數 山東之士被甲蒙冑以會戰 秦人捐甲徒裼^⑦以趨
敵 左挈人頭 右挾生虜 夫秦卒與山東之卒 猶孟賁之與怯夫 以重力相
壓 猶烏獲之與嬰兒 夫戰孟賁烏獲之士以攻不服之弱國 無異垂千鈞之
重於鳥卵之上 必無幸矣

① 廝徒負養사도부양

색은 廝의 발음은 '사斯'이며 잡다한 사역을 하는 천한 자를 이른다.
부양負養은 등짐을 메고 공가公家에 양식을 공급하는 자로 또한 천인을
이른다.

廝音斯 謂褋役之賤者 負養謂負檐以給養公家 亦賤人也

② 跿跔科頭도구과두

집해 跿跔의 발음은 '도구徒俱'이며 뜀뛰는 것이다. 또 이르기를 한쪽 발을 들어 올리는 것을 도구跿跔라고 한다고 했다. 과두科頭는 투구를 쓰지 않고 적진으로 쳐들어가는 것을 이른다.

跿跔音徒俱 跳躍也 又云偏舉一足曰跿跔 科頭謂不著兜鍪入敵

색은 跿跔의 발음은 '도구徒俱'이며 跔의 발음은 또한 '구劬'이다. 유씨는 뜀뛰기를 이른다고 했다. 또《운집》에, 한쪽 발을 들어 올리는 것을 도구跿跔라고 한다고 했다.《전국책》에 "호랑이 기세의 군사가 뜀뛰며"라고 했다. 과두科頭는 투구를 쓰지 않은 것을 이른다.

跿跔音徒俱二音 跔又音劬 劉氏云謂跳躍也 又韻集云偏舉一足曰跿跔 戰國策曰虎摯之士跿跔 科頭謂不著兜鍪

③ 貫頤관이

색은 양손으로 턱을 받치고 곧바로 적진으로 쳐들어가는 것을 이른 것이며 그 용맹한 것을 말한다.

謂兩手捧頤而直入敵 言其勇也

④ 奮戟者분극자

집해 창을 잡고 분노해서 적진으로 쳐들어가는 것이다.

執戟奮怒而入陳也

색은 또 창을 잡은 자가 분노함이 있어 달려서 적진으로 들어가는 것을 이른다.

謂又有執戟者奮怒而趨入陣

⑤ 探前趹後蹄탐전결후제

색은　말의 앞발은 앞으로 향하는 것을 탐색하고 뒷발은 뒤에서 신속하게 하는 것을 이른 것이다. 趹의 발음은 '열[烏穴反]'이다. 결趹은 뒷발이 땅을 후벼 파는 것을 이른 것으로 말이 재빠르게 달리는 재주가 있다는 말이다.

謂馬前足探向前 後足趹於後 趹音烏穴反 趹謂後足抉地 言馬之走埶疾也

⑥ 三尋삼심

색은　살펴보니 7자[尺]를 심尋이라 한다. 말이 신속하게 달려 앞과 뒤 발굽 사이가 한 번 뛰면 3심尋을 넘는다는 말이다.

按 七尺曰尋 言馬走之疾 前後蹄間一擲過三尋也

⑦ 捐甲徒裼연갑도석

색은　도徒는 맨발이다. 석裼은 드러내는 것이며 웃통을 드러내어 살을 보이는 것을 이른다.

徒者 徒跣也 裼 袒也 謂袒而見肉也

대저 여러 신하와 제후들이 국가의 땅이 적은 것을 헤아리지 않으면서 합종론자의 달콤하고 아름다운 말만 듣고, 한패가 되어서 서로 말을 꾸며대며 모두가 분기하여 이르기를 '우리 계책을 들으면 천하에 강한 패자霸者가 될 것입니다.'라고 합니다. 대저 사직의 오랜 이익을 돌아보지 않고 한순간의 달콤한 말만 듣는다면 남의 군주를 그르치게 하는 것이 이보다 지나친 것은 없을 것입니다.

대왕께서 진나라를 섬기지 않는다면 진나라는 군사를 내려 보내 의양宜陽을 점거하여 한나라 위쪽 땅(상당군上黨郡)을 차단하고 동쪽 성고成皐와 형양滎陽을 빼앗을 것이니, 곧 홍대궁鴻臺宮과 상림원桑林苑[①]은 왕의 소유가 아닐 것입니다. 대저 성고를 차단하고 위쪽 땅을 단절시키면 왕의 나라는 나뉘게 됩니다. 먼저 진나라를 섬기면 편안하고 진나라를 섬기지 않으면 위험합니다. 대저 재앙을 만들어 놓고 복으로 갚아지기를 구한다면 계책이 미숙한 것으로 원한만 깊이 사게 됩니다. 진나라를 거역하고 초나라를 따른다면 비록 망하지 않기를 바래도 망할 것입니다. 그러므로 대왕을 위한 계책은 진나라를 위함[②]만 같지 못할 것입니다.

진나라에서 하고자 하는 바는 초나라를 약화시키는 것이 최우선이고 초나라를 약화시킬 나라는 한나라만 한 것이 없습니다. 한나라가 초나라보다 강해서가 아니라 그 땅의 형세가 그러한 것입니다. 지금 왕께서 서쪽을 향하여 진나라를 섬기고 초나라를 공격한다면 진나라 왕은 반드시 기뻐할 것입니다. 대저 초나라를 공격하여 그 땅을 얻고 재앙을 돌려서 진나라를 기쁘게 하는 방법은 이보다 좋은 계책이 없습니다."

夫群臣諸侯不料地之寡 而聽從人之甘言好辭 比周以相飾也 皆奮曰 聽吾計可以彊霸天下 夫不顧社稷之長利而聽須臾之說 詿誤人主 無過此者 大王不事秦 秦下甲據宜陽 斷韓之上地 東取成皐滎陽 則鴻臺之宮桑林之苑[①]非王之有也 夫塞成皐 絕上地 則王之國分矣 先事秦則安 不事秦則危 夫造禍而求其福報 計淺而怨深 逆秦而順楚 雖欲毋亡不可得也 故爲大王計 莫如爲[②]秦 秦之所欲莫如弱楚 而能弱楚者如韓

非以韓能彊於楚也 其地勢然也 今王西面而事秦以攻楚 秦王必喜 夫
攻楚以利其地 轉禍而說秦 計無便於此者

① 鴻臺之宮桑林之苑홍대지궁상림지원

집해 서광이 말했다. "상상은 다른 판본에는 '율栗'로 되어 있다."

徐廣曰 桑 一作栗

색은 살펴보니 이것은 모두 한나라 궁원宮苑이고 또 《전국책》에서도
보인다.

按 此皆韓之宮苑 亦見戰國策

② 爲위

색은 爲의 발음은 '위[于僞反]'이다.

爲 于僞反

한왕은 장의의 계책을 들어주었다. 장의가 돌아와서 보고하자, 진
혜왕은 장의를 5개 읍에 봉하고 무신군武信君이라 호칭했다. 장의
를 시켜 동쪽으로 가서 제齊나라 민왕湣王을 설득하게 했다. 민왕
에게 장의가 말했다.

"천하의 강한 나라는 제나라를 넘을 자가 없습니다. 대신과 부형
과 많은 백성이 부유하고 즐거워하고 있습니다. 그러나 대왕을 위
해 계책을 꾸미는 자는 모두가 한때를 위한 설득만을 하고 백세의

이익을 돌아보지 않고 있습니다. 합종론자들은 대왕을 설득할 때는 반드시 이르기를 '제나라 서쪽에는 강한 조나라가 있고 남쪽에는 한나라와 양梁나라가 있습니다. 제나라는 바다를 등지고 있는 나라로 땅은 넓고 백성이 많으며 병졸은 강하고 무사는 용감하여 비록 100개의 진나라가 있어도 장차 제나라는 어찌하지 못할 것입니다.'라고 할 것입니다.

대왕께서는 그 설명을 현명하게 여기고 그 실제는 계산하지 않습니다. 대저 합종론자들은 붕당을 이루고 두루 견주어 합종론이 옳다고 하지 않는 자가 없습니다. 신이 듣기에 '제나라는 노나라와 세 번을 싸워 노나라가 세 번 승리했으나 국가는 위태해지고 멸망이 뒤따랐다'라고 합니다. 비록 전쟁에서 승리했다는 명성은 있었으나 실상은 국가가 멸망했습니다. 이것은 무엇 때문입니까? 제나라는 크고 노나라는 작기 때문입니다.

지금 진나라와 제나라는 제나라를 노나라에 비유하는 것 같습니다. 진나라와 조나라가 하수와 장수漳水 부근에서 싸웠는데① 두 번을 싸워 조나라가 두 번 진나라를 이겼습니다. 파오番吾② 아래에서 싸웠는데 두 번을 싸워 또 진나라에 승리했습니다. 네 번을 싸운 뒤에 조나라는 병졸 수십만 명을 잃고 한단을 겨우 보전했습니다. 비록 전쟁에서 승리했다는 명성이 있었으나 국가는 이미 부서졌습니다. 이것은 어째서이겠습니까? 진나라는 강하고 조나라는 약했기 때문입니다.

韓王聽儀計 張儀歸報 秦惠王封儀五邑 號曰武信君 使張儀東說齊湣王曰 天下彊國無過齊者 大臣父兄殷衆富樂 然而爲大王計者 皆爲一

時之說 不顧百世之利 從人說大王者 必曰 齊西有彊趙 南有韓與梁 齊

負海之國也 地廣民衆 兵彊士勇 雖有百秦 將無奈齊何 大王賢其說而

不計其實 夫從人朋黨比周 莫不以從爲可 臣聞之 齊與魯三戰而魯三

勝 國以危亡隨其後 雖有戰勝之名 而有亡國之實 是何也 齊大而魯小

也 今秦之與齊也 猶齊之與魯也 秦趙戰於河漳之上^① 再戰而趙再勝秦

戰於番吾^②之下 再戰又勝秦 四戰之後 趙之亡卒數十萬 邯鄲僅存 雖有

戰勝之名而國已破矣 是何也 秦彊而趙弱

① 戰於河漳之上_{전어하장지상}

신주 이 일은 여러 가지 정황으로 보았을 때 여기서 기록한 시기가 아니라 훗날의 장평 대전 때의 일이다.

② 番吾_{파오}

색은 番의 발음은 '반盤' 또는 '파婆'이다. 조나라 읍이다.

上音盤 又音婆 趙之邑也

신주 〈소진열전〉 주석에서는 한단邯鄲의 북쪽 상산군이라고 했다.

지금 진나라와 초나라는 서로 딸을 시집보내고 며느리를 맞아들여 형제의 나라가 되었습니다. 한나라는 의양宜陽을 바치고^① 양나라는 하외河外^②를 바쳤습니다. 조나라는 들어와 민지澠池에서 조회하고^③ 하간河間을 떼어^④ 진나라를 섬깁니다. 대왕께서 진나라를

섬기지 않으면 진나라는 한나라와 양나라를 몰아 제나라 남쪽
땅을 공격하고 모든 조나라 군사에게 청하淸河를 건너 박관博關⑤
을 향하게 하면 임치와 즉묵卽墨은 왕의 소유가 아니게 될 것입
니다. 나라가 하루아침에 공격을 당하면 비록 진나라를 섬기고
자 하나 섬길 수 없을 것입니다. 이런 까닭에 대왕께서 곰곰이
헤아려보시기를 바라는 것입니다."
제왕이 말했다.
"제나라는 구석지고 누추한 곳이고 동해 주변에서 숨어 살아서
일찍이 사직의 장구한 이로움을 주는 말을 듣지 못했소."
이에 장의의 말을 허락했다.
今秦楚嫁女娶婦 爲昆弟之國 韓獻宜陽① 梁效河外② 趙入朝澠池③ 割
河間④以事秦 大王不事秦 秦驅韓梁攻齊之南地 悉趙兵渡淸河 指博
關⑤ 臨菑卽墨非王之有也 國一日見攻 雖欲事秦 不可得也 是故願大
王孰計之也 齊王曰 齊僻陋 隱居東海之上 未嘗聞社稷之長利也 乃許
張儀

① 韓獻宜陽한헌의양

신주 한나라는 의양을 바친 적이 없다. 이 기록과는 달리 진나라 무왕
4년에 진나라가 쳐서 빼앗았을 뿐이다. 이 또한 훗날의 일이다.

② 河外하외

색은 살펴보니 하외는 하河의 남쪽 읍이며 곡옥曲沃과 평주平周 등과
같다.

按 河外 河之南邑 若曲沃平周等也

정의 동주同州와 화주華州 땅을 이른다.

謂同華州地也

③ 朝澠池조민지

집해 澠의 발음은 '면[縣善反]'이다.

縣善反

신주 이 사건 역시 먼 훗날 진나라 소왕 28년의 일이며, 〈염파인상여열전〉에 그 내용이 자세히 나온다. 또 조나라와 진나라의 회합이었다.

④ 割河間할하간

색은 하수와 장수 사이 읍을 이르며 잠시 떼어 진나라를 섬기던 것을 이른다.

謂河漳之間邑 暫割以事秦耳

정의 하간은 영주瀛州의 현이다.

河間 瀛州縣

⑤ 博關박관

정의 박관은 박주博州에 있다. 조나라 군사가 패주貝州부터 황하를 건너 박관으로 향하면 탑하漯河 남쪽 임치와 즉묵이 위험해진다는 것이다.

博關在博州 趙兵從貝州度黃河 指博關 則漯河南臨淄卽墨危矣

장의는 제齊나라를 떠나 서쪽으로 가서 조왕을 설득했다.

"폐읍敝邑의 진왕께서는 신을 사신으로 보내 어리석은 계책을 대왕에게 바치라고 했습니다. 대왕께서 천하를 거두어 통솔해서 진나라를 밀치니 진나라 군사가 감히 함곡관에서 나오지 못한 지가 15년입니다.[①] 대왕의 위엄이 산동山東까지 떨치어 폐읍은 두려워 엎드리고 있으면서 갑옷을 수선하고 군사를 격려했습니다. 전차와 기병을 훈련시키고[②] 말달리기와 활쏘기를 익히며 힘써 밭을 갈고 곡식을 쌓아 사방의 국경 안을 지키면서도 근심과 두려움에 처하여 감히 움직이지 못했습니다. 오직 대왕께서 (진나라의) 허물을 꾸짖는 데만 마음에 두고 있었기 때문입니다.[③]

지금은 (우리) 대왕의 힘으로 파巴와 촉蜀을 빼앗고 한중을 합쳤으며 두 주周나라를 품 안에 넣어 구정九鼎을 옮겼으며 백마白馬의 나루를 지키게 되었습니다.[④] 진나라가 비록 구석지고 멀리 있지만 마음으로 분노하고 원망을 품은 지 오래되었습니다. 지금 진나라는 해어진 갑옷과 피곤한 병사들이 민지澠池에 주둔하고 있는데 하수를 넘고 장수를 건너 파오番吾를 점거하기를 원하며, 한단 아래 모여서 갑자甲子일에 결전하여 은殷나라 주紂의 일을 바로 잡은 것처럼 하기를 원해서 공경히 신을 사신으로 보내 먼저 좌우에 알리게 한 것입니다.

張儀去 西說趙王曰 敝邑秦王使使臣效愚計於大王 大王收率天下以賓秦 秦兵不敢出函谷關十五年[①] 大王之威行於山東 敝邑恐懼懾伏 繕甲厲兵 飾[②]車騎 習馳射 力田積粟 守四封之內 愁居懾處 不敢動搖 唯大王有意督過之也[③] 今以大王之力 舉巴蜀 幷漢中 包兩周 遷九鼎 守白

馬之津④ 秦雖僻遠 然而心忿含怒之日久矣 今秦有敝甲凋兵 軍於澠池
願渡河踰漳 據番吾 會邯鄲之下 願以甲子合戰 以正殷紂之事 敬使使
臣先聞左右

① 不敢出函谷關十五年불감출함곡관십오년

　신주 　장의가 조나라 무령왕을 만난 시점을 계산하면, 합종이 이루어
진 지 20년도 더 지난 때이다. 아마《전국책》의 내용에 따라 소진의 유세
시기를 맞추어 편집한 말일 것이다. 또 6국이 합종했다고 해서 진나라가
함곡관을 나가지 않았던 것도 아니다.

② 飭식

　정의 　飭의 발음은 '칙敕'이다.

飭音敕

③ 有意督過之也유의독과지야

　색은 　독督은 그의 일을 바로잡고 꾸짖음이다. 독과督過는 깊이 그의
잘못을 꾸짖는 것이다.

督者 正其事而責之 督過 是深責其過也

④ 包兩周~守白馬之津포양주~수백마지진

　신주 　두 주나라를 가슴 속에 넣은 일부터 이후의 일은 역시 먼 훗날의
일이다.

대저 대왕께서 합종을 해야 한다고 믿은 것은 소진을 믿었기 때문입니다. 소진은 제후들을 현혹하여 옳은 것을 그르다고 하고 그른 것을 옳다고 했으며, 제나라를 뒤집어엎으려고 하다가 자신이 저자에서 거열형을 당했습니다. 대저 천하가 하나로 되지 못할 것은 또한 명백합니다. 지금 초나라와 진나라는 형제 나라가 되고 한나라와 양나라는 자칭 동쪽 울타리의 신하라고 하며 제나라는 어물과 소금이 나는 땅을 바친다고 했으니, 이것은 조나라의 오른쪽 팔이 잘린 것입니다. 대저 오른쪽 팔이 잘려서 남과 싸우고 자기의 무리를 잃고 외롭게 거처하면서 위태롭지 않기를 바란들 어찌 가능하겠습니까.

지금 진나라는 3명의 장군을 보냈는데[①] 그중 한 군은 오도午道를 막고[②] 제나라에게 군사를 일으키게 알려 청하를 건너 한단의 동쪽에 진을 치게 할 것입니다. 한 군은 성고에 주둔하고 한나라와 양나라를 몰아 하외河外[③]에 주둔하도록 할 것입니다. 한 군은 민지에 주둔시킬 것입니다. 네 나라가 하나가 되는 맹약을 하고 조나라를 공격하면 조나라는 부서지고 반드시 그 땅을 넷으로 나눌 것입니다. 이런 까닭으로 감히 마음속의 뜻을 숨기지 않고 먼저 좌우에 알리는 것입니다. 신이 가만히 대왕을 위한 계책을 말씀드린다면 진왕秦王과 함께 민지에서 만나 서로 얼굴을 마주하고 입으로 조약을 맺어 군사를 어루만져서 공격하는 일이 없도록 바라는 것보다 좋은 것이 없습니다. 대왕께서 계책을 결정하시기를 바랍니다."

凡大王之所信爲從者恃蘇秦 蘇秦熒惑諸侯 以是爲非 以非爲是 欲反齊國 而自令車裂於市 夫天下之不可一亦明矣 今楚與秦爲昆弟之國

而韓梁稱爲東藩之臣 齊獻魚鹽之地 此斷趙之右臂也 夫斷右臂而與人
鬪 失其黨而孤居 求欲毋危 豈可得乎 今秦發三將軍① 其一軍塞午道②
告齊使興師渡清河 軍於邯鄲之東 一軍軍成皐 驅韓梁軍於河外③ 一軍
軍於澠池 約四國爲一以攻趙 趙(服)〔破〕 必四分其地 是故不敢匿意隱
情 先以聞於左右 臣竊爲大王計 莫如與秦王遇於澠池 面相見而口相
結 請案兵無攻 願大王之定計

① 今秦發三將軍금진발삼장군

신주 민지에서 회합할 무렵에 진나라는 조나라와 연합하여 제나라를
치고자 했다. 그러나 조나라가 거절해 실패한 일이 있었을 뿐이다.

② 其一軍塞午道기일군새오도

색은 이 오도午道는 조나라 동쪽과 제나라 서쪽에 있는 것이 마땅
하다. 오도는 지명이다. 정현은 "한 번은 세로로, 한 번은 가로로 하는
것이 오午가 된다."라고 일렀으며 교도交道를 이른 것이다.

此午道當在趙之東 齊之西也 午道 地名也 鄭玄云一縱一橫爲午 謂交道也

③ 河外하외

정의 하외는 정주鄭州와 활주滑州이며 북쪽으로 하수에 다다르는 것을
이른다.

河外謂鄭滑州 北臨河

조왕이 말했다.

"선왕先王[1] 때 봉양군奉陽君이 권세를 멋대로 휘둘러[2] 선왕을 가리고 속이며 홀로 멋대로 하고 일을 처리했소. 과인은 사부에게 가르침을 받는 처지라서 나라의 계책을 도모하는 데에 관여하지 못했소. 선왕께서 모든 신하를 버리고 세상을 떠나시자 과인은 나이가 어리지만 종묘의 제사를 받들게 되었소. 새해가 되어 마음속으로 가만히 이에 의심하여 합종책으로 진나라를 섬기지 않는 것은 나라의 장구한 이로움이 아니라고 생각했소. 그래서 또한 마음을 바꾸고 생각을 바꾸어 땅을 떼어 지난날의 과오를 사과하고 진나라를 섬기기를 바랐소.[3] 바야흐로 수레를 매어 (진나라로) 달려가려는[4] 참이었는데 때마침 사신이 와서 고명한 가르침[5]을 들었소."

조왕이 장의에게 허락하자 장의가 이에 떠나갔다.

趙王曰 先王[1]之時 奉陽君專權擅勢[2] 蔽欺先王 獨擅綰事 寡人居屬師傅 不與國謀計 先王棄群臣 寡人年幼 奉祀之日新 心固竊疑焉 以爲一從不事秦 非國之長利也 乃且願變心易慮 割地謝前過以事秦[3] 方將約車趨行[4] 適聞使者之明詔[5] 趙王許張儀 張儀乃去

① 先王선왕

신주 무령의 아버지 숙후(?~서기전 326)이다. 선왕이라고 표현한 것은 자신이 왕으로 호칭을 바꾸면서 아버지를 왕으로 추존했기 때문일 것이다.

② 奉陽君專權擅勢봉양군전권천세

신주 이는 〈소진열전〉의 정확하지 않은 기록을 그대로 인용한 것으로
여러 사람들의 손으로 가감된 《전국책》 기록이 정확하지 않은 것을 보여
주는 사례다.

③ 割地謝前過以事秦할지사전과이사진

신주 이때 조나라는 강대국으로 발돋움하는 시기이며, 진나라에 땅을
떼어주어 섬긴 일은 없다.

④ 趨行추행

정의 趨의 발음은 '추趣'이다.

趨音趣

⑤ 詔조

신주 진시황이 통일 후에, 명命을 '제制'라고 하고 영슈을 '조詔'라고 고
쳤다. 이 시대에 이런 용어가 있었다고 보기 어렵다. 〈소진열전〉도 마찬
가지다.

북쪽①으로 연燕나라에 가서 연나라 소왕昭王을 설득했다.

"대왕께서 친한 나라는 조나라 같은 나라가 없습니다. 옛날 조양자
趙襄子는 일찍이 그의 누이를 대왕代王의 아내로 삼았는데 대代를
병탄하고자 대왕과 약속하고 구주산句注山② 요새에서 만났습니다.

이에 공인工人을 시켜 쇠국자의 꼬리를 길게 만들어[3] 사람을 칠 수 있게 하였습니다. 조양자는 대왕과 술을 마시면서 요리사에게 몰래 말하기를 '곧 주연이 한창 무르익어 즐거우면 뜨거운 국을 내오면서[4] 국자를 거꾸로 해서 자루로 쳐라.[5]'라고 했습니다. 이에 주연이 한창 무르익어 즐거워지자, 뜨거운 국을 올렸고 요리사는 국을 퍼서 올렸는데, 그 기회로 국자를 뒤집어서 대왕을 때려 죽여서 대왕의 뇌가 땅에 흩어졌습니다. 그의 누이가 듣고 비녀를 갈아 스스로 찔러 죽었습니다. 이 때문에 지금까지 마계산摩笄山[6]이 있는 것입니다. 대왕代王의 죽음에 관하여 천하에서 듣지 못한 이가 없습니다.

北①之燕 說燕昭王曰 大王之所親莫如趙 昔趙襄子嘗以其姊爲代王妻 欲幷代 約與代王遇於句注②之塞 乃令工人作爲金斗 長其尾③ 令可以擊人 與代王飮 陰告廚人曰 卽酒酣樂 進熱啜④ 反斗以擊之⑤ 於是酒酣樂 進熱啜 廚人進斟 因反斗以擊代王 殺之 王腦塗地 其姊聞之 因摩笄 以自刺 故至今有摩笄之山⑥ 代王之亡 天下莫不聞

① 北북

신주 〈소진열전〉에서도 설명했지만, 이때 연나라는 조나라 동쪽에 있었다. 〈연소공세가〉와 〈조세가〉에서도 그렇게 기록하고 있다.

② 句注구주

정의 구주산은 대주代州에 있다. 句의 발음은 '구勾'이다.

句注山在代州也 上音勾

③ 金斗長其尾금두장기미

[색은] 斗의 발음은 '주主'이다. 무릇 모가 난 것을 두斗라 하는데, 만약 편안하게 긴 자루가 있으면 곧 주枓라고 이름하는데 枓의 발음은 '주主'이다. 꼬리는 곧 두斗의 자루이며 그 형상은 칼과 같다.

斗音主 凡方者爲斗 若安長柄 則名爲枓 音主 尾卽斗之柄 其形若刀也

④ 進熱啜진열철

[색은] 啜의 발음은 '청[昌悅反]'이다. 살펴보니 뜨거운 것을 마신다는 것은 국을 말한다. 아래에 이르기를 '주인진짐廚人進斟'이라고 일렀는데 짐斟은 국을 푸는 것을 이르기 때문에 그에 따라 국을 짐斟이라고 이름한 것이다. 《좌전》에 '양갱부짐羊羹不斟'이라고 한 것이 이것이다.

音昌悅反 按 謂熱而啜之 是羹也 於下云廚人進斟 斟謂羹勺 故因名羹曰斟 左氏羊羹不斟是也

⑤ 反斗以擊之반두이격지

[정의] 반反은 곧 두斗를 거꾸로 해서 자루로 공격한 것이다.

反卽倒斗柄擊也

⑥ 摩笄之山마계지산

[집해] 계笄는 부인의 머리를 꾸미는 것이며 지금의 상아적象牙擿과 같은 것이다.

笄 婦人之首飾 如今象牙擿

[정의] 계笄는 지금의 비녀이다. 마계산摩笄山은 울주蔚州 비호현 동북쪽 150리에 있다.

笄 今簪也 摩笄山在蔚州飛狐縣東北百五十里

대저 조왕의 거칠고 사납고 친함이 없는 것은 대왕께서도 잘 보셨습니다. 그런데도 장차 조왕과 친할 수 있겠습니까? 조나라는 군사를 일으켜 연나라를 공격해 두 번이나 연나라 수도를 포위하고 대왕을 겁박했습니다. 이에 대왕께서는 10개 성을 떼어서 사죄했습니다.[1] 지금 조왕은 이미 민지로 들어가 조회했고 하간을 바치며 진나라를 섬겼습니다.[2] 지금 대왕께서 진나라를 섬기지 않으면 진나라는 군사를 운중雲中과 구원九原으로 내려 보내고 조나라를 몰아 연나라를 공격할 것입니다. 그러면 이수易水와 장성長城[3]은 대왕의 소유가 아니게 될 것입니다.

또한 지금 조나라는 진나라에 군郡과 현縣 같은 관계로 감히 망령되이 군사를 일으켜 공벌攻伐하지 못합니다. 지금 왕께서 진나라를 섬긴다면 진나라 왕은 반드시 기뻐하고 조나라는 감히 함부로 준동蠢動하지 못할 것이니, 이는 서쪽에는 강한 진나라의 원조가 있고 남쪽에는 제나라와 조나라의 근심이 없어지는 것입니다. 이런 까닭으로 대왕께서는 곰곰이 헤아려 주실 것을 청원합니다."

夫趙王之很戾無親 大王之所明見 且以趙王爲可親乎 趙興兵攻燕 再圍燕都而劫大王 大王割十城以謝[1] 今趙王已入朝澠池 效河間以事秦[2] 今大王不事秦 秦下甲雲中九原 驅趙而攻燕 則易水長城[3]非大王之有也 且今時趙之於秦猶郡縣也 不敢妄舉師以攻伐 今王事秦 秦王必喜 趙不敢妄動 是西有彊秦之援 而南無齊趙之患 是故願大王孰計之

① 趙興兵攻燕~割十城以謝조흥병공연~할십성이사

신주 이때 연나라는 자지子之의 난 이후로 제나라에 크게 부서져 거의 국가라고 할 수 없는 상황이었는데, 무령왕이 연소왕을 세워 보호하고 있었다. 조나라 없이 연나라는 존재조차 할 수 없는 미약한 상태였다. 이런 상황에서 조나라가 연나라를 침략하고 연나라가 성을 떼어줄 수는 없다. 이는 장평대전 이후 연나라가 조나라를 얕보고 침략했다가 패한 상황을 적은 것으로 보인다.

② 入朝澠池 效河間以事秦입조민지 효하간이사진

신주 진소왕 28년의 일이며 또 두 나라가 회합한 것이다.

③ 易水長城이수장성

☐정의☐ 나란히 이주易州의 경계에 있다.

竝在易州界

신주 연나라가 이수를 넘어간 것은 훗날 조나라가 중산을 멸하고 이수의 땅을 다른 곳과 바꾼 뒤의 일이다.

연왕이 말했다.

"과인은 만이蠻夷의 외딴곳에서 비록 대남자大男子이기는① 하나 실제로는 어린아이 같아 충분히 올바른 계책을 채택했다고 말하지 못하겠소. 지금 상객께서 요행히도 가르쳐주니 서면하여 진나라를 섬기고 항산恆山 끝자락②의 5개 성을 바칠 것을 청하겠소."

연왕은 장의의 의견을 들어주었다. 장의가 진나라에 보고하려고 돌아가다가 함양에 미치지 못했는데 진나라 혜왕이 죽고 무왕武王이 즉위하였다. 무왕은 태자였을 때부터 장의를 좋아하지 않았다. 즉위하자마자 여러 신하가 대부분 장의를 헐뜯었다.

"(장의는) 신의가 없고 좌우의 나라를 팔아서 환심을 샀습니다. 진나라가 반드시 다시 등용한다면 아마 천하의 웃음거리가 될 것입니다." 제후들은 장의가 무왕에게 배척당했다는 소문을 듣고 모두가 연횡책을 배반하고 합종책으로 돌아갔다.

燕王曰 寡人蠻夷僻處 雖大男子裁①如嬰兒 言不足以采正計 今上客幸教之 請西面而事秦 獻恆山之尾②五城 燕王聽儀 儀歸報 未至咸陽而秦惠王卒 武王立 武王自爲太子時不說張儀 及卽位 群臣多讒張儀曰 無信 左右賣國以取容 秦必復用之 恐爲天下笑 諸侯聞張儀有卻武王 皆畔衡 復合從

① 裁재

[집해] 裁의 발음은 '재在'이다.

音在

② 恆山之尾항산지미

[색은] 미尾는 말末과 같다. 항산의 성을 바쳐 진나라에 주는 것을 이른다.

尾猶末也 謂獻恆山城以與秦

[신주] 이수도 넘어가지 못했을 것인데, 그 북쪽 항산 끝의 땅을 떼어줄 수는 없다. 실제로도 연나라가 진나라에 땅을 떼어준 적은 없었다.

진나라 무왕 원년 여러 신하들이 밤낮으로 장의를 험담하는 것을 멈추지 않았고 제나라에서 질책하는 사신이 또 이르렀다. 장의는 죽임을 당할까 두려워 이에 진나라 무왕에게 말했다.

"제가 어리석은 계책을 가지고 있는데 바치기를 원합니다."

무왕이 말했다.

"무슨 내용인가?"

장의가 대답했다.

"진나라 사직을 위한 계책으로는 동방東方에 큰 변화가 있은 연후에야 왕께서 많은 땅을 나누어 받을 수 있을 것입니다. 지금 듣건대 '제나라 왕은 저를 매우 미워하여 제가 있는 곳이라면 반드시 군사를 일으켜 칠 것이다.'라고 합니다. 그러므로 저는 불초한 몸으로 양梁나라로 가기를 바라니 제나라는 반드시 군사를 일으켜 양나라를 칠 것입니다. 양나라와 제나라 군사들이 성 아래에서 엉켜서 서로 떨어지지 못할 때 왕께서는 그사이에 한나라를 쳐서 삼천三川으로 쳐들어가 군사를 함곡관 밖으로 출동시키면 정벌할 것도 없이 주周나라에 다다를 수 있고 주나라는 (왕권의 상징인) 제기祭器들을 반드시 내놓을 것입니다.[①] 천자를 끼고 지도와 전적을 살펴보는 것, 이것이 왕업王業입니다."

진왕은 그럴 것이라 여기고 이에 전차 30대를 갖추어 장의를 양나라로 들여보냈다. 제나라는 과연 군사를 일으켜 양나라를 쳤다.[②]

秦武王元年 群臣日夜惡張儀未已 而齊讓又至 張儀懼誅 乃因謂秦武王曰 儀有愚計 願效之 王曰 奈何 對曰 爲秦社稷計者 東方有大變 然後王可以多割得地也 今聞齊王甚憎儀 儀之所在 必興師伐之 故儀願乞

其不肖之身之梁 齊必興師而伐梁 梁齊之兵連於城下而不能相去 王以
其間伐韓 入三川 出兵函谷而毋伐 以臨周 祭器必出^① 挾天子 按圖籍
此王業也 秦王以爲然 乃具革車三十乘 入儀之梁 齊果興師伐之^②

① 祭器必出제기필출

색은 대저 왕자王者는 대제사大祭祀에 반드시 문물文物, 헌거軒車, 이기
彝器 등을 진설한다. 따라서 이것 등이 제기가 된다고 이른 것이다.
凡王者大祭祀必陳設文物軒車彝器等 因謂此等爲祭器也

② 齊果興師伐之제과흥사벌지

신주 〈위세가〉와 〈전경중완세가〉에는 이때 제나라가 위나라를 친 일이
없다. 그렇다면 장의의 말도 후대에 보태진 말일 가능성이 있다.

양나라 애왕哀王이 두려워했다. 장의가 말했다.
"왕께서는 걱정하지 마십시오. 청컨대 제나라 군사들을 물러가게
하겠습니다."
이에 그의 사인舍人 풍희馮喜^①를 초나라로 보내 초나라 사신의 명
의를 빌려 제나라로 가게 하여 제나라 왕에게 말하게 했다.
"왕께서는 장의를 매우 미워하십니다. 그러나 또한 비록 그렇기는
할지라도 왕께서는 진왕이 장의에 의지하는 것보다 더 크게 의탁
하고 있습니다."

제나라 왕이 말했다.

"과인이 장의를 미워하고 장의가 있는 곳은 반드시 군사를 일으켜 칠 것인데 무엇으로 장의에게 의지한다고 말하는 것인가?"

풍희가 대답했다.

"이것이 곧 왕께서 장의에게 의지하는 것입니다. 대저 장의는 진나라를 나가면서 진실로 진왕과 약속하기를 '왕을 위한 계책으로 동방에 큰 변화가 있은 연후에 왕께서는 많은 땅을 나누어 받을 수 있을 것입니다. 지금 제나라 왕은 저를 매우 미워하니 제가 있는 곳이라면 반드시 군사를 일으켜 칠 것입니다. 그러므로 저는 불초한 몸으로 양梁나라로 가기를 바라니 제나라는 반드시 군사를 일으켜 양나라를 칠 것입니다. 양나라와 제나라 군사들이 성 아래에서 엉켜서 서로 떨어지지 않을 때 왕께서는 그사이에 한나라를 쳐서 삼천三川으로 쳐들어가 군사를 함곡관으로 출동시키면 정벌할 것도 없이 주周나라에 다다를 수 있고, 주나라는 반드시 제기祭器들을 내놓을 것입니다. 천자를 끼고 지도와 전적을 살펴볼 수 있으니 이것이 왕업王業입니다.'라고 했습니다.

진나라 왕은 그러할 것이라고 여기고 전차 30대를 갖추어 양나라로 들어가게 한 것입니다. 지금 장의가 양나라로 들어갔는데 왕께서 과연 정벌하셨습니다. 이것은 왕께서 안으로는 국가를 피곤하게 하고 밖으로는 동맹한 국가를 쳐서[2] 이웃의 적을 늘리는데 안에서 스스로 이르게 하는 것으로 진왕에게 장의를 믿게 하는 것입니다. 이것을 신이 이른바 '장의에게 의지한다.'라고 하는 것입니다."

제나라 왕이 말했다.

"좋소."

이에 군사를 해산하게 했다. 장의는 위나라 재상이 된 지 1년 만에 위나라에서 죽었다.[3]

梁哀王恐 張儀曰 王勿患也 請令罷齊兵 乃使其舍人馮喜[1]之楚 借使之齊 謂齊王曰 王甚憎張儀 雖然 亦厚矣王之託儀於秦也 齊王曰 寡人憎儀 儀之所在 必興師伐之 何以託儀 對曰 是乃王之託儀也 夫儀之出也 固與秦王約曰 爲王計者 東方有大變 然後王可以多割得地 今齊王甚憎儀 儀之所在 必興師伐之 故儀願乞其不肖之身之梁 齊必興師伐之 齊梁之兵連於城下而不能相去 王以其間伐韓 入三川 出兵函谷而無伐 以臨周 祭器必出 挾天子 案圖籍 此王業也 秦王以爲然 故具革車三十乘而入之梁也 今儀入梁 王果伐之 是王內罷國而外伐與國[2] 廣隣敵以內自臨 而信儀於秦王也 此臣之所謂 託儀 也 齊王曰 善 乃使解兵 張儀相魏一歲 卒於魏也[3]

① 馮喜풍희

색은 이 사람은 《전국책》과 동일하다. 구본에는 '희憙' 자로 되어 있는데 잘못되었다.

此與戰國策同 舊本作憙者 誤也

② 外伐與國외벌여국

색은 제나라에서 양梁나라를 정벌하는 것을 이른다. 양나라에서 제나라와 함께 하면서 먼저 서로 합종의 약속을 허락하고 이웃 나라가 되었다.

그러므로 '동맹국'이라고 일렀다.

謂齊之伐梁也 梁之與齊 先相許與約從爲隣 故云與國也

③ 相魏一歲 卒於魏상위일세 졸어위야

색은 〈육국연표〉에는 장의는 안희왕安僖王 10년에 졸했다고 했다. 《죽서기년》에 양梁나라 안희왕 9년 5월에 졸했다고 했다.

年表張儀以安僖王十年卒 紀年云梁安僖王九年五月卒

신주 〈육국연표〉에는 애왕(양왕) 10년의 일로 기록되어 있다. 이때는 진나라 무왕 2년이 되니 〈진본기〉 기록과 일치한다. 《죽서기년》에 안희왕 9년이라 한 것은 잘못된 기록에 근거한 것이라고 《고본죽서기년집증》에서 고증하고 있다. 따라서 장의는 진나라 무왕 원년이나 2년에 죽었을 것이다.

진진과 서수

진진陳軫은 유세하는 사인이다. 장의와 함께 진나라 혜왕을 섬겨 모두 존귀해지고 중용되어 총애를 다투었다. 장의는 진진을 미워하여 진왕에게 말했다.

"진진이 귀중한 예물을 가지고 가벼운 사신으로 진나라와 초나라 사이를 오가는 것은 장차 나라의 외교를 위한 것입니다. 지금 초나라가 진나라에 친선을 더하지 않고 진진에게만 잘 대우하는 것은 진진이 자신의 이익만 두텁게 하고 왕의 일에는 소홀하기 때문입니다. 또 진진은 진나라를 버리고 초나라로 가고자 하는데, 왕께서는 어찌하여 묻지 않으십니까?"

왕이 진진에게 말했다.

"내가 듣자니 그대가 진나라를 떠나 초나라로 가고자 한다는데 그리하려는 것인가?"

진진이 말했다.

"그렇습니다."

진왕이 말했다.

"장의의 말이 과연 진실이구나."

진진이 말했다.

"장의만 알고 있는 것이 아닙니다. 도를 행하는 사인들은 모두 알고 있습니다. 옛날 오자서伍子胥는 그의 군주에게 충성하여 천하의 제후들이 신하로 삼으려고 다투었고 증삼曾參은 그의 어버이에게 효도하여 천하가 자식으로 삼기를 원했습니다. 그러므로 종이나 첩을 파는데 마을을 나가지 않고도 팔리면 좋은 종이나 첩입니다. 소박맞은 부인이라도 그 마을로 시집가면 좋은 부인입니다. 지금 제가 자기 군주에게 충성스럽지 못하다면 초나라가 또한 어찌 저를 충성스럽다고 하겠습니까. 충성하고도 버림을 받으니 제가 초나라로 가지 아니하면 어디로 돌아가겠습니까."

왕은 그의 말이 그러할 것이라고 여기고 마침내 잘 대우했다.

진나라에 거처한 지 1년, 진혜왕이 마침내 장의를 재상으로 삼자 진진은 초나라로 달아났다. 초나라는 진진을 중히 쓰지 않고 진진을 진나라에 사신으로 가게 했다. 양梁나라를 지나면서 서수犀首를 만나보고자 했으나 서수는 거절하고 만나주지 않았다. 진진이 말했다.

"나는 일 때문에 왔는데① 공께서 저를 만나지 않겠다고 하니, 제가 장차 떠나면 다른 날을 기다려도 만나지 못할 것이오."

서수가 만나보았다. 진진이 말했다.

"공께서는 어찌하여 음주만을 좋아합니까?"

서수가 말했다.

"할 일이 없기 때문이오."

진진이 말했다.

"내가 청컨대 공에게 일에 싫증이 나도록 하게 해도[2] 되겠습니까?"

서수가 말했다.

"어떻게 한다는 것이오?"

진진이 말했다.

"전수田需[3]는 제후들과 합종으로 친교할 것을 약속했지만 초나라 왕은 의심하고 믿지 않소. 공께서 왕에게 말하기를 '신이 연왕과 조왕에게 연고가 있는데, 자주 사람을 시켜 와서 「일이 없는데 어찌 서로 만나지 못하는가」라고 말합니다. 왕께 배알하러 가기를 원합니다.'라고 하십시오. 왕께서 비록 공을 허락하더라도 공께서는 청컨대 수레를 많이 따르게 하지 말고 30대로 하되 수레 30대를 조정에 진열시키고 연나라와 조나라로 가는 것을 떠벌여 널리 알리십시오."

연나라와 조나라 객客들이 이 소문을 듣고 수레를 달려 그들의 왕에게 고하자, 사람을 시켜 서수를 맞이하도록 했다. 초왕은 이 소식을 듣고 크게 노하며 말했다.

"전수는 과인과 약속했는데, 서수가 연나라와 조나라에 가니 이는 나를 속인 것이다."

화를 내며 그의 합종책을 들어주지 않았다. 제나라는 서수가 북쪽으로 갔다는 소식을 듣고 사람을 시켜 일을 맡도록 했다. 서수는 마침내 길을 떠났고, 세 나라 재상들의 일은 모두 서수에게서 결정되었다. 진진은 마침내 진秦나라에 이르렀다.

陳軫者 游說之士 與張儀俱事秦惠王 皆貴重 爭寵 張儀惡陳軫於秦王
曰 軫重幣輕使秦楚之間 將爲國交也 今楚不加善於秦而善軫者 軫自
爲厚而爲王薄也 且軫欲去秦而之楚 王胡不聽乎 王謂陳軫曰 吾聞子
欲去秦之楚 有之乎 軫曰 然 王曰 儀之言果信矣 軫曰 非獨儀知之也 行
道之士盡知之矣 昔子胥忠於其君而天下爭以爲臣 曾參孝於其親而天
下願以爲子 故賣僕妾不出閭巷而售者 良僕妾也 出婦嫁於鄉曲者 良
婦也 今軫不忠其君 楚亦何以軫爲忠乎 忠且見棄 軫不之楚何歸乎 王
以其言爲然 遂善待之 居秦期年 秦惠王終相張儀 而陳軫奔楚 楚未之
重也 而使陳軫使於秦 過梁 欲見犀首 犀首謝弗見 軫曰 吾爲事來① 公
不見軫 軫將行 不得待異日 犀首見之 陳軫曰 公何好飲也 犀首曰 無事
也 曰 吾請令公厭事②可乎 曰 柰何 曰 田需③約諸侯從親 楚王疑之 未
信也 公謂於王曰 臣與燕趙之王有故 數使人來 曰 無事何不相見 願謁
行於王 王雖許公 公請毋多車 以車三十乘 可陳之於庭 明言之燕趙 燕
趙客聞之 馳車告其王 使人迎犀首 楚王聞之大怒 曰 田需與寡人約 而
犀首之燕趙 是欺我也 怒而不聽其事 齊聞犀首之北 使人以事委焉 犀
首遂行 三國相事皆斷於犀首 軫遂至秦

① 吾爲事來오위사래

색은 진진이 서수에게 말하기를, 나는 일부러 와서 그대의 일을 가르
쳐 주고자 하는데 어찌해 서로 만나지 않으려고 하느냐는 말이다.
軫語犀首 言我故來 欲有敎汝之事 何不相見

② 厭事염사

厭의 발음은 '염[一豔反]'이다. 염厭은 배부른 것이다. 그에게 많은 일을 시키고자 한 말이다.

上一豔反 厭者 飽也 謂欲令其多事也

③ 田需전수

전수는 당시 위나라 재상이다.

需時爲魏相也

한韓나라와 위魏나라는 서로 1년 동안 공격하였으나 해결하지 못했다. 진나라 혜왕이 구원하고자 해서 좌우에게 물었다. 좌우에서 어떤 자는 구원하는 것이 편리하다고 말하고 어떤 자는 구원하지 않는 것이 편리하다고 말하자 혜왕은 결정하지 못했다. 진진이 때마침 진나라에 이르자 혜왕이 물었다.

"그대는 과인을 버리고 초나라로 갔는데 과인을 생각합니까, 하지 않습니까?"

진진이 대답했다.

"왕께서는 월越나라 사람 장석莊舃에 대해 들어보셨습니까?"

왕이 말했다.

"듣지 못했소."

진진이 말했다.

"월나라 사람 장석은 초나라를 섬겨 집규執珪가 되었는데 한참을 지나 병이 들었습니다. 초왕이 말하기를 '장석은 옛날 월나라의 비천한 사람으로 지금은 초나라에 벼슬하여 집규가 되어 부귀해졌는데 또한 월나라를 생각하겠소, 하지 않겠소?'라고 했습니다. 중사中謝[1] 관리가 대답하기를 '보통 사람들이 고향을 생각하는 것은 병이 들었을 때입니다. 그가 월나라를 생각하면 월나라 말소리로 할 것이고 월나라를 생각하지 않는다면 초나라 말소리로 할 것입니다.'라고 했습니다. 사람을 시켜 가서 들어보게 하니 월나라 말소리를 했습니다. 지금 신은 비록 초나라에서 버림받고 쫓겨났으나 어찌 진나라 말소리가 없겠습니까."

혜왕이 말했다.

"좋은 말이오. 지금 한나라와 위나라가 서로 1년이나 공격했어도 해결되지 않으니 어떤 이는 과인이 구원하는 것이 편리하다고 하고 어떤 이는 구원하지 않는 것이 편리하다고[2] 하니 과인은 결정을 내리지 못하고 있소. 그대는 그대의 임금을 위한 계책을 생각하는[3] 나머지 시간에 과인을 위한 계책을 내 주시오."

韓魏相攻 期年不解 秦惠王欲救之 問於左右 左右或曰救之便 或曰勿救便 惠王未能爲之決 陳軫適至秦 惠王曰 子去寡人之楚 亦思寡人不 陳軫對曰 王聞夫越人莊舃乎 王曰 不聞 曰 越人莊舃仕楚執珪 有頃而病 楚王曰 舃故越之鄙細人也 今仕楚執珪 貴富矣 亦思越不 中謝[1]對曰 凡人之思故 在其病也 彼思越則越聲 不思越則楚聲 使人往聽之 猶尙越聲也 今臣雖棄逐之楚 豈能無秦聲哉 惠王曰 善 今韓魏相攻 期年不解 或謂寡人救之便 或曰勿救便[2] 寡人不能決 願子爲子主計[3]之餘 爲寡人計之

① 中謝중사

색은 아마 시어侍御 관직을 이른 것이리라.

蓋謂侍御之官

② 勿救便물구편

색은 이는 아마 장의 등의 계책일 것이다.

此蓋張儀等之計策

③ 子爲子主計자위자주계

색은 자子는 진진을 가리킨다. 자주子主는 초왕을 이른다.

子指陳軫也 子主謂楚王

진진이 대답했다.

"또한 일찍이 변장자卞莊子①가 호랑이를 칼로 찔렀다는 이야기를 왕께서는 들으셨습니까? 변장자가 호랑이를 찌르려고 했는데 여관의 심부름하는 아이가 하지 못하게 하면서 말하기를 '호랑이 두 마리가 바야흐로 소를 잡아먹으려고 합니다. 잡아먹는데 맛이 있으면 반드시 다툴 것입니다. 다투게 되면 반드시 싸울 것이고, 싸우게 되면 큰 것은 상처를 입고 작은 것은 죽을 것이며, 상처 입은 곳을 찌르면 한꺼번에 반드시 두 마리의 호랑이를 잡았다는 명성이 있을 것입니다.'라고 했습니다. 변장자는 그러할 것이라고 여기고 서서 기다렸습니다. 한참 있으니 호랑이 두 마리가 과연 싸워서 큰 것은 상처를 입고 작은 것은 죽었습니다. 변장자는 상처 입은 곳을 찔러서 한꺼번에 과연 호랑이 두 마리를 잡은 공로가 있었습니다. 지금 한나라와 위나라가 서로 공격하여 1년 동안 해결되지 않았으니 이는 반드시 큰 나라는 손상을 입고 작은 나라는 망할 것입니다. 상처 입은 곳을 정벌하면 한꺼번에 반드시 양쪽 실리가 있을 것입니다. 이것은 변장자가 호랑이를 찌르는 유형과 같습니다. 신의 군주나 왕이 어찌 다르겠습니까.[②]"

혜왕이 말했다.

"좋소."

마침내 구원하지 않았다. 큰 나라는 과연 손상을 입고 작은 나라는 망하자 진나라에서 군사를 일으켜 정벌하여 크게 승리했다. 이것은 진진의 계책이었다.

陳軫對曰 亦嘗有以夫卞莊子[①]刺虎聞於王者乎 莊子欲刺虎 館豎子止之曰 兩虎方且食牛 食甘必爭 爭則必鬭 鬭則大者傷 小者死 從傷而刺之 一舉必有雙虎之名 卞莊子以爲然 立須之 有頃 兩虎果鬭 大者傷 小者死 莊子從傷者而刺之 一舉果有雙虎之功 今韓魏相攻 期年不解 是必大國傷 小國亡 從傷而伐之 一舉必有兩實 此猶莊子刺虎之類也 臣主與王何異也[②] 惠王曰 善 卒弗救 大國果傷 小國亡 秦興兵而伐 大剋之 此陳軫之計也

① 卞莊子변장자

색은 여관의 장자莊子이다. 여관에서 그 사람을 만났는데 자가 장자莊子라고 말했다. 어떤 본에는 '변장자卞莊子'로 되어 있다.

館莊子 謂逆旅舍其人字莊子者 或作卞莊子也

② 臣主與王何異也신주여왕하이야

색은 신주臣主는 진진의 군주 초왕이다. 왕王은 진혜왕이다. 나의 군주와 왕께서 함께 마땅히 한나라와 위나라의 피폐함을 기다리다가 공격해야 하니, 또한 다르지 않다는 말이다.

臣主 爲軫之主楚王也 王 秦惠王 以言我主與王俱宜待韓魏之斃而擊之 亦無異也

서수犀首라는 자①는 위나라 음진陰晉 사람이며, 이름은 연衍이고 성姓은 공손씨公孫氏이다. 장의와 사이가 좋지 않았다. 장의가 진나라를 위해 위나라로 가자 위왕은 장의를 재상으로 삼았다. 서수는 이롭지 않다고 여겨 사람을 시켜서 한나라 공숙公叔에게 말하게 했다.

"장의는 이미 진나라와 위나라를 합하게 했는데 그의 말②에 이르기를 '위나라가 남양南陽을 공격하면 진나라는 삼천三川을 공격한다.'라고 했습니다. 위왕이 장의를 귀하게 여기는 까닭은 한나라 땅을 얻고자 해서입니다. 또 한나라는 남양을 이미 빼앗겼습니다. 그런데도 그대는 어찌 적은 일이라도 맡게 해주어 저의 공로로 삼도록 하지 않습니까. 그렇게 된다면 진나라와 위나라 친교는 어그러질③ 것입니다. 그런즉 위나라는 반드시 진나라를 도모하려고 장의를 버릴 것이고, 한나라를 거두려고 저를 재상으로 삼을 것입니다."

한나라 공숙은 (서수의 계책이) 편리하다고 생각했다. 이로 인해 서수에게 이를 맡겨 공로로 삼게 했다. 과연 위나라 재상이 되었고 장의는 (위나라를) 떠났다.[④]

犀首者[①] 魏之陰晉人也 名衍 姓公孫氏 與張儀不善 張儀爲秦之魏 魏王相張儀 犀首弗利 故令人謂韓公叔曰 張儀已合秦魏矣 其言[②]曰 魏攻南陽 秦攻三川 魏王所以貴張子者 欲得韓地也 且韓之南陽已舉矣 子何不少委焉以爲衍功 則秦魏之交可錯[③]矣 然則魏必圖秦而棄儀 收韓而相衍 公叔以爲便 因委之犀首以爲功 果相魏 張儀去[④]

① 犀首者서수자

집해 사마표가 말했다. "서수犀首는 위나라 관직 이름이며 지금의 호아장군虎牙將軍과 같다."

司馬彪曰 犀首 魏官名 若今虎牙將軍

② 其言기언

정의 이것은 장의가 진나라와 위나라 말을 합한 것이다.

此張儀合秦魏之辭也

③ 錯조

색은 錯의 발음은 '조措'이다. 살펴보니 조錯는 정지시킨 것이다.

錯音措 按 錯 停止也

④ 張儀去장의거

서광이 말했다. "다시 진나라에서 재상이 되었다."

徐廣曰 復相秦

의거義渠의 군주가 위나라에 조회했다. 서수는 장의가 다시 진나라에서 재상이 되었다는 소문을 듣고 해치고자 했다. 서수는 이에 의거의 군주에게 말했다.

"길이 멀어서 다시는 (위나라를) 지나지 못할 것입니다.① 청컨대 사정을 알려드리고자 합니다.②"

이어서 말했다.

"중원의 제후들이 (진나라를 침략하는) 일이 없으면③ 진秦나라는 군주의 나라를 침략하고 불사를 것입니다.④ 중원의 제후들이 일이 있으면⑤ 진나라는 장차 재빨리 많은 폐백으로 사신을 보내고 군주의 나라를 섬길 것입니다.⑥"

義渠君朝於魏 犀首聞張儀復相秦 害之 犀首乃謂義渠君曰 道遠不得復過① 請謁事情② 曰 中國無事③ 秦得燒掇焚杅④君之國 有事⑤ 秦將輕使重幣事君之國⑥

---

① 道遠不得復過도원부득부과

過의 발음은 '과戈'이다. 의거는 길이 멀어서 금일 이후에는 다시 지나가면서 서로 만나지 못한다는 말이다.

音戈 言義渠道遠 今日已後 不復得更過相見

② 請謁事情청알사정

[색은] 진秦나라의 느긋하고 급한 것들을 알려서 말하고자 한 것이다.

謂欲以秦之緩急告語之也

③ 中國無事중국무사

[색은] 살펴보니 산동의 제후는 제나라나 위魏나라 등 큰 나라를 이른다.

按 謂山東諸侯齊魏之大國等

[정의] 중원의 나라는 관동 6개국을 이른다. 무사無事는 함께 진나라를
공격하지 않는다는 것이다.

中國謂關東六國 無事 不共攻秦

④ 燒掇焚杅소철분오

[집해] 서광이 말했다. "杅의 발음은 '오[一孤切]'이다."

徐廣曰 一孤切

[색은] 掇의 발음은 '돨[都活反]'이다. 불태우고 침략하는 것을 이른다.
焚杅의 발음은 '번오煩烏'이다. 살펴보니 불사르고 혼잡하게 해 견제하
는 것이다. 《전국책》에 "진나라는 또 군주의 국가를 불태웠다."라고 한
것은 그 일을 설명한 것이다.

掇音都活反 謂焚燒而侵掠 焚杅音煩烏二音 按 焚揉而牽制也 戰國策云 秦且
燒炳君之國 是說其事也

⑤ 有事유사

[색은] 산동의 여러 나라가 함께 진秦나라를 정벌하는 것을 이른다.

謂山東諸國共伐秦也

⑥ 重幣事君之國중폐사군지국

진나라에서 의거의 군주와 친해지기를 구한 것을 이른다.
謂秦求親義渠君也

유사有事는 6개국이 진나라를 공격하는 것을 이른다. 진나라가 만약 공벌攻伐을 당하면 반드시 신속하게 많은 폐백을 가지고 의거국을 섬겨서 서로 돕고자 하는 것이다. 서수의 이 말은 의거의 군주로 하여금 진나라를 돕지 말게 한 것이다.
有事謂六國攻秦 秦若被攻伐 則必輕使重幣 事義渠之國 欲令相助 犀首此言
令義渠君勿援秦也

그 뒤 5개국이 진나라를 정벌했다.① 때마침 진진이 진나라 왕에게 말했다.

"의거의 군주는 만이蠻夷에서는 현명한 군주입니다. 뇌물을 주어서 그의 마음을 어루만지는 것만 못합니다."

진왕이 말했다.

"좋소."

이에 수놓은 비단 1,000필②과 여자 100명을 의거 군주에게 보냈다. 의거 군주는 여러 신하를 이르게 하고 계책을 말했다.

"이것이 공손연이 말한 것인가?③"

이에 군사를 일으켜 진나라를 습격하여 진나라 사람들을 이백李伯의 아래에서 크게 무찔렀다.④ 장의가 이윽고 죽은 뒤 서수는 진나라로 들어가 재상이 되었다. 일찍이 다섯 나라 재상의 인수를

차고 종약장從約長이 되기도 했다.⑤

其後五國伐秦① 會陳軫謂秦王曰 義渠君者 蠻夷之賢君也 不如賂之以
撫其志 秦王曰 善 乃以文繡千純② 婦女百人遺義渠君 義渠君致群臣而
謀曰 此公孫衍所謂邪③ 乃起兵襲秦 大敗秦人李伯之下④ 張儀已卒之
後 犀首入相秦 嘗佩五國之相印 爲約長⑤

① 五國伐秦오국벌진

색은 살펴보니 〈육국연표〉에는 진나라 혜왕 후원 7년에 초, 위, 제, 한,
조 5개국이 함께 진나라를 공격했고 이것이 그 일이다.

按 表秦惠王後元七年 楚魏齊韓趙五國共攻秦 是其事也

신주 육국의 합종이 처음이자 마지막으로 이루어진 일이다. 연나라도
참여했다.

② 文繡千純문수천둔

색은 무릇 실과 솜과 베와 명주 등 한 단段을 한 둔純이라고 한다. 純의
발음은 '둔屯'이다.

凡絲緜布帛等一段爲一純 純音屯

③ 公孫衍所謂邪공손연소위야

색은 살펴보니 위 문장에서 서수가 이르기를 "군의 나라가 진나라를
침범하는 일이 있으면 진나라는 신속하게 무거운 폐백으로 군주의 나라
를 섬길 것입니다."라고 하였다. 그러므로 공손연이 말한 것이라고 이르
고 이로 인해 군사를 일으켜 진나라를 습격하고 장의의 명예를 손상한

것이다.

按 謂上文犀首云 (君之國)有事 秦將輕使重幣事君之國 故云 衍之所謂 因起兵
襲秦以傷張儀也

④ 李伯之下이백지하

색은 이백李伯의 아래로 쳐들어간 것이다. 의거 군주가 진나라를 쳐부
수고 군대를 수습해 이백의 아래로 쳐들어갔다고 했으니, 이백은 사람의
이름이거나 읍의 호칭일 것이다. 《전국책》에 '백伯'은 '백帛'으로 되어
있다.

入李伯之下 謂義渠破秦而收軍 而入於李伯之下 則李伯人名或邑號 戰國策
伯作帛

⑤ 爲約長위약장

색은 5개국의 인장을 차고 약장約長(맹약의 우두머리)이 되었다. 서수는
뒤에 5개국을 도와 어떤 때는 합종책으로 어떤 때는 연횡책으로 항상
약장約長이 되었다.

佩五國之印 爲約長 犀首後相五國 或從或橫 常爲約長

신주 《사기지의》에서는 "공손연이 진나라 재상이 되었다는 것은 듣지
못했다고 하며《전국책》에서 '진왕이 공손연을 아껴서 재상으로 삼으려
고 했는데 감무가 들어와서 축하하자, 왕은 일이 누설된 것을 알고 노하
여 쫓아냈다고 한다.'는 것에 기인하여 잘못 전해졌을 것이다."라고 하였
다. 또한 색은 에서 "어떤 때는 합종책으로 어떤 때는 연횡책으로 항상
항상 약장이 되었다.[或從或橫 常爲約長]"라고 했으나 여기서는 합종책의 종
약장從約長을 가리킨다.

태사공은 말한다.

삼진三晉(한韓, 위魏, 조趙)에는 권모술수를 부리는 사인들이 많았다. 대저 합종책과 연횡책을 말하여 진나라를 강하게 한 자들은 모두 삼진三晉의 사람들이다. 대저 장의의 행적과 사업은 소진보다 심했다. 그러나 세상에서 소진을 나쁘게 평하는 것은 그가 먼저 죽었으므로 장의가 그의 단점들을 들추어내고[1] 그 유세를 부추겨[2] 그의 연횡책을 성취했기 때문이다.[3] 요약하면 소진과 장의 이 두사람은 참으로 국가를 위태롭게 한 사인들이다.

太史公曰 三晉多權變之士 夫言從衡彊秦者大抵皆三晉之人也 夫張儀之行事甚於蘇秦 然世惡蘇秦者 以其先死 而儀振暴[1]其短以扶其說[2] 成其衡道[3] 要之 此兩人眞傾危之士哉

① 振暴진폭

색은 暴의 발음은 '복[步卜反]'이다. 진振은 떨쳐 드러내 그의 단점을 폭로하는 것을 이른다.

下音步卜反 振謂振揚而暴露其短

② 以扶其說이부기설

색은 살펴보니 부扶는 저 사람의 잘못을 설명하고 나의 옳음을 성취하는 것이며, 자기의 설명하는 말에 맞추어 부추기는 것이다.

按 扶謂說彼之非 成我之是 扶會己之說辭

③ 成其衡道성기횡도

장의는 육국을 설득해 연횡책으로 진나라를 섬기게 했다. 그러므로 '성기횡도成其衡道'라고 일렀다. 그러나 산동의 지형은 세로로 길어 소진이 육국의 상相이 되어 합종으로 친하고 진나라를 빈賓으로 했다. 관서關西의 지형은 가로로 길어 장의가 육국의 상相이 되어 그 합종책을 깨뜨리고 진나라와 가로로 연대했다. 그러므로 장의가 연횡連橫을 한 것이라고 이른 것이다.

張儀說六國 使連衡而事秦 故云 成其衡道 然山東地形從長 蘇秦相六國 令從親而賓秦也 關西地形衡長 張儀相六國 令破其從而連秦之衡 故謂張儀爲連橫矣

사마정이 펼쳐서 밝히다.

장의는 아직 때를 얻지 못하여 자주 곤란과 욕을 당했다. 진나라 혜왕의 재상이 되어 한나라를 먼저 정벌하고 촉을 나중에 정벌하자고 했다. 연횡으로 제나라와 위나라를 저울질했고 국가를 속이고 혹하게 하여 기울이고 위험에 빠지게 했다. 진진은 권력을 끼었고 서수는 욕심대로 내달렸다. 어찌하여 삼진 사람은 이러한 덕을 이었는가?

儀未遭時 頻被困辱 及相秦惠 先韓後蜀 連衡齊魏 傾危誑惑 陳軫挾權 犀首騁欲 如何三晉 繼有斯德

사기 제71권 史記卷七十一

저리자감무열전 樗里子甘茂列傳

신주 본 열전은 진나라 혜문왕과 혜무왕 때 승상을 지낸 저리자와 감무를 중심으로 당시의 사건을 다루고 있다.

저리자樗里子(?~서기전 300년)의 이름은 질疾이고 진秦나라 혜문왕의 아우이며 혜문왕과는 어머니가 다르다. 저리자의 어머니는 한나라 딸이다. 웃기는 재치와 지혜가 많아 진나라 사람들은 '꾀주머니'라고 불렀다. 저리라는 마을에 살아서 붙은 이름이며, 엄도嚴道에 봉해져서 엄군嚴君이라고도 한다.

진헌공秦獻公과 진효공秦孝公을 거쳐 강력해진 진나라는 혜문왕 시절에 더욱 뻗어나가 나머지 국가들에게 두려운 존재로 떠오르는데, 그 선봉을 담당한 자가 저리자이다. 저리자의 무공을 보면, 혜왕 전8년에 위魏나라 곡옥曲沃과 초焦를 함락한다. 혜왕 전11년에 진나라는 위나라에 곡옥과 초를 돌려준다. 혜왕 후3년에 다시 위나라 곡옥을 함락하고, 혜왕 후7년에 6국이 합종하여 진나라를 치지만, 진나라는 그들 군사를 물리친다. 뒤를 이어 반격한 진나라는 혜왕 후7~8년에 저리자 지휘로 합종한 삼진三晉의 연합군을 수어에서 대파한다. 혜왕 후11년에 위나라 초를 함락한다. 혜왕 후12년에 인藺에서 조나라를 대파한다.

그리고 혜왕 후13년 저리자는 위장魏章을 도와 초나라를 대파하고 그 장수 굴개屈匄를 죽였다. 이 선쟁으로 강대했던 초나라는 서서히 무너지기 시작하고, 진나라 무왕武王의 짧은 치세治世 동안 저리자와 감무甘茂를 좌우 승상으로 삼았다. 소양왕昭襄王 원년에 승상이 되었다가 7년(서기전 300)에 세상을 떠난다.

감무甘茂는 초나라 하채下蔡 사람이다. 장의와 저리자를 통해 진나라 혜왕을 만나서 장군이 되었고, 위장魏章과 저리자를 도와 초나라의 한중漢中 땅을 빼앗아 평정했다. 혜왕이 죽자 무왕이 왕위에 올랐다. 촉후 휘煇와 촉 재상 진장陳壯이 반란을 일으키자, 진나라는 감무를 보내서 촉蜀 땅을 평정했다. 돌아와서 감무는 좌승상이 되었고 저리자는 우승상이 되었다.

무왕은 주나라 왕실에 닿기를 원하여, 감무는 무왕과 더불어 식양息壤에서 맹세하고 마침내 낙양으로 통하는 길목인 한韓나라 의양宜陽을 함락시키는 대승리를 거둔다. 소양왕이 등극했을 때, 감무는 향수向壽와 공손석公孫奭 등과의 권력투쟁에서 패하여 제나라로 달아난다. 이후 제나라와 초나라 등을 전전하면서 진나라로 다시 돌아가기를 바랐지만 끝내 돌아가지 못하고 위魏나라에서 죽는다. 감무의 손자로 감라甘羅가 있었고 진시황이 통일하기 이전에 상국 여불위를 설득했다고 했다. 이 두사람의 이야기를 열전에서 길게 기록하였지만, 이 또한 〈소진열전〉, 〈장의열전〉과 마찬가지로 《전국책》에 나와 있는 내용을 베낀 것에 불과하고, 허망하고 시기에 어긋나는 상황이 있어 사실로 믿기 어려운 면이 있다.

진혜왕의 아우 저리자

저리자樗里子의 이름은 질疾이고 진나라 혜왕의 아우이며[1] 혜왕
과는 어머니가 다르다. 저리자의 어머니는 한나라 여인이다. 저리
자는 웃기는 재치가 있고 지혜가 많아[2] 진나라 사람들이 부르기
를 '지낭智囊'(꾀주머니)이라고 했다.

진혜왕 8년, 저리자는 우경右更[3] 작위에 올라 장수를 시켜서 곡옥
曲沃[4]을 정벌하여 그 성안의 사람들을 모두 내쫓고[5] 그 성을 빼앗
아 땅을 진나라로 편입했다.

진혜왕 25년(후12년), 저리자를 장군으로 삼아 조나라를 정벌하게
했는데, 저리자는 조나라 장군 장표莊豹를 사로잡고 인藺을 함락
했다.[6]

이듬해, 위장魏章을 도와 초나라를 공격해 초나라 장수 굴개屈丐
를 무너뜨리고 한중漢中 땅을 빼앗았다. 진나라는 저리자를 봉해
호를 엄군嚴君이라고 했다.[7]

樗里子者 名疾 秦惠王之弟也[1] 與惠王異母 母 韓女也 樗里子滑稽多
智[2] 秦人號曰 智囊 秦惠王八年 爵樗里子右更[3] 使將而伐曲沃[4] 盡出其
人[5] 取其城 地入秦 秦惠王二十五年 使樗里子爲將伐趙 虜趙將軍莊豹
拔藺[6] 明年 助魏章攻楚 敗楚將屈丐 取漢中地 秦封樗里子 號爲嚴君[7]

① 樗里子者~秦惠王之弟也저리자자~진혜왕지제야

[색은] 살펴보니 저樗는 나무 이름이다. 樗의 발음은 '터攄'이다. 고유가 말했다. "그 마을에 큰 가죽나무가 있었기 때문에 저리樗里라고 한다." 그러나 질疾이 위수 남쪽 음향陰鄕 저리에 살았으므로 '저리자'라고 불렀다. 또 살펴보니 《죽서기년》에는 '저리질樗里疾'이라고 했다.

按 樗 木名也 音攄 高誘曰 其里有大樗樹 故曰樗里 然疾居渭南陰鄕之樗里 故號曰樗里子 又按 紀年則謂之楮里疾也

② 滑稽多智골계다지

[색은] 滑의 발음은 '골骨'이다. 稽의 발음은 '계鷄'이다. 추탄생이 해석했다. "골滑은 난亂이다. 계稽는 동同이다. 말을 잘하는 사람이 그른 것을 말하면 옳은 것과 같고 옳은 것을 말하면 그른 것과 같아, 같고 다름이 어지러운 것을 이른다." 일설에 골계滑稽는 술통이며, 돌아가며 술을 붓고 끊임없이 토해내는 것이라고 한다. 배우라는 사람이 입에서 뱉으면 장章을 이루는데 이야기가 고갈되지 않는 것이 마치 골계에서 끊임없이 술을 토해내는 것과 같다는 말이다.

滑音骨 稽音鷄 鄒誕解云 滑 亂也 稽 同也 謂辨捷之人 言非若是 言是若非 謂能亂同異也 一云滑稽 酒器 可轉注吐酒不已 以言俳優之人出口成章 詞不窮竭 如滑稽之吐酒不已也

[정의] 골滑은 굴漏로 읽으며 물이 흘러 스스로 나아가는 것이다. 계稽는 계計이다. 그 지혜와 계책을 베풀어 토해내는 것이 마치 샘과 같아, 흘러나오는 것이 끝이 없다는 말이다. 그러므로 양웅의 《주부》에서 "가죽 부대에서 나오는 술은 배를 키우니 큰 단지와 같다."라고 한 것이 이것이다. 안사고가 말했다. "골계는 이롭게 바꾸어 일컬은 것이다. 골滑은

어지러움이다. 계稽는 꺼리는 것이다. 그 변화가 머무르지 않는 것이다."
일설에는 계稽는 고考라 하는데, 그것이 어지러워 조사하여 비교할 수 없
다는 말이다.

滑讀爲汩 水流自出 稽 計也 言其智計宣吐如泉 流出無盡 故揚雄酒賦云 鴟夷
滑稽 腹大如壺 是也 顔師古云 滑稽 轉利之稱也 滑 亂也 稽 礙也 其變無留也
一說稽 考也 言其滑亂不可考較

③ 右更우경

색은 살펴보니 우경은 진나라 제14작위의 이름이다.

按 右更 秦之第十四爵名也

신주 20등작 중에 14등작이다. 작위 숫자가 높을수록 높은 작위이다.

④ 曲沃곡옥

정의 옛 성은 섬주陝州 섬현 서남쪽 32리에 있다.

故城在陝州〔陝〕縣西南三十二里也

⑤ 盡出其人진출기인

색은 살펴보니 〈육국연표〉에서 (혜왕 후)11년에 위나라 곡옥을 함락하
여 그 사람들을 돌려보냈다. 또 〈진본기〉에서 혜문왕 후원 8년에 5개국
이 함께 진나라를 포위하자, 서장庶長 질疾을 시켜 수어脩魚에서 싸우게
해 8만 명의 수급을 베었다. (후)11년 저리질樗里疾이 위나라 초焦를 공격
해 항복시켰다. 곧 초焦와 곡옥은 (후)11년에 함께 있음이 명백하다. 이
〈저리자열전〉에는 "8년에 함락시키다."라고 했으니 같지 않다. 왕소가
살펴보니 〈진본기〉와 〈육국연표〉 및 이 〈저리자열전〉 세 곳의 기록은

진나라에서 타국을 정벌한 것이 나란히 같지 않고 또 《죽서기년》과 부합하지 않는데, 지금 또한 고찰하기는 거의 불가하다.

按 年表云十一年拔魏曲沃 歸其人 又秦本紀惠文王後元八年 五國共圍秦 使庶長疾與戰脩魚 斬首八萬 十一年 樗里疾攻魏焦 降之 則焦與曲沃同在十一年明矣 而傳云 八年拔之 不同 王劭按 本紀年表及此傳 三處記秦伐國竝不同 又與紀年不合 今亦殆不可考

신주 사마정과 왕소의 주석은 정확하지 않고 사실과 어긋난다. 〈진본기〉, 〈육국연표〉, 〈저리자열전〉의 기록이 모두 같다. 그리고 《죽서기년》의 기록은 무엇을 말하는지 모른다. 현재 남아 있는 《죽서기년》에는 그런 기록이 없고, 또 후대의 주석에도 《죽서기년》을 인용한 것이 없다. 기록을 종합하여 요약하면,

(1) 혜왕 전8년, 저리자가 위나라 곡옥과 초焦를 함락하다.

(2) 혜왕 전11년, 위나라에 곡옥과 초를 돌려주다.

(3) 혜왕 후3년, 위나라 곡옥을 함락하다.

(4) 혜왕 후7년, 6국 합종군사를 물리친다.

(5) 혜왕 후7~8년, 합종한 삼진의 연합군을 저리자가 수어에서 대파하다.

(6) 혜왕 후11년, 위나라 초를 함락하다.

(7) 혜왕 후12년, 저리자가 인藺에서 조나라를 대파하다.

(8) 혜왕 후13년, 위장과 저리자가 초나라를 대파하고 굴개를 죽였다.

⑥ 拔藺발인

정의 인현은 석주石州에 있다.

藺縣在石州

⑦ 嚴君엄군

[색은] 살펴보니 엄군嚴君은 작위와 봉읍의 호칭이니 마땅히 이는 엄도
嚴道에 봉한 것이다.

按 嚴君是爵邑之號 當是封之嚴道

진혜왕이 죽자 태자 무왕武王이 왕위에 올라 장의와 위장을 축
출하고 저리자와 감무甘茂를 좌우 승상으로 삼았다. 진나라는
감무를 시켜 한나라를 공격해 의양宜陽을 빼앗았다. 저리자에게
전차 100대를 주어 주나라로 쳐들어가게 했다. 주나라는 군사
를 보내 맞이하고 마음으로 매우 공경스럽게 했다. 초나라 왕은
노하여 주나라가 진나라 객을 중요하게 여기는 것을 꾸짖었다.
유등游騰①이라는 유세객이 주나라를 위해 초나라 왕을 설득
했다.

"지백知伯이 구유仇猶를 정벌할 때 큰 수레를 보내주고② 이로 인
해 그 길을 따라서 군사를 보내자 구유는 마침내 망했습니다. 왜
냐하면 방비가 없었기 때문입니다. 제나라 환공桓公이 채나라를
정벌할 때 초나라를 토벌한다고 말했지만 그 실상은 채나라를 습
격했습니다. 지금 진나라는 호랑이와 이리 같은 나라인데 저리
자를 시켜 수레 100대로 주나라에 들어가게 했습니다. 주나라는
구유나 채나라를 가지고 살펴보았으므로 긴 창을 든 군사들을
앞에 있게 하고 강한 쇠뇌를 뒤에 있게 해서 명분으로는 저리질
을 호위한다③고 했으나 실제로는 감금하였습니다. 또 주나라가

어찌 능히 그의 사직을 걱정하지 않겠습니까. 만일 하루아침에 국가가 망하면 대왕께서 근심할까 두렵습니다."

초왕은 이에 기뻐했다. 진나라 무왕이 죽고 소왕昭王이 왕위에 오르자 저리자는 더욱더 존중되었다.

秦惠王卒 太子武王立 逐張儀魏章 而以樗里子甘茂爲左右丞相 秦使甘茂攻韓 拔宜陽 使樗里子以車百乘入周 周以卒迎之 意甚敬 楚王怒 讓周 以其重秦客 游騰①爲周說楚王曰 知伯之伐仇猶 遺之廣車② 因隨之以兵 仇猶遂亡 何則 無備故也 齊桓公伐蔡 號曰誅楚 其實襲蔡 今秦虎狼之國 使樗里子以車百乘入周 周以仇猶蔡觀焉 故使長戟居前 彊弩在後 名曰衛疾③ 而實囚之 且夫周豈能無憂其社稷哉 恐一旦亡國以憂大王 楚王乃悅 秦武王卒 昭王立 樗里子又益尊重

① 游騰유등

色隱 유游는 성이고 등騰은 이름이다.

游 姓 騰 名也

② 仇猶 遺之廣車구유 유지광거

集解 허신이 말했다. "구유는 이적夷狄의 나라이다."《전국책》에서 말한다. "지백이 구유를 정벌하고자 대종大鍾을 보냈는데 넓은 수레에 싣게 했다."《주례》에서 "넓은 수레에 모았다."라고 했는데, 정현은 "넓은 수레는 옆으로 펼쳐진 수레이다."라고 했다.

許愼曰 仇猶 夷狄之國 戰國策曰 智伯欲伐仇猶 遺之大鍾 載以廣車 周禮曰 廣車之萃 鄭玄曰 廣車 橫陳之車

색은 《전국책》에서 "지백이 구유仇猶를 정벌하고자 대종大鍾을 보냈는데 넓은 수레에 싣게 했다."라고 하였다. '구유仇猶'를 '구유厹由'라 했는데, 《한비자》에 '구유仇由'로 되어 있다. 〈지리지〉에는 임회군에 구유현厹猶縣 이 있다.

戰國策云 智伯欲伐仇猶 遺之大鍾 載以廣車 以仇猶 爲厹由 韓子作仇由 地理 志臨淮有厹猶縣也

정의 《괄지지》에서 말한다. "병주幷州 우현盂縣 외성을 세속에서 원구 산原仇山이라고 이름하고 또 구유仇猶라고도 이름 하는데 이적의 나라이 다. 《한비자》에는 '지백이 구유국을 정벌하고자 했으나 길이 험난해 통 하지 않자 이에 커다란 종을 주조해 보내겠다고 하면서 넓은 수레에 실 었다. 구유에서 크게 기뻐하고 길을 닦아서 받아들였다. 적장만지赤章曼 支가 간하기를 「안 됩니다. 이는 작은 나라가 큰 나라를 섬겨야 하는데, 지금 큰 나라가 작은 나라에 보내겠다고 하는 것은 군졸들이 반드시 따 라오기 때문에 안 됩니다.」라고 했지만 듣지 않았고 마침내 받아들였다. 만지曼支는 그로 인하여 바퀴통을 자르고 말을 달려 떠나버렸다. 지백이 19일 만에 이르러서 구유는 망하고 말았다.'라고 한다."

括地志云 幷州盂縣外城俗名原仇山 亦名仇猶 夷狄之國也 韓子云 智伯欲伐仇 猶國 道險難不通 乃鑄大鐘遺之 載以廣車 仇猶大悅 除塗內之 赤章曼支諫曰 不可 此小所以事大 而今大以遺小 卒必隨 不可 不聽 遂內之 曼支因斷轂而馳 至十九日而仇猶亡也

신주 위치로 보아, 병주에 있는 것이 맞으며, 임회군에 있는 구유는 이 내용과 전혀 관계없다. 서재종徐才宗의 《국도성기國都城記》에는 '당숙우 의 서자 수섭부의 무리가 진수 주변에 살았으며, 지금의 병주로 옛 당성이 다.[唐叔虞之手燮父徒居晉水傍 今幷州故唐城]'라고 했으며, 《여씨춘추呂氏春秋》

〈신대람愼大覽 권훈權勳〉 편에도 "중산국에 구요라는 곳이 있다.[中山之國有 厹繇者]"라고 하면서 지백이 침공하여 정복한 사실을 기록하고 있다.

③ 衛疾위질

[정의] 저리자를 방어하여 지키는 것이다.

防衛樗里子

소왕 원년, 저리자가 포蒲를 정벌하려 했다.[1] 포의 수장이 두려워 호연胡衍[2]에게 청원했다. 호연은 포를 위해 저리자에게 말했다. "공께서 포 땅을 공격하는 것은 진나라를 위해서입니까? 위魏나라를 위해서입니까? 위魏나라를 위한다면 좋겠지만 진나라를 위한다면 이롭지[3] 않습니다. 대저 위衛나라가 위衛나라인 까닭은 포 땅이 있기 때문입니다.[4] 지금 정벌하여 포 땅이 위魏나라로 들어가면 위衛나라는 반드시 꺾여 위魏나라를 따를 것입니다.[5] 위魏나라가 서하 밖[6]을 잃었는데도 빼앗지 못하는 것은 군사가 약하기 때문입니다. 지금 위衛나라를 위魏나라에서 병탄하면 위魏나라는 반드시 강해질 것입니다. 위나라가 강해지는 날에는 서하의 밖은 반드시 위태해집니다. 또 진왕께서 장차 공公의 일을 관찰하여 진나라를 해치고 위나라를 이롭게 한 것을 알면, 왕은 반드시 공에게 죄를 줄 것입니다."

昭王元年 樗里子將伐蒲[1] 蒲守恐 請胡衍[2] 胡衍爲蒲謂樗里子曰 公之攻蒲 爲秦乎 爲魏乎 爲魏則善矣 爲秦則不爲賴矣[3] 夫衛之所以爲衛者

以蒲也^④ 今伐蒲入於魏 衞必折而從之^⑤ 魏亡西河之外^⑥而無以取者 兵弱也 今幷衞於魏 魏必彊 魏彊之日 西河之外必危矣 且秦王將觀公之事 害秦而利魏 王必罪公

① 將伐蒲장벌포

[색은] 살펴보니 《죽서기년》에서 "저리질이 포蒲를 포위했으나 이기지 못하고 진혜왕이 죽었다."라고 했는데, 사건이 이와 더불어 부합된다.

按 紀年云 樗里疾圍蒲不克 而秦惠王薨 事與此合

[정의] 포蒲의 옛 성은 활주滑州 광성현匡城縣 북쪽 15리에 있으며 곧 자로子路가 재宰가 된 땅이다.

蒲故城在滑州匡城縣北十五里 卽子路作宰地

[신주] 〈육국연표〉에 혜왕 후14년, 위魏나라가 위衞나라를 포위했다고 하는데, 바로 이것을 가리킨다. 따라서 이 사건은 《죽서기년》 기록처럼 혜왕 말년이므로 무왕 원년 앞으로 옮겨져야 한다. 진소왕 원년, 〈육국연표〉와 〈위세가〉 기록에는 진秦나라가 위魏나라 피지皮氏 땅을 정벌했다가 함락하지 못하고 포위를 풀었다고 한다. 포蒲 땅은 공자가 유랑하다가 고난을 당한 곳이고 자로는 이곳의 읍재邑宰(현령)로 지내다가 위衞나라에서 살해당하였다.

② 胡衍호연

[색은] 사람의 성명이다.

人姓名也

③ 賴矣뇌의

集解 뇌賴는 이利이다.

賴 利也

④ 以蒲也이포야

正義 포蒲는 위衛나라의 장위鄣衛라는 곳이다.

蒲是衞國之鄣衞

⑤ 衞必折而從之위필절이종지

索隱 《전국책》에는 "지금 포蒲 땅이 진秦나라로 들어가면 위衛나라는
반드시 꺾여 위魏나라로 들어갈 것이다."라고 하여, 이곳의 문장과는 서로
반대된다.

戰國策云 今蒲入於秦 衞必折而入於魏 與此文相反

⑥ 西河之外서하지외

正義 동주와 화주 등의 주를 이른다.

謂同華等州

저리자가 말했다.

"어찌해야 하겠소?"

호연이 말했다.

"공께서는 포 땅을 풀어주고 공격하지 마십시오. 신이 시험 삼아

공을 위해 포 땅으로 들어가 말하여 위衛나라 군주가 공의 덕으로 여기게 하겠습니다."

저리자가 말했다.

"좋은 말씀이오."

호연은 포 땅으로 들어가 그 수장에게 말했다.

"저리자는 포 땅의 약점을 알고 말하기를 '반드시 포 땅을 함락하겠다.'라고 했습니다. 저는 포 땅을 놓아두고 공격하지 말도록 하겠습니다."

포 땅의 수장이 두려워 재배를 올리고 말했다.

"부탁해주기를 원합니다."

따라서 황금 300근을 바치며 말했다.

"진나라 군사가 진실로 물러가게 한다면 그대를 위衛나라 군주에게 말하여 그대로 하여금 남면南面케 하도록 청하겠습니다."

그러므로 호연은 포 땅에서 황금을 받고 위衛나라에서 귀해졌다. 마침내 (저리자는) 포 땅을 놓아두고 떠나왔다. 돌아와서 피지皮氏 땅[1]을 공격했으나 피지가 항복하지 않자 또 떠나왔다.

樗里子曰 奈何 胡衍曰 公釋蒲勿攻 臣試爲公入言之 以德衛君 樗里子曰 善 胡衍入蒲 謂其守曰 樗里子知蒲之病矣 其言曰 必拔蒲 衍能令釋蒲勿攻 蒲守恐 因再拜曰 願以請 因效金三百斤 曰 秦兵苟退 請必言子於衛君 使子爲南面 故胡衍受金於蒲以自貴於衛 於是遂解蒲而去 還擊皮氏[1] 皮氏未降 又去

① 皮氏피지

옛 성은 강주絳州 용문현 서쪽 140보에 있고 위魏나라 읍이다.
故城在絳州龍門縣西百四十步 魏邑

피지를 공격한 때는 소왕 원년이다. 포를 포위한 사건에서 5년 떨어져 있다.

소왕 7년, 저리자가 죽자 위수의 남쪽 장대章臺[1] 동쪽에 장사 지냈다. 저리자는 말했다.

"100년 뒤에 이곳은 마땅히 천자의 궁전이 있어 나의 무덤을 낄 것이다."

저리자 질疾의 집은 소왕昭王 사당의 서쪽인 위수 남쪽 음향陰鄉 저리에 있었다. 그러므로 세상에서는 저리자라고 불렀다. 한나라가 일어날 즈음 장락궁長樂宮이 그 동쪽에 있고 미앙궁未央宮[2]은 그 서쪽에 있다. 무기고는 그의 무덤을 마주하고 있다.[3] 진나라 사람들의 속담에 말했다.

"힘은 임비任鄙이고 지혜는 저리이다."

昭王七年 樗里子卒 葬于渭南章臺[1]之東 曰 後百歲 是當有天子之宮夾
我墓 樗里子疾室在於昭王廟西渭南陰鄉樗里 故俗謂之樗里子 至漢興
長樂宮在其東 未央宮[2]在其西 武庫正直[3]其墓 秦人諺曰 力則任鄙 智
則樗里

① 章臺장대

《황도》를 살펴보니 한漢나라 장안 옛 성의 서쪽에 있었다.

按黃圖 在漢長安故城西

② 未央宮미앙궁

정의 한나라 장락궁은 장안현 서북쪽 15리에 있고, 미앙궁은 현의
서북쪽 14리에 있으며 모두 장안의 옛 성 안에 있다.

漢長樂宮在長安縣西北十五里 未央在縣西北十四里 皆在長安故城中也

③ 直직

색은 직直은 통상 글자대로 읽는데 직直은 당當과 같다.

直如字讀 直猶當也

감무와 감라

감무는 하채下蔡[1] 사람이다. 하채의 사거史擧 선생[2]을 섬겨 다방
면의 술수를 배웠다. 장의와 저리자를 통해 진나라 혜왕을 만나
보길 바랬다. 혜왕은 만나보고 기뻐했으며 장군을 시켰는데, 위장
魏章을 도와 한중漢中 땅을 빼앗아 평정했다. 혜왕이 죽자 무왕이
왕위에 올랐다.

장의와 위장은 진나라를 떠나 동쪽 위魏나라로 갔다. 촉후 휘煇와
촉 재상 진장陳壯이 반란을 일으키자,[3] 진나라는 감무를 보내서
촉蜀 땅을 평정했다. 돌아와서 감무는 좌승상이 되었고 저리자는
우승상이 되었다.

甘茂者 下蔡[1]人也 事下蔡史擧先生[2] 學百家之術 因張儀樗里子而求
見秦惠王 王見而說之 使將 而佐魏章略定漢中地 惠王卒 武王立 張儀
魏章去 東之魏 蜀侯煇相壯反[3] 秦使甘茂定蜀 還 而以甘茂爲左丞相
以樗里子爲右丞相

① 下蔡하채

색은 〈지리지〉에 하채현은 여남군에 속한다.

地理志下蔡縣屬汝南也

[정의] 지금의 영주潁州 현이고 곧 주래국이다.

今潁州縣 卽州來國

[신주] 춘추시대 채蔡나라가 마지막으로 옮겨간 곳이므로, 하채라고 부른다. 감무 시절에는 이미 초나라 땅이다.

② 史擧先生사거선생

[색은] 《전국책》과 《한비자》에 모두 이르기를 사거는 상채上蔡의 문지기라고 했다.

戰國策及韓子皆云史擧 上蔡監門

③ 蜀侯煇相壯反촉후휘상장반

[색은] 煇의 발음은 '휘暉' 또는 '혼[胡昆反]'이다. 진나라 공자이고 촉蜀에 봉해졌다. 《화양국지》에 휘暉로 되어 있다. 壯의 발음은 '창[側狀反]'이다. 장壯의 성씨는 진陳이다.

煇音暉 又音胡昆反 秦之公子 封蜀也 華陽國志作暉 壯音側狀反 姓陳也

진나라 무왕 3년, 왕은 감무에게 말했다.

"과인은 삼천三川으로 수레가 통할 수 있는 길을 만들어 주나라 왕실을 살피고 싶다. (그리되면) 과인은 죽어서도 썩지 않을 것이오."

감무가 대답했다.

"청컨대 위魏나라로 가서 맹약해 한나라를 정벌하고 상수向壽[1] 에게 명해 보좌하게 해서 시행하겠습니다."

감무가 위나라에 이르러 상수에게 말했다.

"그대는 돌아가서 왕에게 '위魏나라가 신의 말을 들어주었습니다. 그러니 원컨대 왕께서는 한나라를 정벌하지 마십시오.'라고 하시오. 일이 성사되면 모든 것을 그대의 공로로 돌리겠소."

상수는 돌아와 왕에게 고했다. 왕은 감무를 식양息壤에서[2] 맞이했다. 감무가 이르자 왕이 한나라를 쳐서는 안 되는 까닭을 물었다. 감무가 대답했다.

"의양宜陽은 큰 현입니다. 상당上黨과 남양南陽은[3] 식량을 비축한 지 오래되었습니다. 이름은 현縣이라고 하나 그 실상은 군郡입니다. 지금 왕께서 험한 여러 곳을 등지고[4] 1,000리를 행군하여 공격하는 것은 어려운 일입니다. 옛날 증삼曾參은 비費 땅[5]에 살았는데, 노나라 사람 중에 증삼과 성명이 동일한 자가 있었으며 그가 사람을 죽였습니다. 사람들이 증삼의 어머니에게 고하기를 '증삼이 사람을 죽였소.'라고 하는데도 그의 어머니는 태연자약하게 베를 짜고 있었습니다.

한참 있다가 또 한 사람이 와서 또 고하여 '증삼이 사람을 죽였소'라고 했지만, 그의 어머니는 아직도 태연자약하게 베를 짜고 있었습니다. 한참을 지나 또 어떤 사람이 고하기를 '증삼이 사람을 죽였소.'라고 하자 그의 어머니는 베틀의 북을 던지고 베틀에서 내려와 담을 넘어 달아났습니다. 대저 증삼의 현명함과 그의 어머니의 믿음에도 세 사람이 의심하자 그의 어머니도 두려워했습니다.

秦武王三年 謂甘茂曰 寡人欲容車通三川 以窺周室 而寡人死不朽矣 甘茂曰 請之魏 約以伐韓 而令向壽[1]輔行 甘茂至 謂向壽曰 子歸 言之

於王曰 魏聽臣矣 然願王勿伐 事成 盡以爲子功 向壽歸 以告王 王迎甘
茂於息壤② 甘茂至 王問其故 對曰 宜陽 大縣也 上黨南陽③積之久矣 名
曰縣 其實郡也 今王倍數險④ 行千里攻之 難 昔曾參之處費⑤ 魯人有與
曾參同姓名者殺人 人告其母曰 曾參殺人 其母織自若也 頃之 一人又
告之曰 曾參殺人 其母尙織自若也 頃又一人告之曰 曾參殺人 其母投
杼下機 踰墻而走 夫以曾參之賢與其母信之也 三人疑之 其母懼焉

① 向壽상수

[정의] 向壽의 발음은 '상수餉受'이다. 사람의 성명이다.

餉受二音 人姓名

② 於息壤어식양

[색은] 살펴보니 《산해경》과 《계서》에 "옛날 백곤伯鮌이 제帝의 식양을
도둑질해 홍수를 막았다."라고 했는데, 아마 이곳일 것이다.

按 山海經啓筮云 昔伯鮌竊帝之息壤以堙洪水 或是此也

[정의] 진나라 읍이다.

秦邑

③ 上黨南陽상당남양

[색은] 상당과 남양은 나란히 저축을 한 지 오래되었다고 이른 것이다.

謂上黨南陽竝積貯日久矣

[정의] 한나라 북쪽 3개 군의 저축 물자를 하남 의양현宜陽縣에 둔 지
오래되었다는 뜻이다.

韓之北三郡積貯在河南宜陽縣之日久矣

④ 倍數險배수험

색은 數의 발음은 '슈[率腴反]'이다.

數音率腴反

정의 함곡관, 삼효三崤, 오곡五谷을 이른다.

謂函谷及三崤五谷

⑤ 費비

집해 費의 발음은 '비祕'이다.

音祕

지금 신의 현명함은 증삼만 같지 못하고 왕께서 신을 믿음은 또 증삼의 어머니가 증삼을 믿음만 같지 못합니다. 신을 의심하는 자는 특별히 세 사람만이 아니며 신은 대왕께서도 증삼의 어머니처럼 베틀의 북을 던지고 베틀에서 내려올 것이 두려운 것입니다. 처음 장의는 서쪽으로 파巴와 촉蜀 땅을 합병하고 북쪽에서 서하의 밖을 열고 남쪽으로 상용上庸을 빼앗았으나, 천하 사람들 대부분은 장의가 한 것으로 여기지 않고 선왕先王께서 현명하다고 여겼습니다.

위나라 문후文侯는 악양樂羊을 장수로 명해 중산中山을 공격하고 3년 만에 빼앗았습니다. 악양이 돌아와 공로를 논하게 되자 문후는 그동안 악양을 비방했던 글이 가득한 상자 하나를 악양에게 보여 주었습니다. 악양이 재배하고 머리를 조아려 말하기를 '이것은 신의 공로가 아니라 군주의 힘이었습니다.'라고 했습니다.

지금 신은 이국異國 출신의 신하입니다. 저리자나 공손석公孫奭[①] 두 사람이 한나라를 끼고 의논한다면 왕께서는 반드시 들으실 것입니다. 이것은 왕께서 위왕魏王을 속이는 것으로 신은 공중치公仲侈[②]의 원망만 받게 될 것입니다."

왕이 말했다.

"과인은 듣지 않을 것이오. 그대와 함께 맹세하겠소."

마침내 승상 감무를 시켜서 군사를 이끌고 의양을 정벌하게 했다. 5개월 동안 함락하지 못하자 저리자와 공손석이 과연 다투었다. 무왕이 감무를 불러 군사를 물리고자 했다. 감무가 말했다.

"식양息壤이 저곳에 있습니다.[③]"

왕이 대답했다.

"그대로 있소."

이로 인하여 크게 모든 군사를 일으켜 감무를 시켜서 치게 했다. 이에 6만 명의 머리를 베고 마침내 의양을 함락하였다. 한韓나라 양왕襄王은 공중치를 보내 진나라에 들어가 사죄하게 하고 진나라와 화평하게 지냈다.

今臣之賢不若曾參 王之信臣又不如曾參之母信曾參也 疑臣者非特三人 臣恐大王之投杼也 始張儀西幷巴蜀之地 北開西河之外 南取上庸 天下不以多張子而以賢先王 魏文侯令樂羊將而攻中山 三年而拔之 樂羊返而論功 文侯示之謗書一篋 樂羊再拜稽首曰 此非臣之功也 主君

之力也 今臣 羈旅之臣也 樗里子公孫奭^①二人者挾韓而議之 王必聽之
是王欺魏王而臣受公仲侈^②之怨也 王曰 寡人不聽也 請與子盟 卒使丞
相甘茂將兵伐宜陽 五月而不拔 樗里子公孫奭果爭之 武王召甘茂 欲
罷兵 甘茂曰 息壤在彼^③ 王曰 有之 因大悉起兵 使甘茂擊之 斬首六萬
遂拔宜陽 韓襄王使公仲侈入謝 與秦平

① 公孫奭공손석

　색은　 살펴보니 《전국책》에 '공손연公孫衍'으로 되어 있다.

按 戰國策作公孫衍

　정의　 奭의 발음은 '석釋'이다.

音釋

② 公仲侈공중치

　집해　 서광이 말했다. "치侈는 다른 판본에는 '풍馮'으로 되어 있다."

徐廣曰 一作馮

③ 息壤在彼식양재피

　정의　 감무가 돌아와 식양息壤에 이르러 진왕과 맹세했는데, 아마 뒤에
저리자와 공손석이 한나라를 정벌하다가 지금 두 사람이 과연 다툰 것
이다. 무왕은 감무를 불러서 군사를 파하고자 했다. 그러므로 감무가
식양이 저 읍에 있다고 한 것이다.

甘茂歸至息壤 與秦王盟 恐後樗里子公孫奭伐韓 今二子果爭之 武王召茂欲罷
兵 故甘茂云息壤在彼邑也

무왕이 마침내 주나라에 이르렀으며, 주나라에서 죽었다.[①] 그의 아우가 왕위에 올랐는데 소왕昭王이라 했다.[②] 왕의 어머니는 선 태후宣太后로 초나라 여인이다. 초나라 회왕은 지난날 진秦나라 가 초나라를 단양丹陽에서 패배시킬 때 한나라가 구원하지 않은 것을 원망하고 이에 군사로써 한나라 옹지雍氏를 포위했다.[③] 한 나라는 공중치를 보내 진秦나라에 급한 사정을 알렸다. 진나라에 소왕이 새로이 왕이 되자 태후가 초나라 사람이라 기꺼이 구원하 려고 하지 않았다. 공중치는 감무를 따랐는데 감무는 한나라를 위해 진나라 소왕에게 말했다.

"공중치는 바야흐로 진나라 구원을 받을 수 있을 것으로 여겼습 니다. 그러므로 감히 초나라와 맞서고 있는 것입니다. 지금 옹지 가 포위되어 있는데 진나라에서 군사를 효산殽山으로 내려보내지 않는다면 공중치는 또 고개를 세우고 조회하지 않을 것이며 한나 라 공중치는 또 남쪽 나라로 가서 초나라와 합할 것입니다. 초나 라와 한나라가 하나가 되면 위나라도 감히 명을 듣지 않을 수 없 을 것입니다. 그렇게 되면 진나라를 정벌하려는 형세가 성립됩니 다. 깨닫지 못하고 앉아서 정벌당하는 것을 기다리는 것과 남을 정벌하는 이로움 중 어느 것이 낫겠습니까?"

진왕이 말했다.

"좋소."

이에 군사를 효산으로 내려보내 한나라를 구원하게 했다. 초나라 군사가 떠나갔다.

武王竟至周 而卒於周^① 其弟立 爲昭王^② 王母宣太后 楚女也 楚懷王怨
前秦敗楚於丹陽而韓不救 乃以兵圍韓雍氏^③ 韓使公仲侈告急於秦 秦
昭王新立 太后楚人 不肯救 公仲因甘茂 茂爲韓言於秦昭王曰 公仲方
有得秦救 故敢扞楚也 今雍氏圍 秦師不下殽 公仲且仰首而不朝 公叔
且以國南合於楚 楚韓爲一 魏氏不敢不聽 然則伐秦之形成矣 不識坐
而待伐孰與伐人之利 秦王曰 善 乃下師於殽以救韓 楚兵去

① 而卒於周이졸어주

신주 무왕이 죽은 곳은 주나라가 아니라 진나라이다.

② 爲昭王위소왕

색은 살펴보니 〈조세가〉에 소왕의 이름은 직稷이다. 《세본》에 이름이
측側이라고 일렀다.

按 趙系家昭王名稷 系本云名側也

③ 圍韓雍氏위한옹지

색은 살펴보니 조혜왕 26년(후13년), 초나라가 옹지를 포위했고, 소왕
7년에 이르러 또 옹지를 포위하자 한나라에서 진나라에 구원을 요청했
는데 이것이 두 번째 포위이다. 유씨가 말했다. "이에 앞서 옹지를 포위
한 것은 난왕赧王 3년에 해당한다." 《전국책》과 《죽서기년》에 이곳과 더
불어 나란히 같지 않다.

按 趙惠王二十六年 楚圍雍氏 至昭王七年 又圍雍氏 韓求救於秦 是再圍也 劉
氏云 此是前圍雍氏 當赧王之三年 戰國策及紀年與此竝不同

옛 성은 낙주洛州 낙양현 동북쪽 20리에 있다.

故城在洛州洛陽縣東北二十里

진나라는 상수向壽를 시켜 의양宜陽을 평정하게 하고 저리자와 감무를 시켜 위나라 피지皮氏를 정벌하게 했다. 상수는 선태후宣太后의 외척이며 소왕과 어려서부터 함께 자랐다. 그러므로 임용된 것이다. 상수가 초나라에 갔는데,[①] 초나라는 상수가 진나라에서 귀하게 되었다는 소문을 듣고 상수를 두텁게 대우했다. 상수는 진나라를 위해 의양을 지키면서 한나라를 정벌하려 했다. 한나라 공중치는 소대蘇代를 보내 상수에게 말하게 했다.

"짐승이 곤란하게 되면 수레도 전복시킵니다.[②] 공은 한나라를 쳐부수고 공중치를 곤욕스럽게 했습니다. 공중치는 국가를 수습하여 다시 진나라를 섬겼고 스스로 반드시 봉함을 받을 것으로 생각했습니다.[③] 지금 공께서는 해구解口 땅[④]을 초나라에 주고 초나라 소영윤小令尹을 두양杜陽 땅에 봉했습니다.[⑤] 진나라와 초나라가 합하여 다시 한나라를 공격한다면 한나라는 반드시 망할 것입니다. 한나라가 망하면 공중치는 또한 몸소 그의 사병을 이끌고 진나라를 막을[⑥] 것입니다.[⑦] 원컨대 공께서는 익히 생각하십시오."

秦使向壽平宜陽 而使樗里子甘茂伐魏皮氏 向壽者 宣太后外族也 而與昭王少相長 故任用 向壽如[①]楚 楚聞秦之貴向壽 而厚事向壽 向壽爲秦守宜陽 將以伐韓 韓公仲使蘇代謂向壽曰 禽困覆車[②] 公破韓 辱公仲 公仲收國復事秦 自以爲必可以封[③] 今公與楚解口[④]地 封小令尹以杜陽[⑤]

秦楚合 復攻韓 韓必亡 韓亡 公仲且躬率其私徒以關⑥於秦⑦ 願公孰慮
之也

① 如여

집해 서광이 말했다. "여如는 다른 판본에는 '화和'로 되어 있다."

徐廣曰 如 一作和

② 禽困覆車금곤복거

집해 새나 짐승이 곤란하고 급하게 되면 오히려 거슬러서 사람이 타고
있는 수레를 전복시키는 것에 비유한 것이다.

譬禽獸得困急 猶能抵觸傾覆人車

③ 自以爲必可以封자이위필가이봉

정의 공중치가 스스로 생각하기를 반드시 진나라에서 봉해질 것으로
여긴 것이다.

公仲自以爲必可得秦封

④ 解口해구

색은 해구解口는 진나라 지명이며 한나라에 가깝고 지금은 장차 초나
라에 주려고 하는 것이다.

解口 秦地名 近韓 今將與楚也

정의 解의 발음은 '개[紀買反]'이다. 공公은 상수이다. 해구는 입을 열어
말을 한 것과 같다. 상수가 진나라에 입을 열면 초나라 사람이 반드시

봉지를 얻게 된다는 것이다.

上紀買反 公 向壽也 解口 猶開口得言 向壽於秦開口 則楚人必得封地也

⑤ 封小令尹以杜陽봉소영윤이두양

색은 또 초나라 소영윤을 두양에 봉한 것이다. 두양은 또한 진秦나라 땅인데 지금 초나라 영윤을 봉했으니 이것은 진나라와 초나라가 화합한 것이다.

又封楚之小令尹以杜陽 杜陽亦秦地 今以封楚今尹 是秦楚合也

⑥ 闕알

집해 闕의 발음은 '알[烏曷反]'이다.

音烏曷反

⑦ 公仲且躬率其私徒以闕於秦공중차궁솔기사도이알어진

정의 공중치는 한나라가 망할 것이 두려워 장차 개인의 무리를 거느리고 의양으로 가서 상수를 막으려고 한다는 것이다.

公仲恐韓亡 欲將私徒往宜陽闕向壽也

상수가 말했다.
"내가 진나라와 초나라를 연합하게 하려는 것은 한나라에 대적하기 위해서가 아니오. 그대는 나를 위해 공중치를 찾아뵙고[1] 진나라와 한나라는 교제하며 연합할 수 있다고 전하시오."

소대가 대답했다.

"원컨대 공께 아뢸 말씀이 있습니다.[2] 세상 사람들이 이르기를 '그 귀하게 되는 까닭을 귀하게 여기는 자는 귀해진다.'라고 했습니다. 진왕이 공을 익히 아끼는 것은 공손석公孫奭만 못합니다. 그 지혜와 능력은 공이 감무만 못합니다. 지금 두 사람은 모두 진나라 일에 가까이하지 못하지만 공은 유독 왕과 함께 국가를 재단하여 주관하는 것은 무엇 때문이겠습니까? 저들에게는 잘못이 있기 때문입니다.[3] 공손석은 한나라를 편들고, 감무는 위나라를 편들기 때문에 왕이 믿지 않습니다. 지금 진나라와 초나라가 강함을 다투는데 공은 초나라를 편들고 있어서 곧 공손석과 감무와 같은 길이니, 공이 무엇이 다르겠습니까.[4]

사람들은 모두 초나라가 잘 변한다고 말하는데, 공이 반드시 망친다면 이것은 자신의 책임이 될 것입니다.[5] 공께서는 왕과 함께 그 변화에 대한 계책을 세워 한나라를 잘 대우하여 초나라에 대비하는 것만[6] 못할 것입니다. 이처럼 하면 걱정이 없을 것입니다. 한씨들은 반드시 먼저 국가를 들어 공손석을 따랐고 뒤에는 국가를 감무에게 맡겼습니다. 한나라는 공의 원수입니다.[7] 지금 공께서 한나라와 친하여 초나라에 대비해야 한다고 말하면, 이것은 밖으로 천거하는데 원수도 피하지 않는 것이 될 것입니다."

向壽曰 吾合秦楚非以當韓也 子爲壽謁之公仲[1] 曰秦韓之交可合也 蘇代對曰 願有謁於公[2] 人曰貴其所以貴者貴 王之愛習公也 不如公孫奭 其智能公也 不如甘茂 今二人者皆不得親於秦事 而公獨與王主斷於國者何 彼有以失之也[3] 公孫奭黨於韓 而甘茂黨於魏 故王不信也 今秦楚

争彊而公黨於楚 是與公孫奭甘茂同道也 公何以異之④ 人皆言楚之善

變也 而公必亡之 是自爲責也⑤ 公不如與王謀其變也 善韓以備楚⑥ 如

此則無患矣 韓氏必先以國從公孫奭而後委國於甘茂 韓 公之讎也⑦ 今

公言善韓以備楚 是外擧不僻讎也

① 子爲壽謁之公仲자위수알지공중

[정의] 자자는 소대이다. 상수는 두려워 소대를 시켜 공중치를 만나보라

고 하여 "진나라와 한나라는 교제하며 연합할 수 있다."라고 일렀다.

子 蘇代也 向壽恐 今蘇代謁報公仲 云 秦韓交可合

② 願有謁於公원유알어공

[정의] 공공은 상수이다. 상수가 또한 초나라를 편드는 것은 공손석과

감무가 한나라와 위나라를 편드는 것과 같다는 말이다.

公 向壽也 言向壽亦黨於楚 與公孫奭甘茂黨韓魏同也

③ 彼有以失之也피유이실지야

[색은] 피彼는 공손석과 감무이다. 유이실지有以失之는 위임하는 것을 보

지 못하고 정情에는 잃은 바가 있는 것을 이른다.

彼 公孫奭及甘茂也 有以失之 謂不見委任 情有所失

[정의] 진왕이 비록 공손석과 감무를 익히 아껴도 진나라 일을 친히 맡

기지 않는 것은 한나라와 위나라를 편들기 때문이라는 말이다. 지금 국

사國事를 유독 상수와 함께 주관하여 판단하는 것은 상수가 초나라를

편들면서 진왕을 섬긴다는 것을 알지 못하지만, 잘못이라는 것이다.

言秦王雖愛習公孫奭甘茂 秦事不親委者 爲黨韓魏也 今國事獨與向壽主斷者
不知壽黨於楚以事秦王者 以失之也

④ 公何以異之공하이이지

정의 소씨(소대)는 상수와 공손석 및 감무가 모두 편들고 있으니 다를
것이 없다는 말이라고 한 것이다. 또 일설에는 초나라를 편드는 뜻을 달
리 고치라는 것이다.

蘇氏云 向壽與公孫奭甘茂皆有黨 言無異也 又一云改異黨楚之意

⑤ 是自爲責也시자위책야

정의 초나라는 바꾸어 고치는 것을 잘해서 믿을 수 없다. 만약 바꾸어
고쳐 상수가 반드시 망쳐 실패하면 이것은 자신의 책임이 되는 것이다.

楚善變改 不可信 若變改 向壽必亡敗 是自爲責

⑥ 善韓以備楚선한이비초

정의 진나라로 하여금 한나라와 친하게 해 초나라가 바꾸어 고치는 것
에 대비한다면 상수는 근심이 없을 것이다.

令秦親韓而備楚之變改 則向壽無患矣

⑦ 韓 公之讎也한 공지수야

정의 한씨는 반드시 먼저 두 사람에게 맡긴 것이다. 그러므로 한나라
는 상수의 원수가 되었다.

韓氏必先委二人 故韓爲向壽之讎

상수가 말했다.

"그러할 것이오. 나는 한나라와 몹시 연합하고 싶소."

소대가 대답했다.

"감무는 공중치에게 무수武遂[1]를 주겠다고 허락했지만 의양의 백성들을 돌려준다면[2] 지금 공公께서는 단지 수습하기가 매우 어려울[3] 뿐입니다."

상수가 말했다.

"그렇다면 어찌해야 하오? 무수는 끝내 얻을 수 없다는 것이오?"

(소대가) 대답했다.

"공께서는 어찌 진나라를 거느리며 한나라를 위해 초나라에게 영천潁川을 요구하지[4] 않습니까? 이것은 한나라에 붙어 있던 땅입니다. 공께서 요구하여 얻게 되면 이것은 (진나라의) 명령이 초나라에서 시행된 것이고 그 땅을 되찾아 주는 것이 되어 한나라에 덕을 베푼 것입니다. 공께서 요구하여 얻지 못하더라도 이것은 한나라와 초나라 원한이 풀리지[5] 않고 서로 친교를 위해 진나라로 달려오게 될 것입니다.[6] 진나라와 초나라가 힘을 겨루고 있을 때 공께서 서서히 초나라를 지나치고[7] 한나라를 거두면 이것은 진나라에 유리합니다.[8]"

상수가 말했다.

"어찌한다는 것이오?"

소대가 대답했다.

"이것은 좋은 일입니다. 감무는 위나라로써 제나라를 취하고자 하고, 공손석은 한나라로써 제나라를 취하고자 합니다. 지금 공께서 의양을 취하여 공로로 삼고 초나라와 한나라를 거두어 편안하게 하며 제나라와 위나라 죄를 처단해야 합니다.[9] 이렇게 하면 공손석과 감무는 할 일이 없어집니다."

向壽曰 然 吾甚欲韓合 對曰 甘茂許公仲以武遂[1] 反宜陽之民[2] 今公徒收之 甚難[3] 向壽曰 然則奈何 武遂終不可得也 對曰 公奚不以秦爲韓求潁川於楚[4] 此韓之寄地也 公求而得之 是令行於楚而以其地德韓也 公求而不得 是韓楚之怨不解[5]而交走秦也[6] 秦楚爭彊 而公徐過[7]楚以收韓 此利於秦[8] 向壽曰 奈何 對曰 此善事也 甘茂欲以魏取齊 公孫奭欲以韓取齊 今公取宜陽以爲功 收楚韓以安之 而誅齊魏之罪[9] 是以公孫奭甘茂無事也

① 武遂무수

집해 서광이 말했다. "진소왕 원년에 한나라에 무수를 주었다."

徐廣曰 秦昭王元年予韓武遂

② 反宜陽之民반의양지민

정의 무수와 의양은 본래 한나라 읍인데 진나라에서 정벌해서 빼앗았다. 지금 한나라에 돌려주게 하여 그의 백성으로 하여금 되돌아가 살게 하려는 것이다.

武遂 宜陽 本韓邑也 秦伐取之 今欲還韓 令其民得反歸居之

③ 甚難심난

정의 소대가 말하기를, 감무가 공중치에게 무수를 주겠다고 허락했는데,

또 의양의 백성을 돌려준다고 말하는 것은 지금 상수가 무턱대고 헤아려 수습하는 일이 매우 어렵다는 것이다.

蘇代言甘茂許公仲以武遂 又歸宜陽之民 今向壽徒擬收之 甚難事也

④ 韓求潁川於楚한구영천어초

[정의] 영천은 허주許州이다. 초나라가 한나라 영천을 침탈했는데, 소대는 상수로 하여금 진나라의 위엄과 막중함으로 한나라를 위해 초나라로 나아가 영천을 애써서 찾으라고 한 것이며, 곧 상수와 친하게 하려는 것이다.

潁川 許州也 楚侵韓潁川 蘇代令向壽以秦威重爲韓就楚求索潁川 是親向壽

⑤ 解해

[집해] 解의 발음은 '애[已買反]'이다.

已買反

⑥ 交走秦也교주진야

[색은] 한나라와 초나라가 원한이 해소되지 않았으니 두 나라는 번갈아 진나라로 달려간다는 것이다.

韓楚怨不解 二國交走向秦也

⑦ 過과

[집해] 서광이 말했다. "과過는 다른 판본에는 '적適'으로 되어 있다."

徐廣曰 過 一作適

⑧ 此利於秦차리어진

[정의] 만약 두 나라가 모두 진나라를 섬기게 된다면 공은 점점 초나라 과실을 설명하고 한나라를 수습하는 것이니, 이것은 진나라에 이로운 것이다.

若二國皆事秦 公則漸說楚之過失以收韓 此利於秦也

⑨ 誅齊魏之罪주제위지죄

[정의] 공손석과 감무는 모두 진나라로써 한나라와 위나라를 끼고 제나라를 취하려고 하는데, 지금 상수는 의양을 취한 것을 공로로 삼고 초나라와 한나라를 수습해 편히 진나라를 섬기게 하고 제나라와 위나라 죄를 꾸짖는다면, 이것은 공손석과 감무는 한나라와 위나라를 진나라에 함께 합쳐서 제나라를 정벌하지 못할 것이라는 말이다.

言公孫奭甘茂皆欲以秦挾韓魏而取齊 今向壽取宜陽爲功 收楚韓安以事秦 而責齊魏之罪 是公孫奭甘茂不得同合韓魏於秦以伐齊也

감무는 마침내 진나라 소왕에게 말하여 무수武遂를 한나라에 돌려주었다.① 상수와 공손석이 이를 하소연하며 만류했으나 설득할 수 없었다. 상수와 공손석은 이로 말미암아 감무를 원망하며 헐뜯었다. 감무는 두려워한 나머지 위나라 포판蒲阪 정벌을 중지하고 도망쳐 떠났다.② 저리자는 위나라와 강화를 하고 군사를 물렸다.③ 감무는 진나라에서 도망쳐 제나라로 달아나 소대를 만났다. 소대는 제나라를 위해 진나라에 사신으로 가는 참이었다. 감무가 말했다.

"신은 진나라에서 죄를 얻고 두려운데 도망쳐 종적을 감출 만한 곳이 없습니다. 신은 듣건대 '가난한 집의 딸과 부잣집의 딸이 함께 모여 길쌈을 하는데 가난한 집의 딸이 말하기를 「나는 초를 살 돈이 없는데 그대의 촛불 빛은 다행히 여유가 있으니 그대는 나에게 남아도는 빛을 나누어 주시오. 그대의 밝음에 손해가 되지 않고 한쪽의 빛을 나눠주면 나에게도 편리할 것이오.'라고 했습니다. 지금 신은 곤궁하고 군君은 바야흐로 진나라에 사신으로 가는 길에 있습니다. 제 처자가 진나라에 있는데 원컨대 군君께서는 남은 빛으로써 구원해주십시오."

소대가 허락했다.

甘茂竟言秦昭王 以武遂復歸之韓^① 向壽公孫奭爭之 不能得 向壽公孫奭由此怨 讒甘茂 茂懼 輟伐魏蒲阪 亡去^② 樗里子與魏講 罷兵^③ 甘茂之亡秦奔齊 逢蘇代 代爲齊使於秦 甘茂曰 臣得罪於秦 懼而遯逃 無所容跡 臣聞貧人女與富人女會績 貧人女曰 我無以買燭 而子之燭光幸有餘 子可分我餘光 無損子明而得一斯便焉 今臣困而君方使秦而當路矣 茂之妻子在焉 願君以餘光振之 蘇代許諾

① 武遂復歸之韓무수복귀지한

정의 〈육국연표〉에는 진소왕 원년에 무수를 한나라에 주었다고 했다.
年表云秦昭王元年予韓武遂也

② 亡去망거

집해 서광이 말했다. "소왕 원년에 위나라 피지를 공격해 함락시키지 못하고 떠나갔다."

徐廣曰 昭王元年 擊魏皮氏 未拔 去

③ **魏講** 罷兵위구 파병

색은 추탄생은 "강독講讀을 구媾라고 한다. 구媾는 화해와 같다."

鄒氏云 講讀曰媾 媾猶和也

마침내 사신으로 진나라에 이르렀다. 이윽고 임무를 마치고 진왕을 설득했다.

"감무는 보통 사인이 아닙니다. 그가 진나라에 있을 때 여러 대를 거쳐 중용되었습니다. 효새殽塞[①]부터 귀곡鬼谷[②]에 이르기까지 그 지형이 험준하고 평탄한 것을 모두 밝게 알고 있습니다. 그가 제나라에 있으면서 한나라, 위나라와 맹약하여 도리어 진나라를 도모하려고 한다면 진나라에 이롭지 않을 것입니다."

진왕이 말했다.

"그렇다면 어찌해야 하오?"

소대가 말했다.

"왕께서는 그에게 예물을 후하게 주고 그의 녹봉을 두터이 하여 맞이하는 것만 못합니다. 가령 그가 온다면 귀곡에 두어서[③] 종신토록 나가지 못하도록 하십시오."

진왕이 말했다.

"좋은 말씀이오."

곧바로 상경上卿 직책을 내려서 재상의 인수로 제나라에서 맞이했다. 감무는 가지 않았다. 소대가 제나라 민왕에게 말했다.

"대저 감무는 현인입니다. 지금 진나라에서 상경 벼슬을 주고 재상의 인수로 맞이했습니다. 감무는 왕께서 내리는 은혜를 덕으로 여겨 왕의 신하가 되는 것을 좋아하고 있습니다. 그러므로 사양하고 가지 않는 것입니다. 지금 왕께서는 무슨 예로써 하시렵니까?"

제왕이 말했다.

"좋소."

곧 상경의 지위로서 거처하게④ 했다. 진나라는 이 일로 인하여 감무 집안을 회복시켜 주고서⑤ 제나라와 교섭하였다.

遂致使於秦 已 因說秦王曰 甘茂 非常士也 其居於秦 累世重矣 自殽
塞①及至鬼谷② 其地形險易皆明知之 彼以齊約韓魏反以圖秦 非秦之
利也 秦王曰 然則奈何 蘇代曰 王不若重其贄 厚其祿以迎之 使彼來則
置之鬼谷③ 終身勿出 秦王曰 善 卽賜之上卿 以相印迎之於齊 甘茂不
往 蘇代謂齊湣王曰 夫甘茂 賢人也 今秦賜之上卿 以相印迎之 甘茂德
王之賜 好爲王臣 故辭而不往 今王何以禮之 齊王曰 善 卽位之上卿而
處之④ 秦因復⑤甘茂之家以市於齊

① 殽塞효새

　　정의　삼효三殽는 낙주洛州 영녕현永寧縣 서북쪽에 있다.

三殽在洛州永寧縣西北

② 鬼谷귀곡

집해 서광이 말했다. "양성陽城에 있다."

徐廣曰 在陽城

③ 置之鬼谷치지귀곡

색은 살펴보니 서광은 양성에 있다고 했다. 유씨가 이 귀곡鬼谷은 관중關中 운양雲陽에 있다고 한 것이 이곳이다.

案 徐廣云在陽城 劉氏云此鬼谷在關內雲陽 是矣

정의 유백장이 말했다. "이곳 귀곡은 관중 운양이고 양성은 아니다." 살펴보니 양성 귀곡은 당시 한나라에 속했으며 진나라에 두었다는 말을 얻지 못했다.

劉伯莊云 此鬼谷 關內雲陽 非陽城者也 案 陽城鬼谷時屬韓 秦不得言置之

④ 處之처지

색은 살펴보니 처處는 머무름과 같다.

案 處猶留也

⑤ 復복

정의 復의 발음은 '복福'이다.

復音福

제나라는 감무를 초나라에 사신으로 보냈다. 초나라 회왕은 새로이 진나라와 혼인을 하고 기뻐하고 있었다.① 진나라는 감무가 초나라에 있다는 소문을 듣고 사람을 시켜서 초왕에게 말했다.

"감무를 진나라로 보내주시기를 바랍니다."

초왕이 범연范蜎[2]에게 물었다.

"과인이 진나라에 재상을 추천하려는데 누가 좋겠소?"

범연이 대답했다.

"신이 족히 알지 못하겠습니다."

초왕이 말했다.

"과인은 감무를 재상으로 추천하려는데 괜찮겠소?"

(범연이) 대답했다.

"안 됩니다. 대저 사거史舉는 하채下蔡의 문지기였습니다. 그(사거)는 크게는 군주를 섬기는 일을 하지 않았고 작게는 가정을 두지 않았습니다. 진실로 천하면서도 청렴하지 않다고 세상에 알려졌는데도 감무는 그를 섬기며 따랐습니다. 그러므로 현명한 혜왕이나, 명철한 무왕이나, 변론에 뛰어난 장의까지도, 감무는 그들을 잘 섬기고, 여러 관직을 맡으면서도 죄를 지은 적이 없습니다. 감무는 진실로 현능한 사람이기 때문에 진나라에서 재상이 되면 안 됩니다.

대저 진나라에 현명한 재상이 있게 되면 초나라는 이롭지 않습니다. 또 왕께서는 지난날 일찍이 월나라에 소활[3]을 등용하여 구장句章을 받아들이고도 당매唐眜의 난이[4] 일어났지만, 월나라는 어지러워졌습니다. 이 때문에 초나라는 남쪽 여문厲門[5]을 차단하고 월나라 강동江東을 군郡으로 만들었습니다.[6] 이는 왕께서 공적을 헤아려 이와 같은 상황에서도 월나라는 어지러워졌지만,

초나라는 잘 다스릴 수 있었기 때문입니다. 지금 왕께서 월나라에는 계책을 쓸 줄은 알면서 진나라에 쓰는 것은 잊고 계시어서 신은 왕께서 크게 잘못하신다고 여기는 겁니다.

그러한즉 왕께서 만약 진나라에 재상을 추천하고자 하신다면 상수向壽 같은 자가 괜찮지 않겠습니까. 대저 상수는 진왕과 친하고 어렸을 때는 왕과 옷을 같이 입고 자라서는 왕과 함께 수레를 타고 국사를 의논한다고 들었습니다. 왕께서 반드시 상수를 진나라 재상으로 삼게 하면 초나라에 이로울 것입니다.”

이에 사신을 보내 진나라 재상으로 상수를 진나라에 요청했다. 진나라는 마침내 상수를 재상으로 임명했다. 감무는 끝내 다시 진나라로 들어가지 못하고 위나라에서 죽었다. 감무에게는 손자가 있었는데 감라甘羅라고 했다.

齊使甘茂於楚 楚懷王新與秦合婚而驩^① 而秦聞甘茂在楚 使人謂楚王曰 願送甘茂於秦 楚王問於范蜎^②曰 寡人欲置相於秦 孰可 對曰 臣不足以識之 楚王曰 寡人欲相甘茂 可乎 對曰 不可 夫史舉 下蔡之監門也 大不爲事君 小不爲家室 以苟賤不廉聞於世 甘茂事之順焉 故惠王之明 武王之察 張儀之辯 而甘茂事之 取十官而無罪 茂誠賢者也 然不可相於秦 夫秦之有賢相 非楚國之利也 且王前嘗用召滑^③於越 而內行章義之難^④ 越國亂 故楚南塞厲門^⑤而郡江東^⑥ 計王之功所以能如此者 越國亂而楚治也 今王知用諸越而忘用諸秦 臣以王爲鉅過矣 然則王若欲置相於秦 則莫若向壽者可 夫向壽之於秦王 親也 少與之同衣 長與之同車 以聽事 王必相向壽於秦 則楚國之利也 於是使使請秦相向壽於秦 秦卒相向壽 而甘茂竟不得復入秦 卒於魏 甘茂有孫曰甘羅

① 秦合婚而驩진합혼이환

[집해] 서광이 말했다. "소왕昭王 2년 때 부인을 초나라에서 맞이했다."

徐廣曰 昭王二年時迎婦於楚

② 范蜎범연

[집해] 서광이 말했다. "다른 판본에는 '현蠉'으로 되어 있다."

徐廣曰 一作蠉

[색은] 蜎의 발음은 '현[休緣反]' 또는 '현[休軟反]'이고 蠉의 발음은 '현[休緣反]'이다.《전국책》에 '연蜾' 자로 되어 있다.

音休緣反 又休軟反 蠉 休緣反 戰國策云作蜾也

[정의] 蜎의 발음은 '현[許緣反]'이다.

許緣反

■신주■ 《전국책》에는 판본에 따라 '환環' 자로 되어 있기도 한다.

③ 滑활

[집해] 서광이 말했다. "활滑은 다른 판본에는 '연涓'으로 되어 있다."

徐廣曰 滑 一作涓

④ 章義之難장의지난

[집해] 서광이 말했다. "일설에는 '내구장매지난內句章昧之難'(구장句章을 얻었지만 당매唐昧의 난이 있었다.)이라고 했다."

徐廣曰 一云 內句章昧之難

[색은] 소활김滑은 안으로 마음이 의심하고 간사하며 밖으로는 짐짓 은혜와 의를 베풀어 끝내 화를 일으키려는 마음을 감추고 초나라를 난에

얽히게 했음을 이른다. 집해 주석에는 '내구장매지난'라고 일렀는데, 살펴보니 《전국책》에 '납장구지난納章句之難'이라고 일렀다.

謂召滑內心猜詐 外則佯章恩義 而卒包藏禍心 搆難於楚也 注 一云內句章昧之難 案 戰國策云 納章句之難

⑤ 厲門여문

집해 서광이 말했다. "다른 판본에는 '뇌호瀨湖'로 되어 있다."

徐廣曰 一作瀨湖

정의 유백장이 말했다. "여문은 영남의 좁은 길을 건너는 것이다."

劉伯莊云 厲門 度嶺南之要路

⑥ 而郡江東이군강동

정의 오吳와 월越의 성이 모두 초나라 도시와 읍이 된 것이다.

吳越之城皆爲楚之都邑

감라는 감무의 손자이다. 감무가 죽었을 때 감라는 12세였는데 진나라 승상 문신후文信侯 여불위呂不韋를 섬겼다.①
진나라 시황제는 강성군剛成君 채택蔡澤을 연나라에 사신으로 보냈다. 3년이 지나자 연왕 희喜는 태자 단丹을 보내서 진나라 인질로 들어가게 했다. 진나라는 장당張唐을 시켜 연나라로 가게하여 연나라 재상을 맡게 하고 연나라와 함께 조나라를 정벌해 하간河間 땅을 넓히고자 했다. 장당은 문신후에게 말했다.

"신은 일찍이 진나라 소왕을 위해 조나라를 정벌했습니다. 조나라는 신을 원망하여 이르기를 '장당을 잡는 자에게 100리 땅을 줄 것이다.'라고 했습니다. 지금 연나라로 가려면 반드시 조나라를 경유해야 하는데 신이 가는 것은 안 됩니다."

문신후는 불쾌하게 여겼지만 강요할 수도 없었다. 감라가 말했다.

"군후께서는 무슨 일로 심히 불쾌하게 여기십니까?"

문신후가 말했다.

"내가 강성군 채택을 시켜서 연나라를 섬기게 한 지가 3년인데 연나라 태자 단이 이미 인질로 들어와 있다. 내가 스스로 장경張卿[②]에게 청해서 연나라 재상이 되라고 했는데 기꺼이 가려고 하지 않는다."

감라가 말했다.

"신이 가도록 청해보겠습니다."

문신후가 꾸짖었다.

"물러가라! 내가 몸소 가기를 청했는데도 기꺼이 하지 않는데 네가 어찌 갈 수 있겠느냐.[③]"

감라가 말했다.

"대항탁大項槖[④]은 태어나서 7세에 공자孔子의 스승이 되었습니다. 지금 신은 12세입니다. 군께서 신을 시험하면 되지 어찌 꾸짖으십니까."

甘羅者 甘茂孫也 茂旣死後 甘羅年十二 事秦相文信侯呂不韋[①] 秦始皇帝使剛成君蔡澤於燕 三年而燕王喜使太子丹入質於秦 秦使張唐往相燕 欲與燕共伐趙以廣河間之地 張唐謂文信侯曰 臣嘗爲秦昭王伐趙

趙怨臣 曰 得唐者與百里之地 今之燕必經趙 臣不可以行 文信侯不快
未有以彊也 甘羅曰 君侯何不快之甚也 文信侯曰 吾令剛成君蔡澤事
燕三年 燕太子丹已入質矣 吾自請張卿②相燕而不肯行 甘羅曰 臣請行
之 文信侯叱曰 去 我身自請之而不肯 女焉能行之③ 甘羅曰 大項橐④生
七歲爲孔子師 今臣生十二歲於茲矣 君其試臣 何遽叱乎

① 事秦相文信侯呂不韋사진상문신후여불위

색은 《전국책》에 감라는 여불위를 섬겨 서자庶子가 되었다고 했다.

戰國策云甘羅事呂不韋爲庶子

② 張卿장경

색은 곧 장당이다. 경卿은 장당의 자이다.

卽張唐也 卿 字也

③ 女焉能行之여언능행지

정의 女의 발음은 '여汝'이다. 焉의 발음은 '연[乙連反]'이다.

女音汝 焉乙連反

신주 여女는 여汝와 같고 언焉은 하何의 뜻이다.

④ 大項橐대항탁

색은 橐의 발음은 '탁託'이다. 그의 도덕을 높였으므로 '대항탁大項橐'
이라고 일렀다.

音託 尊其道德 故云 大項橐

이에 감라는 장경을 만나보고 말했다.

"경의 공로와 무안군(백기) 공로 중에서 누가 더 크다고 여기십니까?"

장경이 대답했다.

"무안군은 남쪽에서 강한 초나라를 꺾었고 북쪽에서 연나라와 조나라에 위엄을 세웠으며, 전쟁에서 승리하고 공격해서 취했으며 성을 깨부수고 읍을 무너뜨린 숫자를 알 수 없으니, 신의 공로는 그것만 못할 것이다."

감라가 말했다.

"응후應侯(범제)[①]가 진나라에 등용된 것은 문신후가 전횡하는 것에 비해 어떻습니까?"

장경이 대답했다.

"응후는 문신후가 전횡하는 것만 못하다."

감라가 말했다.

"장경께서는 문신후가 전횡하는 것만 같지 못하다는 것을 명확하게 알고 계십니까?"

장경이 말했다.

"그렇게 알고 있다."

감라가 말했다.

"응후가 조나라를 공격하고자 했는데 무안군은 어렵다고 여기다가, 함양咸陽에서 7리를 떠나 두우杜郵에서 곧 죽었습니다. 지금 문신후가 스스로 장경에게 연나라 재상이 되라고 청했는데 기꺼이 가려고 하지 않으니, 신은 장경께서 죽을 곳을 알지 못하겠습니다."

장당이 말했다.

"어린 그대의 말을 따르기를 청하겠네."

이에 행장을 꾸리게 했다.

於是甘羅見張卿曰 卿之功孰與武安君 卿曰 武安君南挫彊楚 北威燕
趙 戰勝攻取 破城墮邑 不知其數 臣之功不如也 甘羅曰 應侯①之用於
秦也 孰與文信侯專 張卿曰 應侯不如文信侯專 甘羅曰 卿明知其不如
文信侯專與 曰 知之 甘羅曰 應侯欲攻趙 武安君難之 去咸陽七里而立
死於杜郵 今文信侯自請卿相燕而不肯行 臣不知卿所死處矣 張唐曰
請因孺子行 令裝治行

① 應侯응후

색은 범저이다.

范雎

떠나는 날이 정해지자 감라는 문신후에게 말했다.

"신에게 수레 5대를 빌려주십시오. 청컨대 장당을 위해 먼저 조나
라에 알리겠습니다."

문신후는 이에 들어가 시황제에게 말했다.

"옛날 감무의 손자 감라는 나이가 어립니다. 그러나 명문가의 자
손으로 제후들에게 모두 알려져 있습니다. 지금 장당이 병을 핑
계로 기꺼이 가고자 하지 않는데 감라가 설득하여 연나라로 가게

되었습니다. 지금 또 자신이 먼저 조나라에 알리기를 청하고 있습니다. 청컨대 보내주십시오.”

시황이 감라를 불러서 만나보고 감라를 조나라 사신으로 보냈다. 조나라 양왕襄王은 감라를 교외에서 맞이했다. 감라는 조나라 양왕을 설득했다.

“왕께서는 연나라 태자 단丹이 진나라에 인질로 들어온 것을 알고 계십니까?”

왕이 대답했다.

“들었소.”

감라가 말했다.

“장당이 연나라 재상이 되었다는 소식도 들었습니까?”

왕이 대답했다.

“들었소.”

감라가 말했다.

“연나라 태자 단이 진나라에 인질로 와 있는 것은 연나라가 진나라를 속이지 않겠다는 것입니다. 장당이 연나라 재상이 된 것은 진나라가 연나라를 속이지 않겠다는 것입니다. 연나라와 진나라가 서로 속이지 않게 되면 조나라를 정벌해 위태할 것입니다. 연나라와 진나라가 서로 속이지 않는다는 것은 다른 까닭은 없고 조나라를 공격하여 하간河間을 넓히고자 해서입니다. 왕께서는 신에게 5개 성을 주어① 하간을 넓게 하는 것만 못합니다. 그러면 연나라 태자를 돌려보내도록 청할 것이며, 강한 조나라와 함께 약한 연나라를 공격할 것입니다.”

行有日 甘羅謂文信侯曰 借臣車五乘 請爲張唐先報趙 文信侯乃入言
之於始皇曰 昔甘茂之孫甘羅 年少耳 然名家之子孫 諸侯皆聞之 今者
張唐欲稱疾不肯行 甘羅說而行之 今願先報趙 請許遣之 始皇召見 使
甘羅於趙 趙襄王郊迎甘羅 甘羅說趙王曰 王聞燕太子丹入質秦歟 曰
聞之 曰 聞張唐相燕歟 曰 聞之 燕太子丹入秦者 燕不欺秦也 張唐相燕
者 秦不欺燕也 燕秦不相欺者 伐趙 危矣 燕秦不相欺無異故 欲攻趙而
廣河間 王不如齎臣五城^①以廣河間 請歸燕太子 與彊趙攻弱燕

① 齎臣五城재신오성

색은 齎의 발음은 '채[側奚反]' 또는 '재賫'이다. 나란히 5개 성을 떼어
신하에게 준 것을 이른다.

齎音側奚反 一音賫 竝謂割五城與臣也

조왕은 곧바로 자신의 5개 성을 떼어 하간을 넓히고 진나라는
연나라 태자를 돌려보냈다.^① 조나라는 연나라를 공격하여 상곡
上谷의 30개 성을 취하여^② 진나라에 11개 성을 주었다.^③
감라가 돌아와 진나라에 보고하자 이에 감라를 봉해 상경上卿
으로 삼고 다시 처음에 감무가 가지고 있던 논밭과 집을 하사
했다.

趙王立自割五城以廣河間 秦歸燕太子^① 趙攻燕 得上谷三十城^② 令秦
有十一^③ 甘羅還報秦 乃封甘羅以爲上卿 復以始甘茂田宅賜之

① 秦歸燕太子진귀연태자

신주 다른 모든 기록에는 연태자 단이 도망쳐서 돌아왔다고 말한다. 그렇기에 나중에 형가를 시켜 진왕을 죽이려고 시도했다. 또한 진나라에서 돌려보냈다는 이런 기록들은 〈진본기〉나 〈조세가〉 등의 기록과도 어긋난다.

② 上谷三十城상곡삼십성

색은 《전국책》에 36개 현을 얻었다고 했다.

戰國策云得三十六縣

정의 상곡은 지금의 규주嬀州이다. 유주幽州 서북쪽에 있다.

上谷 今嬀州也 在幽州西北

③ 令秦有十一영진유십일

색은 11개 성을 진나라에 준 것을 이른다.

謂以十一城與秦也

태사공은 말한다.

저리자는 골육의 귀중함으로 그 이치를 확고하게 했고 진나라 사람들은 그 지혜를 칭송했다. 그러므로 자못 채록했다. 감무는 하채下蔡의 시골에서 일어나 명성을 제후들에게 떨치고 강한 제나라와 초나라에서 중시되었다.① 감라는 나이가 어렸으나 한 번의 기이한 계책을 내어 명성이 후세에 일컬어졌다. 비록 독실하게

행하는 군자는 아니었으나 또한 전국시대의 책사였다. 바야흐로
진나라가 강성한 때에 천하에서는 더욱 속임수의 술책만을 추종
했다.

太史公曰 樗里子以骨肉重 固其理 而秦人稱其智 故頗采焉 甘茂起下
蔡閭閻 顯名諸侯 重彊齊楚[1] 甘羅年少 然出一奇計 聲稱後世 雖非篤
行之君子 然亦戰國之策士也 方秦之彊時 天下尤趨謀詐哉

[1] 重彊齊楚중강제초

집해 서광이 말했다. "아마 어떤 이는 의심해서 이것은 '견중강제見重
彊齊'가 되어야 마땅하다고 일렀으며 잘못되어 한 글자가 없어졌다고
한다."

徐廣曰 恐或疑此當云 見重彊齊 誤脫一字

정의 감무는 제나라와 초나라를 강성하게 해서 중시되었다.

甘茂爲彊齊楚所重

색은술찬 사마정이 펼쳐서 밝히다.

엄군의 이름은 질疾이고 그 호칭을 '지낭智囊'(꾀주머니)이라고 했다. 이미
친척으로 또 중시되었고 군사로 외적을 물리쳐 칭송받았다. 감무는 나란
히 재상이 되었고 처음에 위장魏章을 도왔다. 비로소 상수向壽를 추천했
고 의양을 공격했다. 감라는 묘령의 나이에 끝내 장당을 일으켰다.

嚴君名疾 厥號 智囊 旣親且重 稱兵外攘 甘茂竝相 初佐魏章 始推向壽 乃攻宜
陽 甘羅妙歲 卒起張唐

사기 제72권 史記卷七十二

양후열전 穰侯列傳

신주 양후는 위염魏冉(?~?)이 양현穰縣을 식읍으로 두었기에 붙은 호칭이다. 위염은 진나라 소양왕昭襄王의 어머니 선태후宣太後와는 이부동모異父同母이고 남동생으로, 소양왕의 외삼촌이 된다. 위염이 진나라에서 봉직하게 된 것은 선태후 때문이고, 초楚나라 출신 선태후가 진혜문왕秦惠文王의 비妃가 되면서부터이다.

혜문왕의 후임 무왕武王이 재위 4년 만에 힘자랑을 겨루다 가마솥에 정강이가 잘리는 일로 죽게 되자 그의 형제들이 왕위를 놓고 다투었으나, 이때 연燕나라에 인질로 있던 소양왕이 당시 조趙나라 무령왕武靈王의 도움으로 귀국하고, 또 위염의 강력한 지원으로 마침내 소양왕이 등극한다. 그 후 위염은 앞에서는 소양왕, 뒤에서는 선태후의 지원 아래 막강한 권력을 휘두르며, 무려 네 번이나 진나라 승상을 지낸다.

소양왕 12년(서기전 295), 승상이 되어 백기白起를 장군으로 추천하면서 둘의 합작으로 여러 차례 큰 전공을 세움으로써 진나라의 새로운 시대를 열게 된다. 그가 참여한 전장戰場에서 세운 공적을 서술해보면, 소양왕 14년, 한韓·위魏 연합군 24만을 이궐伊闕에서 대파하고, 소양왕 17년, 위나라에서 하동 땅 400리와 한나라에서 하동과 상당 땅 200리를 진나라에 바치게 한다. 특히, 서기전 286년에 제齊나라가 송宋나라를 멸하자, 이를 방관할 수 없었던 진나라는 나머지 5국과 도모하여 제나라를 공격하기 시작하고 서기전 285~284년에 제나라를 크게 무너뜨렸다. 이때 옛 송나라 땅은 거의 초나라가 차지하게 되며, 위염은 송나라에 병합되었던 춘추시대 조曹나라 수도 도陶를 차지하여 그의 봉읍으로 더하였다.

제나라를 물리치자, 그동안 보류해 두었던 초나라에 대한 공격을 강화했다. 마침내 소양왕 29년, 백기에게 초나라 수도 영郢을 공격하게 해 함락시키고, 엄청난 영토를 빼앗는 대승리를 거두었으며, 소양왕 32년, 위나라 수도 대량大樑을 포위하였고, 34년, 삼진三晉 연합군 15만을 화양華陽에서 대파했다. 이렇듯 그는 당시 강국이었던 한韓, 위魏, 제齊, 초楚를 상대로 승리를 거둠으로써 진나라의 위상을 더 높일 수 있었다.

그러나 37년, 진나라는 한나라 알여성閼與城에서 조나라 조사趙奢 장군이 지휘하는 조趙·한韓 연합군에게 크게 패하여 그의 기세가 한풀 꺾이고, 또 선태후가 세상을 떠나자 소양왕은 위魏나라에서 망명한 범저范雎를 승상으로 삼았다. 이에 위염은 그의 봉국으로 떠났고, 그의 봉국 도陶에 도착하여 일생을 마감하는데, 그가 언제 죽었는지는 기록에 없다.

그는 봉국으로 떠나올 때 짐을 실은 수레가 1,000대가 넘을 정도로 축재蓄財하여 비난받았으나, 승상으로 있으면서 이룬 업적은 대단한 것이었다. 그래서 사마천은 "하수河水와 효산崤山을 장악하고 대량大梁을 포위하여 제후들에게 손을 움츠리고 진秦나라를 섬기게 한 것은 위염魏冉의

공로였다. 이에 〈양후열전〉을 지어 열두 번째에 둔다."라고 할 만큼 그의
공을 높이 평가했다.

진나라 재상 위염

양후 위염魏冉은 진나라 소왕의 어머니 선태후宣太后의 동생이다.[1] 그의 선조는 초나라 사람이고 성은 미씨羋氏이다.[2] 진나라 무왕이 죽자 자식이 없어서 그의 아우를 세워 소왕이 되었다. 소왕의 어머니는 본래 미팔자羋八子라고 불렸고, 소왕이 즉위하자 미팔자를 선태후라고 불렀다. 선태후는 무왕의 어머니가 아니다. 무왕의 어머니는 혜문후惠文后라고 했으며 무왕보다 먼저 죽었다.[3] 선태후에게는 동생이 2명 있었다. 그와 아버지가 다른 첫째 동생을 양후穰侯라고 하고 성은 위씨魏氏이며 이름은 염冉이다. 아버지가 같은 둘째 동생은 미융羋戎이고 화양군華陽君[4]이다. 소왕과 어머니가 같은 동생은 고릉군高陵君[5]과 경양군涇陽君[6]이다. 위염이 가장 현명하여 혜왕부터 무왕 때까지 관직을 맡아 권력을 부렸다.

穰侯魏冉者 秦昭王母宣太后弟也[1] 其先楚人 姓羋氏[2] 秦武王卒 無子 立其弟爲昭王 昭王母故號爲羋八子 及昭王卽位 羋八子號爲宣太后 宣太后非武王母 武王母號曰惠文后 先武王死[3] 宣太后二弟 其異父長弟曰穰侯 姓魏氏 名冉 同父弟曰羋戎 爲華陽君[4] 而昭王同母弟曰高陵君[5] 涇陽君[6] 而魏冉最賢 自惠王武王時任職用事

① 穰侯魏冉者~宣太后弟也양후위염자~선태후제야

[색은] 위염은 선태후와 아버지가 다른 첫째 아우이다. 성은 위魏이고 이름은 염冉이며 양穰 땅에 봉해졌다. 〈지리지〉에서 양현은 남양군에 있다. 선태후는 혜왕의 비妃이고 성은 미씨羋氏이며 '미팔자羋八子'라고 이른 것이 이것이다.

宣太后之異父長弟也 姓魏 名冉 封之穰 地理志穰縣在南陽 宣太后者 惠王之妃 姓羋氏 曰羋八子者是也

② 姓羋氏성미씨

[정의] 羋의 발음은 '미[亡爾反]'이다.

羋 亡爾反

③ 武王死무왕사

[색은] 〈진본기〉에서 말한다. "소왕 2년 서장庶長 장壯과 대신과 공자가 함께 반역해 모두 처단되었으며 혜문후에 이르기까지 모두 좋게 죽지 못했다." 또 살펴보니 《죽서기년》에 "진나라 내란에 그의 태후와 공자 옹雍, 공자 장壯이 살해되었다."라고 한 것이 이것이다.

秦本紀云 昭王二年 庶長壯與大臣公子爲逆 皆誅 及惠文后皆不得良死 又按 紀年云 秦內亂 殺其太后及公子雍公子壯 是也

[신주] 본문에서 무왕보다 먼저 죽었다고 한 것은 잘못이다. 무왕은 서기전 307년, 혜문후는 서기전 305년에 죽었다.

④ 華陽君화양군

[색은] 화양은 한나라 땅인데 뒤에 진나라에 복속되었다. 미융羋戎은 뒤에

또 신성군新城君이라고 불렀다.

華陽 韓地 後屬秦 芈戎後又號新城君

[정의] 사마표가 말했다. "화양은 정명亭名이며 낙주洛州 밀현에 있다."

또 옛 화성은 정주鄭州 관성현 남쪽 30리에 있는 것이 곧 이곳이다.

司馬彪云 華陽 亭名 在洛州密縣 又故華城在鄭州管城縣南三十里 卽此

⑤ 高陵君고릉군

[색은] 이름은 현顯이다.

名顯

⑥ 涇陽君경양군

[색은] 이름은 회悝이다.

名悝

무왕이 죽자 여러 동생이 왕위를 다투었는데 오로지 위염이 힘을
써서 소왕을 세웠다. 소왕이 즉위하자 위염을 장군으로 삼고 함
양을 호위하게 했다. 계군季君의 난을 처단하고① 무왕의 후后를
내쫓아 위魏나라로 보냈으며, 소왕의 여러 형제 중 불선한 자들은
모두 없애서 진나라를 위엄으로 떨게 했다. 소왕이 어렸기 때문
에 선태후는 스스로 다스리면서 위염에게 정사를 맡겼다.
소왕 7년, 저리자가 죽자 경양군涇陽君을 제나라에 인질로 보냈다.
조나라 사람 누완樓緩은 진나라로 와서 재상이 되었는데, 조나라는

이롭지 않다고 여겨 이에 구액仇液[2]을 진나라로 보내 위염을 진나라 재상으로 삼을 것을 청하게 했다. 구액이 사신으로 떠나려고 하는데 그의 객인 송공宋公[3]이 구액에게 말했다.

"진나라에서 공공의 말을 듣지 않더라도 누완은 반드시 공을 원망할 것입니다. 공은 누완에게 '공을 위해서라도 진나라 일은 서두르지 마시길 바랍니다.'라고 말하는 것만 못할 겁니다. 진왕이 조나라에 위염을 재상으로 삼아달라고 청했는데도 서두르지 않는 것을 보면, 또 공의 청을 듣지 않을 것입니다. 공이 말했는데 일이 성사되지 않으면 누완은 덕으로 여길 것이고, 일이 성사되더라도 위염은 짐짓 공의 덕으로 여길 것입니다."

이에 구액은 객의 말을 따랐다. 진나라가 과연 누완을 면직하자 위염이 진나라에서 재상이 되었다.[4]

武王卒 諸弟爭立 唯魏冉力爲能立昭王 昭王卽位 以冉爲將軍 衛咸陽 誅季君之亂[1] 而逐武王后出之魏 昭王諸兄弟不善者皆滅之 威振秦國 昭王少 宣太后自治 任魏冉爲政 昭王七年 樗里子死 而使涇陽君質於齊 趙人樓緩來相秦 趙不利 乃使仇液[2]之秦 請以魏冉爲秦相 仇液將行 其客宋公[3]謂液曰 秦不聽公 樓緩必怨公 公不若謂樓緩曰 請爲公毋急 秦 秦王見趙請相魏冉之不急 且不聽公 公言而事不成 以德樓子 事成 魏冉故德公矣 於是仇液從之 而秦果免樓緩而魏冉相秦[4]

① 誅季君之亂주계군지란

집해 서광이 말했다. "〈육국연표〉에는 계군季君이 난을 일으켜 처형되었다고 했다. 〈진본기〉에는 서장庶長 장壯과 대신과 공자가 함께 모반을 해서 죄에 자복하고 처단되었다고 했다."

徐廣曰 年表曰季君爲亂 誅 本紀曰庶長壯與大臣公子謀反 伏誅

[색은] 살펴보니 계군季君은 공자 장壯인데 참칭하여 서서 호칭을 계군이라고 했다. 양후는 소왕昭王을 세우는 데 힘써서 장군이 되어 함양咸陽을 호위하고 계군과 혜문후를 처단했다. 그러므로 〈진본기〉에서 '복주伏誅'라고 했다. 또 이르기를 "혜문후에 이르기까지 모두 좋게 죽지 못했다."고하니, 아마 혜문후는 당시 공자 장壯의 무리로 공자 장을 세우려고 했고장壯이 처단되자 태후는 근심하다 죽은 것을 이른다. 그러므로 "좋게 죽지못했다."라고 이른 것이며 또한 역사에서 꺼린 것이다. 또 무왕의 후后를축출해 위나라로 내친 것은 또한 일의 형세가 그러한 것이다.

按 季君卽公子壯 僭立而號曰季君 穰侯力能立昭王 爲將軍 衞咸陽 誅季君及惠文后 故本紀言 伏誅 又云 及惠文后皆不得良死 蓋謂惠文后時黨公子壯 欲立之及壯誅而太后憂死 故云 不得良死 亦史諱之也 又逐武王后出之魏 亦事勢然也

② 仇液구액

[색은] 《전국책》에 '구학仇郝'으로 되어 있고 아마 이는 한 사람인데 기록이 다른 것이다.

戰國策作仇郝 蓋是一人而記別也

[정의] 液의 발음은 '역亦'이고 사람의 성명이다.

音亦 姓名

③ 宋公송공

[색은] 《전국책》에 '송교宋交'로 되어 있다.

戰國策作宋交

④ **魏冉相秦**위염상진

신주 〈진본기〉와 〈육국연표〉에 모두 소왕 12년이다.

(진나라는) 여례呂禮를 처단코자 했는데 여례가 제나라로 달아났다.[①] 소왕 14년, 위염이 백기白起를 추천하자 상수를 대신해 백기를 장군으로 삼아 한나라와 위나라를 공격하게 했는데, 백기는 이궐 伊闕에서 무찌르고 24만 명의 머리를 베었으며 위나라 장군 공손희 公孫喜를 포로로 잡았다.

이듬해(소왕 15년), 또 초나라 완宛과 섭葉 땅을 빼앗았다.[②] 위염이 병을 핑계 삼아 물러나 재상에서 면직되자, 객경客卿 수촉壽燭을 재상으로 삼았다.

그 이듬해(소왕 16년), 수촉이 면직되고 다시 위염이 재상이 되었으 며,[③] 이에 위염을 양穰 땅에 봉하고 다시 도陶 땅[④]을 더해 봉하 여 양후穰侯라고 불렀다.

欲誅呂禮 禮出奔齊[①] 昭王十四年 魏冉擧白起 使代向壽將而攻韓魏 敗 之伊闕 斬首二十四萬 虜魏將公孫喜 明年 又取楚之宛葉[②] 魏冉謝病免 相 以客卿壽燭爲相 其明年 燭免 復相冉[③] 乃封魏冉於穰 復益封陶[④] 號 曰穰侯

---

① **禮出奔齊**예출분제

신주 〈진본기〉에는 위魏나라로 달아났다고 하는데, 아마 위나라를 거 쳐 제나라로 달아난 것으로 보인다. 소왕 13년이다.

② 取楚之宛葉취초지완섭

〈진본기〉에는 초나라 땅이라고 하고 〈육국연표〉에는 한나라 땅이라고 하였는데, 〈진본기〉가 본문의 내용과 부합한다.

③ 複相冉복상염

〈진본기〉에는 위염이 재상에서 면직되었다고 하는데, 아마 〈진본기〉가 잘못일 것이다.

④ 陶도

서광이 말했다. "다른 판본에는 '음陰'으로 되어 있다."

徐廣曰 一作陰

도陶는 곧 정도定陶이다. 서광은 '음陰'으로 되어 있다고 했는데 도陶와 음陰은 글자가 본래 바뀐 것으로 의심된다. 왕소가 살펴보니 정도定陶에 위염魏冉의 묘가 있는 것이 보이니 '음陰'이라 된 것은 잘못된 것이다.

陶即定陶也 徐廣云作陰 陶陰字本易惑也 王劭按 定陶見有魏冉冢 作陰 誤也

정도는 원래 춘추시대 조曹나라 도읍이었는데, 조나라를 멸하여 송宋나라 땅이 되었다. 그러나 이 당시에 송나라는 거의 망해 도읍도 서쪽 상구商丘에서 동쪽 팽성으로 옮겼으므로 아마 정도는 위魏나라 땅이 되었을 것이다. 또 위나라가 진나라에 떼어주어 위염의 봉지로 삼게 한 것으로 보인다. 이곳은 〈월왕구천세가〉에서 언급했듯이 도주공 범려가 자리 잡은 이른바 '천하의 중심'이다. 나중에 유방劉邦이 제패하여 이곳에서 황제 즉위식을 올리기도 했다.

양후로 봉해진 지 4년, 진나라 장군이 되어 위나라를 공격했다. 위나라에서 하동 사방 400리를 바쳤다.[①] 위나라 하내河內를 빼앗고 크고 작은 성 60여 개를 취하였다.[②]

소왕 19년, 진나라는 서제西帝, 제나라는 동제東帝라고 칭했다. 한 달 남짓 되어 여례가 오자 제나라와 진나라는 각각 제帝에서 복귀하여 왕王이 되었다.

위염이 다시 진나라 재상이 된 지 6년 만에 면직되었다.[③] 면직된 2년 뒤에 다시 진나라 재상이 되었다.[④]

4년 만에 백기를 시켜 초나라 수도 영郢을 빼앗게 하고, 진나라는 남군南郡을 설치했다.[⑤] 이에 백기를 무안군武安君으로 봉했다.[⑥] 백기는 양후의 추천으로 등용해서 서로 친목이 두터웠다. 이에 양후는 왕실보다 부유했다.

穰侯封四歲 爲秦將攻魏 魏獻河東方四百里[①] 拔魏之河內 取城大小六十餘[②] 昭王十九年 秦稱西帝 齊稱東帝 月餘 呂禮來 而齊秦各復歸帝爲王 魏冉復相秦 六歲而免[③] 免二歲 復相秦[④] 四歲 而使白起拔楚之郢 秦置南郡[⑤] 乃封白起爲武安君[⑥] 白起者 穰侯之所任擧也 相善 於是穰侯之富 富於王室

① 魏獻河東方四百里위헌하동방사백리

신주 위나라가 하동 땅 400리를 바친 것은 〈육국연표〉와 〈위세가〉에 모두 소왕 17년이라 한다. 이때 한나라도 하동 부근 무수武遂 땅 200리를 바친다. 따라서 '양후로 봉해진 지 4년'이란 기록은 뒤로 가야 한다.

② 拔魏之河內 取城大小六十餘발위지하내 취성대소육십여

신주 〈육국연표〉에 소왕 18년이고 〈진본기〉에는 소왕 16년인데, 다른 곳과 교차 검증하면 소왕 18년이 옳다. 이때 하내는 아직 빼앗지 못했다.

③ 六歲而免육세이면

신주 〈진본기〉에 소왕 24년에 위염이 면직되었는데, 계산하면 8년이 되어야 한다. 만약 기록을 믿는다면, 중간에 면직되고 재임명된 기록이 빠졌을 것이다.

④ 免二歲 復相秦면이세 부상진

신주 〈진본기〉와 〈육국연표〉에는 모두 소왕 26년이다.

⑤ 拔楚之郢 秦置南郡발초지영 진치남군

신주 초나라는 수도 영이 함락되자 동쪽으로 가서 진陳으로 수도를 옮긴다. 이때는 소왕 29년이다.

⑥ 白起爲武安君백기위무안군

신주 《사기지의》에 따르면 〈진본기〉, 〈양후열전〉, 〈백기열전〉에 모두 소양왕 29년으로, 〈육국연표〉에는 30년으로 기록했다고 한다.

소왕 32년, 양후는 상국이 되었으며 군사를 이끌고 위魏나라를 공격하자 망묘芒卯①는 달아났다. 북택北宅②으로 쳐들어가 마침내 대량大梁을 포위했다. 양나라 대부 수가須賈가 양후를 설득했다.

"신이 듣건대, 위魏나라 높은 관리들이 위왕魏王에게 말하기를 '옛날 양혜왕梁惠王이 조나라를 정벌하여 삼량三梁에서 싸워 승리하고[3] 한단을 빼앗았습니다. 그러나 조씨들이 (양나라에) 땅을 떼어주지 않아서 한단은 다시 조나라로 돌아갔습니다. 제나라 사람들이 위衛나라를 침공해 옛 나라를 빼앗고 자량子良을 죽였습니다.[4] 위衛나라 사람들이 땅을 떼어주지 않아서 옛 땅이 위衛나라로 돌아갔습니다. 위衛나라와 조나라가 국가가 온전하고 병력이 강인하여 국토가 제후에게 병탄되지 않은 까닭은 그들이 능히 어려운 것을 견뎌내고 국토를 내주는 것을 중요하게 여겼기 때문입니다. 송나라와 중산中山은 자주 침공을 당하고 땅을 떼어주어 국가도 따라서 망했습니다. 신이 생각하건대 위衛나라와 조나라는 본받을 만하지만 송나라와 중산은 교훈으로 삼을만 합니다. 진나라는 탐욕스럽고 사나운 나라이므로 친하게 지내지 말아야 합니다. 위씨魏氏들을 잠식하고 또 진晉나라 땅[5]을 다 차지했으며 포연暴鳶[6]에게 싸워 승리하여 8개의 현을 할애받고 땅이 들어오기도 전에 군사를 다시 출동시켰습니다. 대저 진나라는 어찌 소유하는 것을 싫어한단 말입니까. 지금 또 망묘가 달아나자 북택으로 쳐들어왔는데, 이것은 감히 양나라를 공격한 것이 아니고 또 왕을 겁박하여 많은 땅을 떼어달라고 요구한 것입니다. 왕께서는 반드시 들어주지 마십시오. 지금 왕께서 초나라와 조나라를 배신하고 진나라와 화평하면[7] 초나라와 조나라는 노하여 왕을 버리고 왕과 함께 진나라를 섬기려고 다툴 것이며, 진나라는 반드시 받아들일 것입니다. 진나라가 초나라와 조나라 군사들을 끼고 다시 양나라를 공격하면, 우리 국가는 망하지 않으려 해도 망합니다. 원컨대 왕께서는 반드시 화평하지 않아야 합니다. 왕께서 만약 화평을 하고자 한다면 조금만 떼어주고 인질을 받아들이십시오. 그렇지 않으면 반드시 속을 것입니다.⑧'라고 했습니다.

昭王三十二年 穰侯爲相國 將兵攻魏 走芒卯① 入北宅② 遂圍大梁 梁大夫須賈說穰侯曰 臣聞魏之長吏謂魏王曰 昔梁惠王伐趙 戰勝三梁③ 拔邯鄲 趙氏不割 而邯鄲復歸 齊人攻衞 拔故國 殺子良④ 衞人不割 而故地復反 衞趙之所以國全兵勁而地不幷於諸侯者 以其能忍難而重出地也 宋中山數伐割地 而國隨以亡 臣以爲衞趙可法 而宋中山可爲戒也 秦 貪戾之國也 而毋親 蠶食魏氏 又盡晉國⑤ 戰勝暴子⑥ 割八縣 地未畢入 兵復出矣 夫秦何厭之有哉 今又走芒卯 入北宅 此非敢攻梁也 且劫王以求多割地 王必勿聽也 今王背楚趙而講⑦秦 楚趙怒而去王 與王爭事秦 秦必受之 秦挾楚趙之兵以復攻梁 則國求無亡不可得也 願王之必無講也 王若欲講 少割而有質 不然 必見欺⑧

① 芒卯망묘

집해 芒의 발음은 '망[莫印反]'이고 卯의 발음은 '모[陌飽反]'이다.

上莫印反 下陌飽反

신주 〈진본기〉와 〈육국연표〉에서 달아난 장수는 포연暴鳶이라 한다. 여기 기록이 오류일 것이다. 망묘는 소왕 34년에 화양전투에서 달아났다.

② 北宅북택

집해 서광이 말했다. "위혜왕 5년 한나라와 함께 택양宅陽에서 회합했다."

徐廣曰 魏惠王五年 與韓會宅陽

정의 《죽서기년》에서 말한다. "택양은 일명 북택이다."《괄지지》에서
말한다. "택양 옛 성은 정주鄭州 형양현 서남쪽 17리에 있다."

竹書云 宅陽 一名北宅 括地志云 宅陽故城在鄭州滎陽縣西南十七里

③ 戰勝三梁전승삼량

집해 서광이 말했다. "〈전경중완세가〉에서 위魏나라가 조나라를 정벌
했는데 조나라는 불리해져 남량南梁에서 싸웠다고 하였다."

徐廣曰 田完世家云魏伐趙 趙不利 戰於南梁

색은 삼량은 곧 남량이다.

三梁卽南梁也

신주 이후 조나라가 제나라에 구원을 요청하여 전기와 손빈이 군사를
이끌고 위나라를 크게 격파한 계릉桂陵 전투의 원인이 된다. 그렇지만 남
량 싸움은 이후에 제나라가 위나라와 한나라가 싸운 일이며, 또 제나라
가 한나라를 구원하여 마릉馬陵에서 위나라와 싸워 승리를 거두게 된
다. 여기 본문의 설명은 두 사건이 뒤섞여 있는 것으로 보인다.

④ 拔故國 殺子良발고국 살자량

색은 위衞의 옛 국읍은 대개 초구楚丘이다. 아래 문장에 '고지故地'라고
했는데 또한 초구를 같이 이른 것이다.《전국책》에 '위衞' 자는 모두 '연燕'
으로 되어 있고 '자량子良'은 '자지子之'로 되어 있는데 아마 잘못일 것이다.

衞之故國 蓋楚丘也 下文 故地 亦同謂楚丘也 戰國策 衞 字皆作燕 子良 作子之
恐非也

⑤ 晉國진국

[색은] 하동, 하서, 하내는 나란히 곧 위魏나라 땅이고 곧 옛 진晉나라이다.
지금 진秦나라가 위씨를 잠식해서 진晉나라 땅을 다 차지한 것을 말한다.
河東河西河內竝是魏地 卽故晉國 今言秦蠶食魏氏 盡晉國之地也

⑥ 暴子포자

[집해] 서광이 말했다. "한나라 장수 포연暴鳶이다."
徐廣曰 韓將暴鳶

⑦ 講강

[색은] 강講은 화和이다.
講 和也

⑧ 必見欺필견기

[색은] 진나라와 강화하려면 땅을 조금 떼주고 진나라에 인질을 요구하
는 것을 이른다. 그렇지 않으면 아마 반드시 진나라에 속는다는 것이다.
謂與秦欲講 少割地而求秦質子 恐不然必被秦欺也

이러한 것을 신이 위나라에서 들었는데,① 군君께서는 이로써 일을
잘 고려하시길 바랍니다. 《상서》〈주서〉에 이르기를 '천명은 한결
같지 않다.'라고 했습니다. 이 말은 요행이란 헤아릴 수 없다는 것
입니다. 대저 포자暴子(포연)와 싸워 승리하고 여덟 고을을 떼어

받았는데, 이는 군사력이 알찬 것이 아니고 또 계책이 뛰어나서도 아니며 하늘의 요행이 많았기 때문입니다. 지금 또 망묘가 달아나자 북택으로 쳐들어와 대량을 공격하면서 이마저도 하늘의 요행으로써 자기와 항상 함께하는 것이라고 여깁니다. 그러나 지혜로운 자는 그렇게 여기지 않습니다.

신이 듣건대 '위씨들은 그의 모든 고을에 갑옷을 입을 수 있는 이상의 병사들을 동원하여 대량大梁을 지키게 했다.'라고 하는데 신이 생각해보니 30만 명 이하는 아닙니다. 30만 명의 군사로 양梁의 조그만 성[2]을 지킨다면 신은 탕왕이나 무왕이 다시 태어나도 쉽게 공격하지 못할 것이라고 여깁니다.

대저 (진나라가) 초나라와 조나라 군사들을 가볍게 배신하고 조그만 성을 짓밟아서 30만 명의 군사와 싸워서 반드시 빼앗을 것을 마음에 둔다면, 신이 생각건대 하늘과 땅이 처음으로 나누어지고부터 지금에 이르기까지 일찍이 있지 않았습니다. 공격해서 빼앗지 못하면 진나라 군사는 반드시 피로해질 것이고 도읍陶邑은 반드시 잃을 것이니,[3] 그런즉 지난날의 공로는 반드시 팽개쳐질 것입니다.

此臣之所聞於魏也[1] 願君(王)之以是慮事也 周書曰 惟命不于常 此言幸之不可數也 夫戰勝暴子 割八縣 此非兵力之精也 又非計之工也 天幸爲多矣 今又走芒卯 入北宅 以攻大梁 是以天幸自爲常也 智者不然 臣聞魏氏悉其百縣勝甲以上戍大梁 臣以爲不下三十萬 以三十萬之衆守梁七仞之城[2] 臣以爲湯武復生 不易攻也 夫輕背楚趙之兵 陵七仞之城 戰三十萬之衆 而志必舉之 臣以爲自天地始分以至于今 未嘗有者也 攻而不拔 秦兵必罷 陶邑必亡[3] 則前功必棄矣

① 所聞於魏也소문어위야

[색은] 수가가 양후를 설득하여, 위나라 사람이 양왕梁王에게 일러서 만약 땅을 조금 떼어주고 진나라에 인질을 요구한다면, 반드시 이것은 우리를 속인 것이니 곧 위나라는 진나라에 속았다는 것을 들었다는 말이다.

須賈說穰侯 言魏人謂梁王若少割地而求秦質 必是欺我 卽聞魏見欺於秦也

② 七仞之城칠인지성

[집해] 《이아》에서 4자[尺]를 '인仞'이라고 이르고 인의 갑절을 '심尋'이라고 이른다.

爾雅曰 四尺謂之仞 倍仞謂之尋

[신주] 조그맣다는 뜻이다.

③ 秦兵必罷 陶邑必亡진병필파 도읍필망

[색은] 도陶는 다른 판본에는 '위魏'로 되어 있다. 진나라가 앞에서 위魏나라 성읍을 공격해 빼앗았으니 진나라 군사는 피로해져 도망쳐서 위나라에서 돌아간다는 말이다.

陶 一作魏 言秦前攻得魏之城邑 秦罷則亡而還於魏也

[정의] 정도는 대량과 가까워 양후가 양梁나라를 공격해 군사가 피로해지면 정도는 반드시 위나라가 정벌한다는 것이다.

定陶近大梁 穰侯攻梁兵疲 定陶必爲魏伐

지금 위씨들은 바야흐로 의심하고 적은 땅을 떼어주더라도 수습할 수 있을 것입니다.[①] 원컨대 군께서는 초나라와 조나라 군사들이 양나라에 도착하지 않았을 때, 빨리 조금만 떼어 받아 위나라를 거두십시오. 위나라에서 지금 결정하지 못하고 망설이고 있으므로, 그래서 땅을 조금만 떼어주는 것이 이롭다고 생각된다면, 틀림없이 그렇게 하려고 할 것입니다. 그렇게 된다면 그대가 원하는 땅을 얻을 수가 있습니다. 초나라와 조나라는 위나라가 자기들보다 먼저 진나라와 화친한 것을 두고 화를 내고, 틀림없이 다투어서 진나라를 섬길 것입니다. 합종은 이것을 계기로 해산될 것이니[②] 군은 그렇게 된 뒤에 할 일을 선택해야 하는 것입니다.

또 군께서 땅을 얻는 것을 어찌 반드시 군사로 하시려고 합니까. 진晉나라 땅을 떼어 받는 데는 진秦나라 군사가 공격하지 않아도 위나라는 반드시 강絳과 안읍安邑을 바칠 것입니다 또 도陶를 위한 2개의 길이 열리어[③] 옛날 송나라 땅을 거의 다 차지하면[④] 위衛나라는 반드시 선보單父를 바칠 것입니다. 진나라 군사를 온전히 하고 군께서는 제어한다면 무엇을 찾은들 얻지 못할 것이며 무엇을 한들 성취하지 못하겠습니까. 원컨대 군께서는 곰곰이 헤아려서 위태한 행동을 하지 마십시오.[⑤]"

양후가 말했다.

"좋소."

이에 양나라를 포위한 것을 풀었다.[⑥]

今魏氏方疑 可以少割收也[①] 願君逮楚趙之兵未至於梁 亟以少割收魏 魏方疑而得以少割爲利 必欲之 則君得所欲矣 楚趙怒於魏之先己也

必爭事秦 從以此散^② 而君後擇焉 且君之得地豈必以兵哉 割晉國 秦兵
不攻 而魏必效絳安邑 又爲陶開兩道^③ 幾盡故宋^④ 衞必效單父 秦兵可
全 而君制之 何索而不得 何爲而不成 願君熟慮之而無行危^⑤ 穰侯曰
善 乃罷梁圍^⑥

① 可以少割收也가이소할수야

[색은] 수가가 위나라 사람의 설득을 인용해 왕이 진秦나라에 강화를 허
락하지 않는 것은 곧 위씨들이 바야흐로 의심한다는 말이며, 땅을 조금
떼어주어서 위나라를 수습한다는 말이다.

賈引魏人之說不許王講于秦 是言魏氏方疑 可以少割地而收魏也

② 從以此散종이차산

[색은] 초나라와 조나라는 위나라가 진나라와 강화한 것에 노하고 모두
진나라를 섬길 것을 다투니, 곧 동방의 합종국들이 이에 해산하는 것이
다. 그러므로 '종이차산從以此散'이라고 일렀다.

楚趙怒魏之與秦講 皆爭事秦 是東方從國於是解散也 故云 從以此散

[정의] 從의 발음은 '종[足松反]'이다.

從 足松反

③ 爲陶開兩道위도개양도

[색은] 양후를 도陶에 봉했는데, 위魏에서 강絳과 안읍을 바치면 곧 하동
땅을 얻는 것이다. 진나라로부터 도陶로 가는 하서와 하동의 두 길이 열린
다는 말이다.

穰侯封陶 魏效絳與安邑 是得河東地 言從秦適陶 開河西河東之兩道

[정의] 양후를 지난날 정도에 봉했다. 그러므로 송宋과 선보單父는 곧 도陶의 남도南道이고 위나라 안읍과 강絳은 곧 도陶의 북도이다.

穰故封定陶 故宋及單父是陶之南道也 魏之安邑及絳是陶北道

[신주] 선보는 정도의 남쪽이니 당시 제齊나라 땅이었다. 제나라가 이 땅을 선선히 진나라에 줄 리도 만무하다. 여기에서 선보를 위나라 땅으로 말하고 있으나 이 땅은 제나라와 초나라가 연합하여 송나라를 멸망시키면서 제나라에 귀속되었다. 따라서 이 내용은 실제 사실과는 차이가 있으니 좀 더 깊이 상고해야 할 것이다.

④ 幾盡故宋기진고송

[색은] 幾의 발음은 '기祈'이다. 이때 송나라는 이미 멸망했다. 이는 진秦나라가 장차 송나라 땅을 다 얻는 것이다.

上音祈 此時宋已滅 是秦將盡得宋地也

⑤ 無行危무행위

[색은] 양나라를 포위하는 위험한 일을 행하지 말라는 말이다.

言莫行圍梁之危事

⑥ 罷梁圍파량위

[정의] 〈육국연표〉에서 말한다. "위나라 안희왕 2년, 진나라가 대량성에 주둔하자 한나라가 와서 구원했으며, 진나라에 온溫을 주고 강화했다."

表云魏安釐王二年 秦軍大梁城 韓來救 與秦溫以和也

이듬해(소왕 33년), 위나라는 진나라를 배신하고 제나라와 함께 합종책을 따랐다. 진나라는 양후를 보내서 위나라를 정벌케 해 4만 명의 머리를 베고, 위나라 장군 포연暴鳶이 달아나자 위나라 3개 현을 빼앗았다. 양후는 더욱 봉읍을 더했다.

이듬해(소왕 34년), 양후는 백기白起 및 객경客卿 호양胡陽과 다시 조나라와 한나라와 위나라를 공격하여 망묘를 화양華陽 아래에서 쳐부수고 10만 명의 머리를 베었으며, 위나라 권卷,[①] 채양蔡陽, 장사長社 및 조나라 관진觀津을 빼앗았다. 또 조나라 관진을 되돌려 주고 군사를 조나라에 보태서 제나라를 정벌했다.[②] 제나라 양왕襄王이 두려워하고 소대를 시켜서 제나라를 위해 몰래 양후에게 편지를 보냈다.

明年 魏背秦 與齊從親 秦使穰侯伐魏 斬首四萬 走魏將暴鳶 得魏三縣 穰侯益封 明年 穰侯與白起客卿胡陽復攻趙韓魏 破芒卯於華陽下 斬首十萬 取魏之卷[①]蔡陽長社 趙氏觀津 且與趙觀津 益趙以兵 伐齊[②] 齊襄王懼 使蘇代爲齊陰遺穰侯書曰

① 卷권

집해 卷의 발음은 '권[丘權反]'이다.

丘權反

② 趙氏觀津~伐齊조씨관진~벌제

색은 이미 관진觀津을 얻고 거듭 조나라에 제나라를 정벌하도록 하고 진나라는 또 군사를 더해 조나라를 돕게 했다.

既得觀津 仍令趙伐齊 而秦又以兵益助趙也

신주 〈진본기〉나 각국 세가에 이 기록이 나오지 않는다. 또 망묘를 쳐 부순 사건과 별개의 일이다. 관진은 제나라와 조나라 국경지대인데, 당시 진나라는 아직 이곳까지 이르지 못했다.

"신이 지나가는 사람들의 말을 들었는데 이르기를 '진나라가 장차 조나라 군사 4만 명을 더해 제나라를 정벌할 것이다.'라고 했습니다. 신은 몰래 모두를① 폐읍敝邑의 왕에게 일렀습니다.② '진왕은 현명하여 계책에 익숙하고 양후는 지혜롭고 일에 익숙하니, 반드시 조나라 군사 4만 명을 더해서 제나라를 정벌하지 않을 것입니다.' 어째서 인가하면 대저 삼진三晉이 서로 함께하게 된다는 것은 진나라의 심각한 원수가 되는 것입니다. (진나라와는) 100번을 서로 배신하고 100번을 서로 속였다고 해도 신용이 없다고 여기지 않고 무도한 행동이라고도 여기지도 않습니다. 지금 제나라를 깨뜨리고 조나라를 살찌운다면 조나라는 진나라의 심각한 원수가 될 것이니, 진나라에 이롭지 않습니다. 이것이 첫째입니다.

진나라에서 계책을 세우는 자들은 반드시 말하기를 '제나라를 깨뜨리면 삼진三晉과 초나라는 피폐해질 것이니,[3] 뒤에 삼진三晉과 초나라를 제압하여 승리한다.'라고 합니다. 대저 제나라는 피로해진 국가입니다. 천하로써 제나라를 공격하면 1,000균의 쇠뇌로 문드러진 종기를 터뜨리는 것과 같아서 반드시 죽을 것이지만, 어찌 삼진三晉과 초나라를 피폐하게 할 수 있겠습니까. 이것이 둘째입니다.

臣聞往來者言曰 秦將益趙甲四萬以伐齊 臣竊必之[1]敝邑之王曰[2] 秦王明而熟於計 穰侯智而習於事 必不益趙甲四萬以伐齊 是何也 夫三晉之相與也 秦之深讎也 百相背也 百相欺也 不爲不信 不爲無行 今破齊以肥趙 趙 秦之深讎 不利於秦 此一也 秦之謀者 必曰 破齊 獘晉楚[3] 而後制晉楚之勝 夫齊 罷國也 以天下攻齊 如以千鈞之弩決潰癰也 必死 安能獘晉楚 此二也

① 臣竊必之신절필지

[색은] 제왕에게 고한 것이다. 진秦나라가 반드시 안정되면 군사를 보태서 조나라를 돕지 않을 것이라는 말이다.

告齊王 言秦必定不益兵以助趙

[정의] 신은 소대이다. 반드시 진나라가 조나라 병사 4만 명과 더불어 제나라를 정벌할 것을 안다는 것이다.

臣 蘇代也 必知秦與趙甲四萬以伐齊

② 敝邑之王曰페읍지왕왈

[정의] 제왕을 이른다.

謂齊王也

③ 破齊 獘晉楚파제 폐진초

[정의] 지금 삼진과 초나라가 제나라를 정벌한다면 삼진과 초나라는 또한 지치고 무너질 것이다.

今晉楚伐齊 晉楚之國亦獘敗

진秦나라에서 적은 군사를 내보내면 삼진과 초나라는 진나라를 믿지 않을 것입니다. 진나라에서 많은 군사를 내보내면 삼진과 초나라는 진나라에 제압될 것입니다. 이에 제나라는 두려워서 진나라로 달려가지 않고 반드시 삼진과 초나라로 달려갈 것입니다. 이것이 셋째입니다.

진나라가 제나라 땅을 떼어 삼진과 초나라에 먹여주면 삼진과 초나라는 군사를 두어 이곳을 살필 것이니, 진나라는 도리어 적을 받아들인 꼴이 됩니다. 이것이 넷째입니다. 삼진과 초나라가 진나라를 이용해서 제나라를 도모하게 하는 것은 제나라를 이용해서 진나라를 도모하는 것이 됩니다. 이는 얼마나 삼진과 초나라가 지혜로운 것이며, 얼마나 진나라와 제나라는 어리석은 것이겠습니까. 이것이 다섯째입니다.

그러므로 안읍安邑을 얻어서 잘 다스리면 또한 반드시 우환이 없을 것입니다. 진나라가 안읍을 가지면 한나라는 반드시 상당上黨이 없어질 것입니다. 천하의 창자나 위라고 하는 곳(상당)을 빼앗는 것과 출병을 시키고도 돌아오지 못할까 두려워하는 것 중 어느 쪽이 이롭겠습니까? 신은 그러므로 이르기를 '진왕은 현명하여 계책에 익숙하고 양후는 지혜롭고 일에 익숙하니, 반드시 조나라 군사 4만 명을 더해서 제나라를 정벌하지 않을 것이다.'라고 한 것입니다."

이에 편지를 읽은 양후는 행군하지 않고 군사를 이끌고 돌아왔다. 소왕 36년, 상국 양후는 객경客卿 조조竈에게 말해 제나라를 정벌하여 강剛과 수壽 땅①을 빼앗아 도읍陶邑을 넓히고자 했다. 이에 위魏나라 사람 범저范雎가 자칭 장록張祿 선생이라고 이르고, 양후가 제나라를 정벌하면서 삼진을 넘어 제나라를 공격하려는 것을 비난하고, 이때 진나라 소왕昭王을 간사한 말로 설득했다. 소왕은 이에 범저를 등용했다. 범저는 선태후가 전제專制하면서 양후가 제후들에게 권력을 마구 휘두르며 경양군과 고릉군 무리는 지나치게 사치하고 왕실보다 부유하다고 말했다.

이에 진나라 소왕이 깨닫고 양후를 상국에서 면직하고 경양군 무리는 모두 관關을 나가 봉읍으로 나아가게 했다. 양후가 관을 나가자 짐수레가 1,000여 대에 달했다. 양후는 도陶에서 죽어 그곳에 장례를 치렀다. 진나라는 다시 도陶를 거두어 군郡으로 삼았다.②

秦少出兵 則晉楚不信也 多出兵 則晉楚爲制於秦 齊恐 不走秦 必走晉楚 此三也 秦割齊以啖晉楚 晉楚案之以兵 秦反受敵 此四也 是晉楚以秦謀齊 以齊謀秦也 何晉楚之智而秦齊之愚 此五也 故得安邑以善事之

亦必無患矣 秦有安邑 韓氏必無上黨矣 取天下之腸胃 與出兵而懼其

不反也 孰利 臣故曰秦王明而熟於計 穰侯智而習於事 必不益趙甲四

萬以代齊矣 於是穰侯不行 引兵而歸 昭王三十六年 相國穰侯言客卿

竈 欲伐齊取剛壽^① 以廣其陶邑 於是魏人范睢自謂張祿先生 譏穰侯之

伐齊 乃越三晉以攻齊也 以此時奸說秦昭王 昭王於是用范睢 范睢言

宣太后專制 穰侯擅權於諸侯 涇陽君高陵君之屬太侈 富於王室 於是

秦昭王悟 乃免相國 令涇陽之屬皆出關 就封邑 穰侯出關 輜車千乘有

餘 穰侯卒於陶 而因葬焉 秦復收陶爲郡^②

① 剛壽강수

집해 서광이 말했다. "제북군에 강현剛縣이 있다."

徐廣曰 濟北有剛縣

정의 옛 강성은 연주兗州 공구현 영역에 있다. 수장은 운주鄆州의 현

이다.

故剛城在兗州龔丘縣界 壽張 鄆州縣也

신주 〈진본기〉는 소왕 36년, 〈육국연표〉는 소왕 37년, 〈전경중완세가〉

는 제나라 양왕 14년으로 소왕 37년에 해당한다. 〈진본기〉에는 제나라

강剛과 수壽를 빼앗아 양후에게 더해주었다고 하고 〈육국연표〉와 〈전경

중완세가〉에는 진나라가 강剛과 수壽 땅을 공격했다고 하지만 모두 잘못

이다. 이곳 〈양후열전〉처럼 강과 수 땅을 정벌하고자 했을 뿐이다.

② 秦復收陶爲郡진부수도위군

신주 진나라가 도陶 일대에 설치한 군은 동군東郡으로 이는 시황제 5년의

일이다.

태사공은 말한다.

양후는 소왕의 외삼촌이다. 진나라가 동쪽에서 땅을 늘리고 제후
들을 허약하게 해 일찍이 천하에서 제帝라고 일컫고 천하가 모두
서쪽을 향해 머리를 조아리게 한 까닭은 양후의 공로였다. 그 귀함
이 지극하고 부유함이 넘쳤으나, 한 사내가 유세를 펼쳐 자신은
꺾이고 세력을 빼앗겨 쓸쓸히 죽음에 이르렀는데, 하물며 이국 출신
의 신하 따위야!

太史公曰 穰侯 昭王親舅也 而秦所以東益地 弱諸侯 嘗稱帝於天下 天
下皆西鄕稽首者 穰侯之功也 及其貴極富溢 一夫開說 身折勢奪而以
憂死 況於羈旅之臣乎

색은술찬 사마정이 펼쳐서 밝히다.

양후는 지혜와 식견으로 임기응변에 막힘이 없었다. 안으로는 태후에
기대고 밖으로는 소왕을 보필했다. 네 번 재상의 지위에 오르고 봉해진
강역은 두 곳에 나열되었다. 제나라를 꺾고 초나라를 분질렀으며 위나라
를 깨뜨리고 대량을 포위했다. 한 사내가 유세를 펴자 쓸쓸히 울분하다
죽었구나!

穰侯智識 應變無方 內倚太后 外輔昭王 四登相位 再列封疆 摧齊撓楚 破魏圍
梁 一夫開說 憂憤而亡

사기 제73권 史記卷七十三

백기왕전열전 白起王翦列傳

사기 제73권 백기왕전열전 제13

史記卷七十三 白起王翦列傳第十三

신주 본 열전은 진나라 소양왕 때의 백기白起와 시황제 때의 왕전王翦과 그의 아들 왕분王賁의 활약상을 기록한 합전형식의 열전이다.

백기(?~서기전 257년)는 전국시대 진나라 명장으로, 뛰어난 군사 전략가이며 병가兵家의 대표 인물이다. 승상 위염魏冉의 추천을 받아 소양왕에게 발탁되어 장군이 되면서 그의 천재적인 소질을 발휘하게 된다. 위에 〈양후열전〉에서 밝혔듯이 백기는 소양양 14년에 이궐伊闕에서 한韓·위魏 연합군 24만 명과 싸워 쳐부수고, 소양왕 29년에 초나라를 공격해 초나라 수도 영郢을 함락하는 등 많은 전투에서 대승을 거두어 전공을 세운다. 그러나 한나라 알여성閼與城 전투에서 패배한 후 소양왕 41년에 위염이 승상에서 물러나면서 그는 세력을 잃게 된다.

하지만 그는 소양왕 37년에 한나라 알여성閼與城에서 조趙·한韓 연합군에게 패한 상처를 치료하고 이를 만회하기 위해, 마침내 소양왕 43년부터 한나라 본토에서 홀로 떨어진 상당上黨 땅을 차지하기 위한 작전을 실행한다. 이때 조趙나라의 개입으로 전쟁이 길어지긴 했지만 승리함으로써, 여세를 몰아 소양왕 47년(서기전 260) 9월 장평長平 대전에서 조·한 연합군 45만을 전멸로 몰아넣는다. 이 기회를 타고 조나라를 완전히 무너뜨리려고 했다. 그러나 그를 시기한 승상 범저范雎의 계략으로 인해서 진나라는 일부 땅을 떼어 받고는 조나라와 강화하면서 범저와 백기 사이에 틈이 생긴다.

그 후 3년 만에 진나라는 조나라 땅을 야금야금 차지하여 마침내 조나라 수도 한단邯鄲을 포위하지만, 이미 초나라와 위나라 등 합종국의 도움을 받은 데다, 시기를 잃은 공격으로 진나라는 고전하게 된다. 소양왕과 범저는 백기에게 출전을 강요하지만, 백기는 마침 몸에 병이 들었고 이미 전략·전술적으로 조나라를 무너뜨릴 수 없다고 판단한 백기는 이를 거부한다. 결국 진나라는 한단에서 물러났고, 이로인해 백기는 왕과 승상 두 사람의 분노와 미움을 사서 자결을 강요당해, 소양왕 50년(서기전 257)에 두우杜郵에서 자결했다.

왕전王翦(?~?)은 전국시대 말기 진나라 명장으로, 아들 왕분王賁과 더불어 진나라 이왕二王으로 불리기도 한다. 시황제 17년에 진나라는 한韓나라를 멸하고, 시황제 19년에 왕전은 조趙나라를 멸하였다. 시황제 20년에 왕전은 연나라를 포위하고 1년 뒤인 시황제 21년에 연나라 수도 계薊를 함락한다. 시황제 22년에는 왕분이 위魏나라를 멸하였고, 시황제 24년에 왕전이 초나라를 멸하였다. 시황제 25년에 왕분이 연왕 희喜와 조나라 후예 대왕代王 가嘉를 사로잡아 두 나라를 완전히 멸하였다. 시황제 26년(서기전 221) 왕분은 마침내 제齊나라마저 멸하였고 진나라 통일시대를 연다.

이렇듯 왕전과 왕분은 통일기에 엄청난 활약으로 통일시대를 열었지만, 진나라는 통일 후 불과 15년 만에 망한다. 그 뒤에 왕씨들이 어떤 길을 걸었는지는 알 수 없지만, 후한後漢 시대부터 중국사를 주름잡기 시작한 낭야琅琊 왕王씨와 태원太原 왕王씨는 왕전을 시조로 하고 있다.

빛나는 승리를 이룬 백기

백기는 미郿 땅① 사람이다. 용병에 뛰어났으며 진나라 소왕을 섬겼다.

소왕 13년, 백기는 좌서장左庶長이 되었으며 장수가 되어서 한나라 신성新城②을 공격했다. 이해에 양후는 진나라 재상으로, 임비任鄙를 등용하여 한중漢中의 군수로 삼았다.

그다음 해, 백기는 좌경左更이 되어 한나라와 위나라를 이궐伊闕③에서 공격하여 24만 명의 머리를 베었으며 또 그 장군 공손희公孫喜를 사로잡고 5개 성을 빼앗았다. 백기는 승진해서 국위國尉④가 되었다. 이에 하수를 건너 한나라 안읍安邑의 동쪽을 빼앗고 간하乾河⑤까지 이르렀다.

白起者 郿①人也 善用兵 事秦昭王 昭王十三年 而白起爲左庶長 將而擊韓之新城② 是歲 穰侯相秦 擧任鄙以爲漢中守 其明年 白起爲左更 攻韓魏於伊闕③ 斬首二十四萬 又虜其將公孫喜 拔五城 起遷爲國尉④ 涉河取韓安邑以東 到乾河⑤

① 郿미

[정의] 郿의 발음은 '미眉'이고 기주현岐州縣이다.

郿音眉 岐州縣

[신주] 진나라 수도 함양에서 가깝다.

② 新城신성

[색은] 하남군에 있다.

在河南也

[정의] 지금의 낙주 이궐伊闕이다.

今洛州伊闕

③ 伊闕이궐

[정의] 지금의 낙주 남쪽 19리 이궐산이며 용문龍門이라고 부르는 곳이 이곳이다.

今洛州南十九里伊闕山 號曰龍門是也

④ 國尉국위

[정의] 태위太尉라는 말이다.

言太尉

⑤ 乾河간하

[집해] 서광이 말했다. "乾의 발음은 '간干'이다." 곽박이 말했다. "지금 하동군 문희현 동북쪽에 간하구乾河口가 있는데 이를 따라 간하리乾河里라고 이름하며 다만 옛날의 도랑이 자리 했던 곳이 있으나 다시는 물이 없다."

徐廣曰 音干 郭璞曰 今河東聞喜縣東北有乾河口 因名乾河里 但有故溝處 無復水也

색은 위나라 안읍으로 진나라에 들어갔다. 그러나 안읍의 동쪽에서 간하乾河에 이르는 것은 모두 한나라 옛 땅이다. 그러므로 한나라 안읍을 빼앗았다고 이른 것이다.

魏以安邑入秦 然安邑以東至乾河皆韓故地 故云取韓安邑

신주 이때는 소왕 17년이다. 위나라가 하동 땅 400리를 바치고 한나라가 무수武遂 일대 200리를 바쳤다는 것이 이것이다.

이듬해(소왕 18년), 백기는 대량조大良造가 되었다. 위나라를 공격하여 무너뜨리고 크고 작은 성 등 61개를 빼앗았다.

이듬해, 백기는 객경客卿 사마조司馬錯와 함께 원성垣城[1]을 공격해 함락하였다.

5년 뒤에, 백기는 조나라를 공격해 광랑성光狼城[2]을 빼앗았다.

7년 뒤에(소왕 28년), 백기는 초나라를 공격해 언鄢과 등鄧 등 5개 성을 함락하였다.[3]

그 다음 해, 초나라를 공격해 영郢을 빼앗고 이릉夷陵[4]을 불태우고 마침내 동쪽 경릉竟陵[5]에 이르렀다. 초나라 왕은 도망쳐 영郢을 버리고 동쪽으로 달아나 진陳 땅으로 옮겼다. 진秦나라는 영郢 땅을 남군南郡으로 삼았다. 백기는 승진해서 무안군武安君이 되었다.

(소왕 30년) 무안군은 그 기회로 초나라를 빼앗고 무巫와 검중군黔中郡을 평정했다.

明年 白起爲大良造 攻魏 拔之 取城小大六十一 明年 起與客卿錯攻垣

城^① 拔之 後五年 白起攻趙 拔光狼城^② 後七年 白起攻楚 拔鄢鄧五城^③

其明年 攻楚 拔郢 燒夷陵^④ 遂東至竟陵^⑤ 楚王亡去郢 東走徙陳 秦以郢

爲南郡 白起遷爲武安君 武安君因取楚 定巫黔中郡

① 垣城원성

［집해］ 서광이 말했다. "하동군 원현垣縣이다."

徐廣曰 河東垣縣

② 光狼城광랑성

［색은］ 〈지리지〉에는 광랑성이 기록되지 않았으며 대개 조국趙國에 속할

것이다.

地理志不載光狼城 蓋屬趙國

［정의］ 광랑의 옛 성은 택주澤州 고평현 서쪽 25리에 있다.

光狼故城在澤州高平縣西二十五里也

③ 鄢鄧五城언등오성

［집해］ 서광이 말했다. "소왕 28년이다."

徐廣曰 昭王二十八年

［정의］ 언鄢, 등鄧 두 읍은 양주襄州에 있다.

鄢鄧二邑在襄州

［신주］ 본문의 '後七年'은 '後五年'이 되어야 한다.

④ 夷陵이릉

정의 이릉은 지금의 협주峽州 곽하현이다.

夷陵 今峽州郭下縣

⑤ 竟陵경릉

정의 옛 성은 영주郢州 장수현 남쪽 150리에 있고 지금 복주復州 또한 그 땅이다.

故城在郢州長壽縣南百五十里 今復州亦是其地也

소왕 34년, 백기는 위魏나라를 공격해 화양華陽을 빼앗았으며 망묘芒卯가 패배하여 달아나자 삼진三晉의 장수들을 포로로 잡고 13만 명의 적병을 참수했다. 또 조나라 장수 가언賈偃과 싸워 그의 졸병 2만 명을 하수 속에 익사시켰다.

소왕 43년, 백기는 한나라 형성陘城[①]을 공격해 5개의 성을 함락하고 적병 5만 명을 참수하였다.

44년, 백기는 남양南陽과 태항도太行道를 공격해 단절시켰다.[②]

昭王三十四年 白起攻魏 拔華陽 走芒卯 而虜三晉將 斬首十三萬 與趙將賈偃戰 沈其卒二萬人於河中 昭王四十三年 白起攻韓陘城[①] 拔五城 斬首五萬 四十四年 白起攻南陽太行道 絶之[②]

① 陘城형성

정의 형정陘庭의 옛 성은 곡옥현 서북쪽 20리에 있으며 강주絳州 동북쪽

35리에 있다.

陘庭故城在曲沃縣西北二十里 在絳州東北三十五里也

② 南陽太行道 絶之남양태항도 절지

[집해] 서광이 말했다. "이 남양 땅은 하내군 수무현脩武縣이다."

徐廣曰 此南陽 河內脩武是也

[정의] 살펴보니 남양은 한나라에 속했는데 진나라가 함락하면 곧 한나라 태항의 양장도羊腸道가 단절된다.

案 南陽屬韓 秦攻之 則韓太行羊腸道絶矣

45년, 한나라 야왕野王①을 정벌했다. 야왕이 진나라에 정복되자 상당上黨으로 통하는 길을 차단했다. 그곳 군수 풍정馮亭은 백성들과 계획해서 말했다.

"정鄭과의 도로가 이미 단절되었으니② 한나라는 반드시 백성들을 위하지 못할 것이다. 진나라 군사들이 날마다 진격하는데 한나라는 응전하지 못하니 상당上黨을 조나라에 귀속함만 같지 못할 것이다. 조나라가 만약 우리를 받아준다면 진나라는 노하여 반드시 조나라를 공격할 것이다. 조나라가 군사 공격을 받으면 반드시 한나라와 친하게 될 것이다. 한나라와 조나라가 하나가 되면 진나라를 대적할 수 있을 것이다."

그래서 사람을 보내 조나라에 보고했다. 조나라 효성왕孝成王은 평양군平陽君③ 및 평원군平原君과 이를 계획했다. 평양군이 말했다.

"받지 않느니만 못합니다. 받으면 재앙이 얻는 것보다 클 것입니다."

평원군이 말했다.

"까닭 없이 하나의 군을 얻는데 받는 것이 편리합니다."

조나라에서 받아들이고 그 까닭에 풍정을 화양군華陽君으로 봉했다.④

四十·五年 伐韓之野王① 野王降秦 上黨道絕 其守馮亭與民謀曰 鄭道已絕② 韓必不可得爲民 秦兵日進 韓不能應 不如以上黨歸趙 趙若受我 秦怒 必攻趙 趙被兵 必親韓 韓趙爲一 則可以當秦 因使人報趙 趙孝成王與平陽君③平原君計之 平陽君曰 不如勿受 受之 禍大於所得 平原君曰 無故得一郡 受之便 趙受之 因封馮亭爲華陽君④

① 野王야왕

색은 〈지리지〉에, 야왕현은 하내군에 속하며 태항의 동남쪽에 있다. 맹강이 말했다. "옛 형국邢國이다."

地理志野王縣屬河內 在太行東南 孟康曰 古邢國也

② 鄭道已絕정도이절

집해 서광이 말했다. "하남의 신정新鄭이며 한나라 국도國都가 이곳이다."

徐廣曰 河南新鄭 韓之國都是也

색은 정국鄭國은 곧 한나라 도읍이고 하남에 있다. 진나라가 야왕野王을 정벌했으니 곧 상당上黨이 한나라로 돌아가는 길을 단절한 것이다.

鄭國卽韓之都 在河南 秦伐野王 是上黨歸韓之道絕也

③ 平陽君평양군

색은 평양군은 어떤 사람인지 자세하지 않다.

平陽君未詳何人

신주 〈조세가〉에서 《색은》의 주석은 "《전국책》에서 '조표는 평양군
平陽君으로 혜문왕의 동복형제이다."라고 하였다. 혜문왕은 효성왕의
아버지다.

④ 馮亭爲華陽君풍정위화양군

정의 상산常山을 일명 화양華陽이라고 하고 해설은 〈조세가〉에 있다.

常山一名華陽 解在趙世家

신주 〈조세가〉에는 《한서》〈풍봉세전〉을 인용해서, 조나라는 풍정을
화릉군華陵君으로 봉했다고 한다.

소왕 46년, 진나라는 한나라 구지緱氏와 인藺을① 공격해 빼앗았다.
47년, 진나라는 좌서장 왕흘王齕②을 시켜 한나라를 공격해 상당
을 빼앗았다. 상당의 백성들은 조나라로 달아났다. 조나라는 장평
長平③에 군사를 주둔시켜 상당의 백성들을 보살폈다.④
4월, 왕흘이 이로 인해 조나라를 공격했다. 조나라는 염파廉頗
장군을 보냈다. 조나라 군사와 사졸들이 진秦나라 척후병을 침범
하자⑤ 진나라 척후병들은 조나라 비장裨將 가茄⑥를 처단했다.
6월, 조나라 주둔지를 함락하여 보루 2개를 빼앗고 교위校尉 4명
을 잡았다.⑦

四十六年 秦攻韓緱氏藺^① 拔之 四十七年 秦使左庶長王齕^②攻韓 取
上黨 上黨民走趙 趙軍長平^③ 以按據上黨民^④ 四月 齕因攻趙 趙使廉
頗將 趙軍士卒犯秦斥兵^⑤ 秦斥兵斬趙裨將茄^⑥ 六月 陷趙軍 取二鄣
四尉^⑦

① 緱氏藺구지인

[집해] 서광이 말했다. "영천군에 속한다."

徐廣曰 屬穎川

[색은] 지금 그 땅이 결여되어 있다. 서하에 별도의 인현藺縣이 있다.

今其地闕 西河別有藺縣也

[정의] 살피건대, 여러 지리 기록을 검사해 보니 영천에는 인藺이 없다.
《괄지지》에서 말한다. "낙주 숭현嵩縣은 본래 하夏의 윤국綸國이며 구지
동남쪽 60리에 있다." 〈지리지〉에서 말한다. "윤지綸氏는 영천군에 속한
다." 살펴보니 이미 구지와 인을 공격했으니 두 읍은 서로 가까이 합쳐
있다. 아마 '윤綸'과 '인藺'은 발음이 서로 비슷하고 글자는 음音을 따라
옮겨지면서 '인藺' 자가 되었을 것이다.

按 檢諸地記 穎川無藺 括地志云 洛州嵩縣本夏之綸國也 在緱氏東南六十里
地理志云 綸氏屬穎川郡 按 既攻緱氏藺 二邑合相近 恐綸藺聲相似 字隨音而
轉作藺

[신주] 영천군이라는 [집해] 주석은 사실에 부합하지 않는다. 진나라가
상당을 차지하기 위해 그 주변에 사전공작을 하는 것이니, 이들 지명은
상당을 포위하는 것과 관련 있어야 한다. 따라서《괄지지》의 내용에 타
당성이 있어 보인다.

② 王齕왕흘

集해 齕의 발음은 '흘紇'이다.

音紇

③ 長平장평

集해 서광이 말했다. "현지현에 있다."

徐廣曰 在泫氏

색은 〈지리지〉에, 현지는 지금 상당군에 있다.

地理志泫氏今在上黨郡也

정의 장평의 옛 성은 택주澤州 고평현 서쪽 21리에 있다.

長平故城在澤州高平縣西二十一里也

④ 據上黨民거상당민

색은 장평에 군사를 주둔시키고 상당에 의거해 원조하는 것을 이른다.

謂屯兵長平 以據援上黨

⑤ 犯秦斥兵범진척병

색은 진나라 척후병을 범한 것을 이른다.

謂犯秦之斥候兵也

⑥ 茄가

색은 茄의 발음은 '가加'이다. 비장의 이름이다.

音加 裨將名也

⑦ 二鄣四尉이장사위

| 색은 | 장鄣은 보루 성채이다. 위尉는 군관이다.

鄣 堡城 尉 官也

| 정의 | 《괄지지》에서 말한다. "조나라 장鄣의 옛 성은 일명 도위성都尉城이고 지금 이름은 조동성趙東城이며 택주 고평현 서쪽 25리에 있다. 또 옛 곡성穀城이 있다. 이 2개의 성은 곧 2개의 장鄣이다."

括地志云 趙鄣故城一名都尉城 今名趙東城 在澤州高平縣西二十五里 又有故穀城 此二城卽二鄣也

7월, 조나라 군대가 성루를 쌓고 수비했다. 진나라는 또 그 성루를 공격하여 교위 2명을 잡고 그 진지①를 무찔렀으며 서쪽 누벽을 빼앗았다.② 염파는 성벽을 굳건히 하고 진나라를 기다렸다. 진나라가 자주 도전했지만③ 조나라 병사는 출동하지 않았다. 조왕은 자주 염파를 꾸짖었다. 진나라 재상 응후應侯가 또 사람을 시켜 1,000금을 조나라에 뿌리게 하여 반간反間④을 만들고 말했다.

"진나라가 싫어하는 바는 오직 마복군馬服君 아들 조괄趙括 장군을 두려워할 뿐이다. 염파는 대적하기 쉽고 또 항복할 것이다."

조왕은 염파가 군사를 많이 잃고, 군대가 여러 차례 패했는데도 오히려 보루를 지킨 채 나가 싸우려 하지 않는 것에 화가 나 있었다. 또 (조왕은) 진나라의 반간反間하는 말을 듣고 그에 따라 조괄을 시켜 염파 장군을 대신해 진나라를 치게 했다.

진나라는 마복군의 아들이 장군이 되었다는 소식을 듣고 이에 몰래 무안군 백기를 상장군으로 삼고 왕흘을 위비장尉裨將으로 삼았으며, 군중에 감히 무안군이 장군이 되었다는 말을 누설하는 자는 참수한다고 명령했다.

七月 趙軍築壘壁而守之 秦又攻其壘 取二尉 敗其陣^① 奪西壘壁^② 廉頗堅壁以待秦 秦數挑戰^③ 趙兵不出 趙王數以爲讓 而秦相應侯又使人行千金於趙爲反間^④ 曰 秦之所惡 獨畏馬服子趙括將耳 廉頗易與 且降矣 趙王旣怒廉頗軍多失亡 軍數敗 又反堅壁不敢戰 而又聞秦反間之言 因使趙括代廉頗將以擊秦 秦聞馬服子將 乃陰使武安君白起爲上將軍 而王齕爲尉裨將 令軍中有敢泄武安君將者斬

① 陣진

집해 서광이 말했다. "다른 판본에는 '승乘'으로 되어 있다."

徐廣曰 一作乘

② 奪西壘壁탈서루벽

정의 조나라 서루는 택주 고평현 북쪽 6리에 있는 것이 이곳이다. 곧 염파가 성벽을 견고하게 하고 진나라를 기다리자 왕흘이 조나라 서루벽을 빼앗았다.

趙西壘在澤州高平縣北六里是也 卽廉頗堅壁以待秦 王齕奪趙西壘壁者

③ 數挑戰수도전

정의 數의 발음은 '삭朔'이고 挑의 발음은 '조[田鳥反]'이다.

數音朔 挑 田鳥反

④ 反間반간

정의 間의 발음은 '견[紀莧反]'이다.

紀莧反

조괄이 이르러서는 곧 군사를 출동시켜 진나라 군사를 공격했다. 진나라 군사는 거짓으로① 패한 척하고 달아나다가 두 패의 기습병을 풀어 겁박하기로 했다. 조나라 군사는 승세를 좇아 추격해서 진秦나라 방벽②까지 이르렀다. 성벽이 견고하고 저항하여 들어가지 못했는데, 진나라 기습병 2만 5,000명이 조나라 군대의 뒤를 차단하고 또 기병 5,000명이 조나라 성벽 사이를 차단하여, 조나라 군사는 둘로 나누어지고 식량보급로가 단절되었다. 그러자 진나라는 날랜 군사를 출동시켜 공격했다. 조나라는 전세가 불리해지자 그에 따라 방벽을 쌓고 굳게 지키며③ 구원병이 오기를 기다렸다.

진왕은 조나라 식량보급로가 단절되었다는 소식을 듣고 왕 스스로 하내河內로 갔으며④ 백성들에게 작위를 각각 1급씩 하사하고 15세 이상을 징발하여 모두 장평長平으로⑤ 나아가 조나라 구원병과 식량의 보급을 차단토록 했다.

趙括至 則出兵擊秦軍 秦軍詳①敗而走 張二奇兵以劫之 趙軍逐勝 追造秦壁② 壁堅拒不得入 而秦奇兵二萬五千人絶趙軍後 又一軍五千騎絶

趙壁間 趙軍分而爲二 糧道絶 而秦出輕兵擊之 趙戰不利 因築壁堅守^③
以待救至 秦王聞趙食道絶 王自之河內^④ 賜民爵各一級 發年十五以上
悉詣長平^⑤ 遮絶趙救及糧食

① 詳양

정의 詳의 발음은 '양羊'이다.

詳音羊

② 秦壁진벽

정의 진벽은 일명 진루秦壘이고 지금 진장루秦長壘라고도 한다.

秦壁一名秦壘 今亦名秦長壘

③ 築壁堅守축벽견수

정의 조벽은 지금 조동루趙東壘라고 하고 조동장루趙東長壘라고도
한다. 택주 고평현 북쪽 5리에 있으며 곧 조괄이 성벽을 쌓고 패배한
곳이다.

趙壁今名趙東壘 亦名趙東長壘 在澤州高平縣北五里 卽趙括築壁敗處

④ 王自之河內왕자지하내

정의 당시에 이미 진나라에 속했다. 그러므로 그곳의 군사를 발동시킨
것이다.

時已屬秦 故發其兵

⑤ 悉詣長平실예장평

당시에는 이미 진나라에 속했다. 그러므로 그곳의 군사를 발동
시킨 것이다.

時已屬秦 故發其兵

9월에 이르러 조나라 군졸들은 46일이나 식량을 얻지 못해 모두
가 안에서 몰래 서로를 죽여서 잡아먹기도 하고, 진나라 보루를
공격해서 탈출해 보려고도 했다. 4개의 대오를 만들어 네다섯 번
반복해서 공격했으나 탈출하지 못했다. 그 장군 조괄은 정예 군
졸을 내보내 스스로 다그치며 싸웠지만, 진나라 군사들이 조괄
을 활로 쏘아 죽였다. 조괄의 군대가 무너지자 졸병 40만 명은 무
안군에게 항복했다. 무안군은 계획을 말했다.

"지난날 진나라는 이미 상당上黨을 빼앗았는데 상당의 백성들은
진나라가 되는 것을 즐거워하지 않고 조나라로 돌아갔다. 조나라
군졸들도 반복할 것이다. 다 죽이지 않으면 아마 난을 일으킬 것
이다."

이에 속임수를 써서 모두 묻어 죽이고 그들의 아이들 240명을 남
겨서 조나라로 돌려보냈다. 그동안 참수되거나 포로가 된 자는
모두 45만 명이었다.① 조나라 사람들은 크게 두려워 했다.

至九月 趙卒不得食四十六日 皆內陰相殺食 來攻秦壘 欲出 爲四隊
四五復之 不能出 其將軍趙括出銳卒自搏戰 秦軍射殺趙括 括軍敗 卒
四十萬人降武安君 武安君計曰 前秦已拔上黨 上黨民不樂爲秦而歸趙

趙卒反覆 非盡殺之 恐爲亂 乃挾詐而盡阬殺之 遺其小者二百四十人
歸趙 前後斬首虜四十五萬人^① 趙人大震

① 前後斬首虜四十五萬人전후참수로사십오만인

신주 이것이 전국시대 운명을 가른 장평대전이다. 한나라와 위나라와
초나라는 이미 진나라에게 많은 영토를 잃어 반신불수가 된 지 오래고,
그나마 온전하던 조나라마저 이 싸움에서 완패해 진나라는 통일을 향
해 거침없이 달려가게 된다. 장평대전에서 무능한 지휘관은 적보다 무섭
다는 것을 여실히 보여준다. 〈진본기〉, 〈조세가〉, 〈한세가〉, 〈염파열전〉,
〈백기열전〉, 〈육국연표〉를 종합하여 장평대전의 전쟁 경과를 정리하면
다음과 같다.

(1) 진소양왕 44년(조효성왕 3년), 진나라 백기가 한나라 태항산 남부 일대
를 쳐서 남양南陽(하내군 획가현 일대)을 점령하자, 한나라는 남북으로 분
단될 위험에 놓이게 된다. 이전에 위나라는 상당 서쪽 땅을, 한나라는
낙양 서쪽 땅을 모두 진나라에 잃은 상태였다.

(2) 소양왕 45년, 진나라가 한나라 야왕野王 등 10개 성을 빼앗자, 상당 땅
남쪽에 있던 한나라 본토는 상당 땅과 분리된다. 그러자 상당의 수守
인 풍정이 조나라에 일부 땅을 바치자 조나라는 평원군 조승을 보내
상당 땅을 접수한다.

(3) 소양왕 46년, 진나라가 다시 한나라 하수 남쪽의 구지와 인藺을 함락
하고 상당을 도우려는 한나라를 방해하면서 상당을 차지하기 위한 마
지막 작업을 마무리한다.

(4) 소양왕 47년(조효성왕 6년, 서기전 260), 진나라는 왕흘王齕을 보내 상당으로

들어가고, 조나라는 염파를 보내 장평에 주둔하며 진무하게 한다. 7월에 반간계에 속은 조나라 효성왕이 염파를 조괄로 교체한다. 진나라는 백기白起를 상장군으로 왕흘을 비장으로 삼아 재정비한다. 9월에 조군은 전멸당하고, 진나라는 10월에 상당을 접수한다. 〈염파열전〉에 효성왕 7년이란 기록은 잘못이다.

소왕 48년 10월, 진나라는 다시 상당군을 평정했다.[①] 진나라는 군대를 둘로 나누었다. 왕흘은 피뢰皮牢[②]를 공격하여 함락하였고 사마경司馬梗은 태원太原[③]을 평정하였다. 한나라와 조나라는 두려워 소대를 시켜 폐백을 두터이 해서 진나라 재상 응후를 설득하게 했다.

"무안군이 마복군의 아들을 사로잡았습니까?"

응후가 말했다.

"그렇소."

또 (소대가) 말했다.

"곧 한단을 포위할 것이오?"

"그렇소."

(소대가 말했다.)

"조나라가 망하면 진왕秦王이 왕이 될 것이고 무안군은 삼공三公이 될 것입니다. 무안군이 진나라를 위해 전쟁에서 승리하고 공격하여 빼앗은 성들이 70여 개이며, 남쪽에서 언鄢과 영郢과 한중漢中을 평정하고[④] 북쪽에서 조괄의 군대를 사로잡았으니, 비록

주공과 소공과 여망呂望의 공로라고 해도 이보다 더하지 못할 것입니다. 지금 조나라가 망하면 진왕은 천하의 왕이 될 것이고 무안군은 반드시 삼공이 될 터인데, 군君께서는 낮은 자리에서 그를 위할 수 있겠습니까? 비록 낮은 자리에 있고자 하지 않더라도 진실로 낮은 자리에 있게 될 것입니다.

진나라는 일찍이 한나라를 공격하여 형구邢丘[5]를 포위하고 상당上黨을 곤란하게 했습니다. 상당의 백성들은 모두 돌아서서 조나라 사람이 되었는데, 천하 사람들은 진나라 백성이 되는 것을 즐거워하지 않은 지 오래되었습니다. 지금 조나라가 망하면, 북쪽 땅은 연나라로 들어가고 동쪽 땅은 제나라로 들어가며 남쪽 땅은 한나라와 위나라로 들어가니, 군君께서 얻는 백성은 거의 몇 사람 없을[6] 것입니다. 그래서 이를 계기로 땅을 떼어 받고[7] (강화를 맺어) 무안군이 되는 것을 없게 하느니만 못할 것입니다."

이에 응후가 진왕에게 말했다.

"진나라 군사는 피로합니다. 청컨대 한나라와 조나라가 땅을 떼어주어 화평하면 허락하고 또 사졸들을 휴식하게 하십시오."

진왕이 받아들여 한나라 원옹垣雍 땅[8]과 조나라 6개 성을 떼어받고 강화했다. 정월에 모든 군사를 해산했다. 무안군이 듣고 이로 말미암아 응후와의 사이에 틈이 생겼다.

四十八年十月 秦復定上黨郡[1] 秦分軍爲二 王齕攻皮牢[2] 拔之 司馬梗定太原[3] 韓趙恐 使蘇代厚幣說秦相應侯曰 武安君禽馬服子乎 曰然 又曰 卽圍邯鄲乎 曰然 趙亡則秦王王矣 武安君爲三公 武安君所爲秦戰勝攻取者七十餘城 南定鄢郢漢中[4] 北禽趙括之軍 雖周召呂

望之功不益於此矣 今趙亡 秦王王 則武安君必爲三公 君能爲之下
乎 雖無欲爲之下 固不得已矣 秦嘗攻韓 圍邢丘⑤ 困上黨 上黨之民
皆反爲趙 天下不樂爲秦民之日久矣 今亡趙 北地入燕 東地入齊 南
地入韓魏 則君之所得民亡⑥幾何人 故不如因而割之⑦ 無以爲武安
君功也 於是應侯言於秦王曰 秦兵勞 請許韓趙之割地以和 且休士
卒 王聽之 割韓垣雍⑧趙六城以和 正月 皆罷兵 武安君聞之 由是與
應侯有隙

① 復定上黨郡부정상당군

[색은] 진나라는 앞에서 조나라를 공격해 이미 상당군을 깨뜨렸는데 지
금 군사를 돌려 다시 그 군을 평정한 것은 그 나머지 성이 아직 조나라
에 속했기 때문이다.

秦前攻趙已破上黨 今迴兵復定其郡 其餘城猶屬趙也

② 皮牢피뢰

[정의] 옛 성은 강주絳州 용문현 서쪽 1리에 있다.

故城在絳州龍門縣西一里

③ 太原태원

[정의] 태원은 조나라 땅인데 진나라에서 취해 평정한 것이다.

太原 趙地 秦定取也

④ 鄢郢漢中언영한중

동쪽 6리에 있다. 한중은 지금의 양주梁州 땅이다.

鄢在襄州率道縣南九里 郢在荊州江陵縣東六里 漢中 今梁州之地

⑤ 邢丘형구

집해 서광이 말했다. "평고平皐에 형구가 있다."

徐廣曰 平皐有邢丘

정의 형구는 지금 회주懷州 무덕현 동남쪽 20리에 있는 평고현 성이 이것이다.

邢丘 今懷州武德縣東南二十里平皐縣城是也

⑥ 亡무

집해 서광이 말했다. "亡의 발음은 '무無'이다."

徐廣曰 亡音無也

신주 亡은 '없다'의 뜻으로 쓰이는 경우 '무'로 발음한다.

⑦ 割之할지

정의 백기의 공격으로 인해서 한나라와 조나라 땅을 떼어 받은 것이다.

因白起之攻 割取韓趙之地

⑧ 垣雍원옹

집해 서광이 말했다. "(하남군) 권현에 원옹성垣雍城이 있다."

徐廣曰 卷縣有垣雍城

정의 《이아》〈석지명〉에, 권현의 치소를 원옹성이라 했다. 살펴보니 지금 정주 원무현 서북쪽 7리에 있다.

釋地名云 卷縣所理垣雍城 按 今在鄭州原武縣西北七里也

그해 9월,[①] 진나라는 다시 군사를 일으켜 오대부五大夫 왕릉王陵을 시켜 조나라 한단을 공격하게 했다. 이때 무안군은 병이 있어서 출전하는 일을 맡지[②] 못했다.

49년 정월, 왕릉은 한단을 공격했지만, 전과가 없었다. 이에 진나라는 더 많이 출병시켜 왕릉을 돕도록 했으나 왕릉의 군사는 교위 5명을 잃었다. 무안군의 병이 낫자, 진왕은 무안군을 시켜서 왕릉 장군을 대신하고자 했다. 이에 무안군이 말했다.

"한단은 실제로 공격하기가 쉽지 않습니다. 또 제후들의 구원이 날마다 이르는데 저들 제후들은 진나라를 원망한 지 오래되었습니다. 지금 진나라가 비록 장평의 군사를 격파했으나 진나라 군졸도 죽은 자가 절반을 넘어서 국내가 비었습니다. 그런데 멀리 떨어진 물과 산을 넘어서 남의 국도國都에서 다투면 조나라는 그 안에서 응하고 제후들은 그 밖에서 공격해 올 터인데, 진나라 군사가 부서질 것은 필연입니다. 불가합니다."

진왕이 몸소 명령했는데도 가지 않았다. 이에 응후에게 청하도록 했지만 무안군은 끝내 사양하고 가지 않으면서 마침내 병을 핑계 댔다.

其九月[①] 秦復發兵 使五大夫王陵攻趙邯鄲 是時武安君病 不任[②]行 四十九年正月 陵攻邯鄲 少利 秦益發兵佐陵 陵兵亡五校 武安君病愈

秦王欲使武安君代陵將 武安君言曰 邯鄲實未易攻也 且諸侯救日至
彼諸侯怨秦之日久矣 今秦雖破長平軍 而秦卒死者過半 國內空 遠絕
河山而爭人國都 趙應其內 諸侯攻其外 破秦軍必矣 不可 秦王自命 不
行 乃使應侯請之 武安君終辭不肯行 遂稱病

① 其九月기구월

신주 이때 진나라 달력으로 10월이 세수이므로, 9월은 마지막 달이다.

② 任임

정의 任의 발음은 '임[入針反]'이고 맡는다는 뜻이다.

任 入針反 堪也

진왕이 왕흘을 시켜 왕릉 장군을 대신하게 하고 8월과 9월 한단
을 포위했으나 함락할 수 없었다. 초나라가 춘신군春申君과 위공
자魏公子를 시켜 군사 수십만 명을 거느리고 진나라 군사를 공격
하자 많은 진나라 군사가 죽었다. 무안군이 말했다.
"진나라가 신의 계책을 듣지 않더니 지금 어떻게 되었습니까?"
진왕이 듣고 노하여 무안군을 강제로① 기용하려 했지만 무안군
은 마침내 병이 위독하다고 했다. 응후가 청했으나 일어나지 않
았다. 이에 무안군을 면직시켜서 사졸士卒로 삼고 음밀陰密②로
귀양 보냈다. 무안군은 병이 들어서 갈 수 없었다.

3개월이 지나서, 제후들이 진나라 군대를 갑자기 공격하자 진나라 군대는 수차 후퇴하면서 사자들이 날마다 이르러 보고했다. 진왕은 이에 사자를 백기(무안군)에게 보내서 함양 안에서 머물지 못하도록 했다. 무안군이 이미 길을 나서 함양의 서문으로 10리를 나가 두우杜郵③에 이르렀다. 진나라 소왕은 응후 및 여러 신하와 의논하였다.

"백기를 귀양 보냈는데 그의 마음속에는 오히려 원망하고 복종하지 않으면서 불평하는 말을 늘어놓고 있소."

이에 진왕이 사자를 시켜서 (무안군에게) 검을 하사하고 자결하라고 했다.

秦王使王齕代陵將 八九月圍邯鄲 不能拔 楚使春申君及魏公子將兵數十萬攻秦軍 秦軍多失亡 武安君言曰 秦不聽臣計 今如何矣 秦王聞之 怒 彊①起武安君 武安君遂稱病篤 應侯請之 不起 於是免武安君爲士伍 遷之陰密② 武安君病 未能行 居三月 諸侯攻秦軍急 秦軍數卻 使者日至 秦王乃使人遣白起 不得留咸陽中 武安君旣行 出咸陽西門十里 至杜郵③ 秦昭王與應侯群臣議曰 白起之遷 其意尙怏怏不服 有餘言 秦王乃使使者賜之劍 自裁

① 彊강

[정의] 彊의 발음은 '강[其兩反]'이다.

彊 其兩反

② 陰密음밀

서광이 말했다. "안정군에 속한다."

徐廣曰 屬安定

옛 성은 경주涇州 순고현에 있고 성의 서쪽은 곧 옛 음밀국陰密國
이며 밀강공密康公의 나라이다.

故城在涇州鶉觚縣 城西卽古陰密國 密康公國也

③ 杜郵두우

살펴보니 옛 함양성은 위수 북쪽에 있다. 두우杜郵는 지금 함양
성 안에 있다.

按 故咸陽城在渭北 杜郵 今在咸陽城中

《설문》에서 "우郵는 국경 부근 행사行舍이다."라고 하니, 도로가
지나는 곳이다. 지금 함양현성은 본래 진나라 우郵이며 옹주雍州 서북쪽
35리에 있다.

說文云 郵 境上行舍 道路所經過 今咸陽縣城 本秦之郵也 在雍州西北三十
五里

무안군이 검을 당겨 스스로 목을 찌르려 하면서 말했다.
"내가 하늘에 무슨 죄가 있기에 이에 이르렀는가!"
한참을 있다가 말했다.
"나는 진실로 죽어 마땅하다. 장평전투에서 조나라에서 항복
한 군졸 수십만 명을 내가 속여서 모두 묻었으니, 곧 죽어 마땅
하다."

마침내 자살했다. 무안군이 죽은 것은 진나라 소왕 50년 11월이다.[1] 무안군이 죽은 것은 그의 죄가 아니었기에 진나라 사람들은 애처롭게 여기고 향읍鄕邑에서 모두 제사 지냈다.[2]

武安君引劍將自剄 曰 我何罪于天而至此哉 良久 曰 我固當死 長平之戰 趙卒降者數十萬人 我詐而盡阬之 是足以死 遂自殺 武安君之死也 以秦昭王五十年十一月[1] 死而非其罪 秦人憐之 鄕邑皆祭祀焉[2]

① 五十年十一月오십년십일월

신주 〈진본기〉에는 12월이라 한다.

② 鄕邑皆祭祀焉향읍개제사언

집해 하안이 말했다. "백기는 항복한 조나라 병졸들을 속여서 그 40만 명을 구덩이에 묻었으니 어찌 혹독하고 포악하다고만 하겠는가. 뒤에 또 한 거듭 뜻을 얻기란 어려웠을 것이다. 지난날 만약 많은 사람이 미리 항복했는데 반드시 죽는다는 것을 모두 알았다면, 맨주먹을 휘둘러도 오히려 두려워했을 텐데 하물며 40만 명의 갑옷을 입고 예리한 병기를 가진 군사들에게 있어서라! 천하에서 진나라의 장수에게 항복해서 머리뼈가 산처럼 쌓였는데, 진나라 군대가 돌아가고 나서 해골이 쌓여 언덕을 이룬 것을 보았다면 후일의 전쟁에서 죽음은 죽음으로 갚는 것이 마땅할 뿐이니, 어떤 군사가 기꺼이 항복하고 어떤 성이 기꺼이 항복하겠는가.

이는 비록 40만의 목숨을 처리했으나 천하의 전쟁을 거칠게 만들기에 충분했고, 하루아침의 공로로는 요긴했으나 다시 제후들의 수비를 견고하게 하고자 했다. 그러므로 군대는 진격했어도 스스로 자신의 세력을 친 것이고 군대는 승리했어도 도리어 자신의 계책을 잃은 꼴이다. 왜냐하면 가령 조나라 군사가 다시 합하고 마복군이 다시 살아난다면, 후일의 전쟁에서는 반드시 앞날처럼 대치하지 않을 텐데, 하물며 지금 모든 천하의 제후에게 후일을 위하게 함에 있어서랴.

그가 끝까지 감히 다시 군사를 한단에 더하지 않은 까닭은 단지 평원군이 터진 곳을 보충하는 것을 걱정해서가 아니고, 제후의 구원이 이를까 봐 근심한 것이니 무턱대고 꺼려서 말하지 않았을 뿐이다. 만약 깨닫지 못하고 꺼리지 않았다면, 지혜가 깊지 못한 까닭이고 잘 싸우고도 옹졸하게 이겼다고 말할 수밖에 없었을 것이다. 장평전투에서, 진나라 백성이 10분지 5 이상 모두 창을 메고 조나라로 향했으며 진왕은 또 친히 스스로 하내에서 백성들에게 작위를 하사했다. 대저 진나라가 강한 군사를 가지고도 10분지 5 이상에서 사상자가 절반을 넘었다. 이것은 조나라를 깨뜨린 공로는 작고 진나라가 손상되는 재앙이 컸으니 또 어찌 기특하다고 일컫겠는가.

만약 훗날 수자리 서는 자가 그 논리를 예단하지 못한다면, 진나라 군사가 많아질 것이고 항복할 자는 이를 만하다고 할 것이다. 반드시 항복하여 이를 만한 자가 아니라면 본래 스스로 전투해서 죽을 것이니, 마땅히 항복을 받는 속임이 있지 않을 것이다. 전투에서 죽이는 것은 비록 어렵고 항복한 자를 죽이는 것은 비록 쉽지만, 항복한 자를 죽이는 것은 해롭고 재앙은 격렬한 싸움보다 큰 것이다."

何晏曰 白起之降趙卒 詐而阬其四十萬 豈徒酷暴之謂乎 後亦難以重得志矣 向使衆人皆豫知降之必死 則張虛捲猶可畏也 況於四十萬被堅執銳哉 天下見降秦之將頭顱似山 歸秦之衆骸積成丘 則後日之戰 死當死耳 何衆肯服 何城肯下乎 是爲雖能裁四十萬之命而適足以彊天下之戰 欲以要一朝之功而乃更堅諸

侯之守 故兵進而自伐其勢 軍勝而還喪其計 何者 設使趙衆復合 馬服更生 則
後日之戰必非前日之對也 況今皆使天下爲後日乎 其所以終不敢復加兵於邯
鄲者 非但憂平原君之補袒 患諸侯之捄至也 徒諱之而不言耳 若不悟而不諱 則
毋所以遠智也 可謂善戰而拙勝 長平之事 秦民之十五以上者皆荷戟而向趙矣
秦王又親自賜民爵於河內 夫以秦之彊 而十五以上死傷過半者 此爲破趙之功
小 傷秦之敗大 又何以稱奇哉 若後之役戌不豫其論者 則秦衆多矣 降者可致也
必不可致者 本自當戰殺 不當受降詐也 戰殺雖難 降殺雖易 然降殺之爲害 禍
大於劇戰也

통일기의 명장 왕전

왕전은 빈양頻陽의 동향東鄕[1] 사람이다. 젊어서부터 군사 일을 좋아했으며 진시황을 섬겼다.

시황 11년, 왕전은 장군으로 조나라 알여閼與[2]를 공격해 깨뜨리고 9개 성을 함락했다.

18년, 왕전은 장군으로 조나라를 공격했다. 한 해 남짓 되어 마침내 조나라를 함락했으며, 조왕이 항복하자 조나라 땅을 모두 평정하여 군郡으로 삼았다.

이듬해, 연나라는 형가荊軻를 보내 진왕을 해치고자 했고 진왕은 왕전을 보내서 연나라를 공격했다. 연왕 희喜가 요동으로 달아나자 왕전은 마침내 연나라 계薊[3]를 평정하고 돌아왔다.

진나라는 왕전의 아들 왕분王賁을 시켜서 형荊(초나라)을 공격하게 해[4] 형나라 군사를 무찔렀다. 군사를 돌려 위魏나라를 공격하자 위왕은 항복하였고 마침내 위나라 땅을 평정했다.

王翦者 頻陽東鄕[1]人也 少而好兵 事秦始皇 始皇十一年 翦將攻趙 閼與[2] 破之 拔九城 十八年 翦將攻趙 歲餘 遂拔趙 趙王降 盡定趙地 爲郡 明年 燕使荊軻爲賊於秦 秦王使王翦攻燕 燕王喜走遼東 翦遂 定燕薊[3]而還 秦使翦子王賁擊荊[4] 荊兵敗 還擊魏 魏王降 遂定魏地

① 頻陽東鄕빈양동향

색은 〈지리지〉에는 빈양현頻陽縣은 좌풍익左馮翊에 속한다. 응소가 말했다. "빈수頻水의 북쪽에 있다."

地理志頻陽縣屬左馮翊 應劭曰 在頻水之陽也

정의 옛 성은 옹주 동쪽 동관현 영역에 있다.

故城在雍州東同官縣界也

② 闕與알여

정의 與의 발음은 '예預'이다.

音預

③ 薊계

정의 薊의 발음은 '계計'이다.

薊音計

④ 王賁擊荊왕분격형

집해 서광이 말했다. "진나라는 (진시황의 아버지의) 휘諱가 '초楚'였기 때문에 형荊이라고 했다."

徐廣曰 秦諱楚 故云荊也

색은 賁의 발음은 '분奔'이다.

賁音奔

신주 진시황의 아버지 장양왕으로, 이름이 자초子楚여서 이 때문에 형荊나라로 부른 것이다.

진시황이 삼진三晉을 멸하자 연왕은 달아났고 자주 형나라(초나라) 군사를 깨뜨렸다. 진나라 장수 이신李信은 나이가 어린데도 씩씩하고 용맹스러워 일찍이 군사 수천 명으로 연나라 태자 단丹을 쫓아서 연수衍水의 가운데 이르러 마침내 깨뜨리고 태자 단을 잡았다. 이 때문에 진시황은 현능하고 용맹스럽다고 여겼다. 이에 시황이 이신에게 물었다.

"나는 초나라를 공격하여 빼앗고자 하는데 장군의 생각으로 몇 명을 쓰면 족하겠소?"

이신이 말했다.

"20만 명을 쓰는데 지나지 않습니다."

시황이 왕전에게 물으니 왕전이 대답했다.

"60만 명이 아니면 불가할 것입니다."

시황이 말했다.

"왕 장군은 늙었다. 어찌 겁이 많은가? 이 장군은 과연 기세[1] 있는 용감한 장수라고 하더니 그 말이 옳구나."

마침내 이신과 몽염蒙恬[2] 장군을 시켜 20만 명의 군사로 남쪽 초나라를 정벌하게 했다. 왕전은 자기의 말이 쓰여지지 않자 병을 핑계 대고 빈양으로 돌아가 노년을 보내고 있었다. 이신은 평여平輿[3]를 공격하고 몽염은 침寢[4]을 공격하여 크게 형나라(초나라) 군사를 깨뜨렸다. 이신은 또 언鄢과 영郢을 공격해 깨뜨리고[5] 이에 군사를 이끌고 서쪽으로 가서 몽염과 성보城父[6]에서 회동했다. 초나라 군사들은 진나라 군대 뒤를 따라서 3일 밤과 낮 동안 쉬지 않고 쫓아서 이신의 군대를 크게 깨뜨리고 양쪽의 진지로 쳐들어가서 도위 7명을 살해하자, 진나라 군대는 달아났다.

秦始皇旣滅三晉 走燕王 而數破荊師 秦將李信者 年少壯勇 嘗以兵數千逐燕太子丹至於衍水中 卒破得丹 始皇以爲賢勇 於是始皇問李信 吾欲攻取荊 於將軍度用幾何人而足 李信曰 不過用二十萬人 始皇問王翦 王翦曰 非六十萬人不可 始皇曰 王將軍老矣 何怯也 李將軍果勢①壯勇 其言是也 遂使李信及蒙恬②將二十萬南伐荊 王翦言不用 因謝病 歸老於頻陽 李信攻平與③ 蒙恬攻寢④ 大破荊軍 信又攻鄢郢 破之⑤ 於是引兵而西 與蒙恬會城父⑥ 荊人因隨之 三日三夜不頓舍 大破李信軍 入兩壁 殺七都尉 秦軍走

① 勢세

[집해] 서광이 말했다. "세勢는 다른 판본에는 '단斷'으로 되어 있다."

徐廣曰 勢 一作〔新〕〔斷〕

② 蒙恬몽염

[신주] 《사기지의》에서는 몽염이 아니라 몽무蒙武라고 고증하였는데, 그 의견이 타당하다.

③ 平與평여

[집해] 與의 발음은 '여余'이다.

音余

[정의] 예預의 동북쪽 54리에 있다.

在預東北五十四里

④ 寢침

[집해] 서광이 말했다. "지금 고시固始의 침구寢丘이다."

徐廣曰 今固始寢丘

[색은] 서광은 고시의 침구라고 일렀다. 고시는 현이고 회양淮陽에 속한다. 침구는 지명이다.

徐廣云固始寢丘 固始 縣 屬淮陽 寢丘 地名也

⑤ 攻鄢郢 破之공언영 파지

[신주] 언과 영은 훨씬 옛날에 백기가 함락한 곳이니 여기서 잘못 기록했다. 이때 초나라 사람들이 그들의 수도 수춘壽春을 비록 영郢이라 불렀지만, 아직 수춘을 함락한 것도 아니니 여전히 잘못이다.

⑥ 城父성보

[색은] 여남군에 있다. 곧 응향應鄉이다.

在汝南 卽應鄉

[정의] 군사를 이끌고 성보에 모였다고 말했는데, 곧 이는 여주汝州 겹성현郟城縣 동쪽 보성父城이다. 《괄지지》에서 말한다. "여주 겹성현 동쪽 40리에 보성의 옛 성이 있는데, 곧 복건은 '성보는 초나라 북쪽 영역이다.'라고 일렀다. 또 허주許州 화현華縣 동북쪽 45리에 또한 보성父城의 옛 성이 있는데 곧 두예가 '양성襄城의 성보현이다.'라고 이른 곳이다. 이 두 성은 이름이 보성父城일 뿐이고 복건이 성보라고 한 것은 곧 잘못이다. 《좌전》과 《수경주》에 '초나라 큰 성 성보城父이며 태자 건建을 거처하게 했다.'라고 일렀다. 《십삼주지》에 '태자 건이 거처하던 성보城父는 지금 박주亳州 성보가 옳다.'라고 했다. 이것은 삼가三家의 설명이며

이 성보의 이름이다. 〈지리지〉에 영천군 보성현父城縣과 패군沛郡 성보
현은 현에 의거해 군郡에 속해 그 이름이 저절로 나누어졌다. 옛날의 선
유先儒들이 많이 의혹했으므로 그 이름이 섞여 어지러워졌다.

言引兵而會城父 則是汝州郟城縣東父城者也 括地志云 汝州郟城縣東四十里
有父城故城 卽服虔云城父楚北境者也 又許州華縣東北四十五里亦有父城故
城 卽杜預云襄城城父縣者也 此二城 父城之名耳 服虔城父是誤也 左傳及注水
經云 楚大城城父 使太子建居之 十三州志云 太子建所居城父 謂今亳州城父是
也 此三家之說 是城父之名 地理志云潁川父城縣 沛郡城父縣 據縣屬郡 其名
自分 古先儒多惑 故使其名錯亂

신주 영천군에 속한 현은 보성현이고, 패군에 속한 현은 성보현이다.

진시황이 소식을 듣고 크게 노했다. 그리고 스스로 빈양으로 달려
가서 왕전을 만나 사과했다.

"과인이 장군의 계책을 채용하지 않아 이신이 과연 진나라 군사를
치욕스럽게 했소. 지금 듣자니 형나라(초나라) 군사들이 날마다 진
격하여 서쪽으로 향한다는데, 장군이 비록 병이 들었다고는 하나
어찌 과인을 버릴 수 있겠소."

왕전이 거절하였다.

"노신은 피로하고 병들어 마음마저 어지러워졌습니다.[①] 오직 대왕
께서는 다시 현능한 장군을 선택하십시오."

시황이 사과했다.

"그치시오. 장군께서는 다시 말하지 마시오."

왕전이 말했다.

"대왕께서 필히 부득이 신을 등용하시려면 60만 명이 아니면 안됩니다."

진시황이 말했다.

"장군의 계책을 들어줄 따름이오."

이에 왕전에게 군사 60만 명을 거느리게 하고 시황은 친히 송별하여 파상灞上에 이르렀다. 왕전은 떠나면서 아름다운 전택田宅과 과수원 및 연못을 매우 많이 청했다. 시황이 말했다.

"장군께서 떠나면서 어찌 가난을 근심합니까?"

왕전이 말했다.

"대왕의 장군이 되어 공로가 있는데도 끝내 후작에 봉해지지 못했습니다. 그러므로 대왕께서 신에게 마음을 둘 때 신은 또한 제때 과수원과 연못을 청하여 자손들의 업을 위하고자 할 뿐입니다."

시황은 크게 웃었다. 왕전은 함곡관에 이르고 나서 사신을 보내 돌아가 좋은② 전답을 다섯 번 청했다. 어떤 자가 말했다.

"장군께서 재물을 구걸하는 것이 또한 너무 심합니다."

왕전이 말했다.

"그렇지 않다. 대저 진왕은 거칠고③ 사람을 믿지 않는다.④ 지금은 진나라에 갑옷 입은 군사들을 비우고 나에게 오로지⑤ 맡겼는데 내가 전택을 많이 청해 자손을 위한 사업을 만들어 스스로 견고하게 해두지 않으면, 명을 돌아보고 진왕은 앉아서 나를 의심하지 않겠느냐."

始皇聞之 大怒 自馳如頻陽 見謝王翦曰 寡人以不用將軍計 李信果辱
秦軍 今聞荊兵日進而西 將軍雖病 獨忍棄寡人乎 王翦謝曰 老臣罷病
悖亂^① 唯大王更擇賢將 始皇曰 已矣 將軍勿復言 王翦曰 大王必不得
已用臣 非六十萬人不可 始皇曰 爲聽將軍計耳 於是王翦將兵六十萬人
始皇自送至灞上 王翦行 請美田宅園池甚衆 始皇曰 將軍行矣 何憂貧
乎 王翦曰 爲大王將 有功終不得封侯 故及大王之嚮臣 臣亦及時以請
園池爲子孫業耳 始皇大笑 王翦既至關 使使還請善^②田者五輩 或曰 將
軍之乞貸 亦已甚矣 王翦曰 不然 夫秦王怚^③而不信人^④ 今空秦國甲士
而專^⑤委於我 我不多請田宅爲子孫業以自堅 顧令秦王坐而疑我邪

① 罷病悖亂파병패란

정의 罷의 발음은 '파皮'이고 悖의 발음은 '배背'이다.

罷音皮 悖音背

② 善선

집해 서광이 말했다. "선善은 다른 판본에는 '재薔'로 되어 있다."

徐廣曰 善 一作薔

색은 사자를 시켜서 다섯 번을 청한 것을 이른다.

謂使者五度請也

③ 怚추

집해 怚의 발음은 '추麁'이다.

音麁

④ 怚而不信人추이불신인

집해 서광이 말했다. "추怚는 다른 판본에는 '추粗'로 되어 있다."

徐廣曰 怚 一作粗

⑤ 專전

집해 서광이 말했다. "전專은 또한 '전搏'으로 되어 있고 또 '전剸'으로
도 되어 있다."

徐廣曰 專亦作搏 又作剸

왕전이 과연 이신을 대신하여 초나라를 쳤다. 초나라는 왕전이
군사를 더해 왔다는 소문을 듣고 이에 나라 안의 군사를 모조리
동원해 진나라를 막았다. 왕전이 이르러 방벽을 굳세게 하고 지
키면서 싸우려고 하지 않았다. 형나라(초나라) 군사들이 자주 나
와 싸움을 걸었으나 끝까지 나가지 않았다. 왕전은 날마다 군
사들을 휴식시키고 목욕시키며 좋은 음식을 먹게 하고 진무하
며 몸소 사졸들과 함께 식사했다. 오랫동안 왕전이 사람을 시켜
서 군중 안에서는 무슨 놀이를 하고 있는가를 물었다. 대답했다.
"바야흐로 돌 던지기와 뜀뛰기를 하고 있습니다.①"

이에 왕전이 말했다.

"사졸들을 쓸 만하구나!"

초나라는 자주 싸움을 걸었으나 진나라가 나오지 않자, 이에 초
나라는 인솔하여 동쪽으로 갔다. 왕전은 그것을 기회로 전 병력

으로 추격했는데 장사壯士들을 앞세워 공격하게 해서 초나라 군사들을 크게 깨뜨렸다. 기蘄②의 남쪽에 이르러 그의 장수 항연項燕을 죽이자 초나라 군사들은 마침내 무너져 달아났다. 진나라는 승리의 여세를 타고 초나라 땅의 성읍을 빼앗아 평정했다.

한 해 남짓 되어 초왕 부추負芻를 사로잡고 마침내 초나라 땅을 평정해서 군郡과 현縣으로 만들었다. 이어서 남쪽 백월百越의 군주를 정벌했다. 왕전의 아들 왕분은 이신과 함께 연나라와 제나라 땅을 깨뜨리고 평정했다.

王翦果代李信擊荊 荊聞王翦益軍而來 乃悉國中兵以拒秦 王翦至 堅壁而守之 不肯戰 荊兵數出挑戰 終不出 王翦日休士洗沐 而善飲食撫循之 親與士卒同食 久之 王翦使人問軍中戲乎 對曰 方投石超距① 於是王翦曰 士卒可用矣 荊數挑戰而秦不出 乃引而東 翦因舉兵追之 令壯士擊 大破荊軍 至蘄②南 殺其將軍項燕 荊兵遂敗走 秦因乘勝略定荊地城邑 歲餘 虜荊王負芻 竟平荊地爲郡縣 因南征百越之君 而王翦子王賁 與李信破定燕齊地

① 投石超距투석초거

집해 서광이 말했다. "초超는 다른 판본에는 '발拔'로 되어 있다. 《한서》에서 '감연수甘延壽는 투석과 발거拔距가 같은 무리에서 뛰어났다.'라고 했다. 장안은 《범려병법》에 날아가는 돌의 무게는 12근인데 기계에서 발사하면 300보를 간다. 감연수는 힘이 있어서 손으로 던질 수 있다. 발거는 초거超距이다.'라고 했다."

徐廣曰 超 一作拔 漢書云 甘延壽投石拔距 絕於等倫 張晏曰 范蠡兵法飛石重

十二斤 爲機發行三百步 延壽有力 能以手投之 拔距 超距也

색은 초거超距는 도약과 같다.

超距猶跳躍也

② 蘄기

정의 서주徐州의 현이다.

徐州縣也

진시황 26년, 천하를 모두 병탄했는데 왕씨와 몽씨蒙氏의 공로가 가장 성대했으며 명성이 후세에 베풀어졌다. 진나라 이세황제 때, 왕전과 그의 아들 왕분은 모두 이미 죽었으며 또 몽씨도 없어졌다. 진승陳勝이 진나라에 반역하자, 진나라는 왕전의 손자인 왕리王離를 시켜서 조나라를 치게 하여 조왕 및 장이張耳를 거록성鉅鹿城①에서 포위했다. 어떤 이가 말했다.

"왕리는 진나라 명장이다. 지금 강한 진나라 군사를 거느리고 새로 만들어진 조나라를 공격하니, 빼앗을 것은 필연이다."

객客이 말했다.

"그렇지 않소. 대저 3대에 걸쳐 장군이 된 자는 반드시 패할 것이오. 어째서 반드시 패하겠습니까? 반드시 그들에게 살해되고 정벌된 자들이 많아 그들의 후예들이 그들의 상서롭지 못한 것을 받기 때문이오. 지금 왕리는 이미 3대의 장수요."

얼마쯤 있다 항우項羽가 조나라를 구원하여 진나라 군대를 공격

하고 과연 왕리를 포로로 잡자, 왕리의 군대는 마침내 제후에게
항복했다.

秦始皇二十六年 盡幷天下 王氏蒙氏功爲多 名施於後世 秦二世之時
王翦及其子賁皆已死 而又滅蒙氏 陳勝之反秦 秦使王翦之孫王離擊趙
圍趙王及張耳鉅鹿城[①] 或曰 王離 秦之名將也 今將彊秦之兵 攻新造之
趙 擧之必矣 客曰 不然 夫爲將三世者必敗 必敗者何也 必其所殺伐多
矣 其後受其不祥 今王離已三世將矣 居無何 項羽救趙 擊秦軍 果虜王
離 王離軍遂降諸侯

① 鉅鹿城거록성

[정의] 지금 형주邢州 평향현성은 본래 진나라 거록군성이다.

今邢州平鄕縣城本秦鉅鹿郡城也

태사공은 말한다.

속담에 이르기를 "한 자인데도 짧을 때가 있고 한 치인데도 길
때가 있다."라고 한다. 백기는 적을 헤아리고 변화에 부합해 기이
한 계책을 끊임없이 내서 명성을 천하에 떨쳤다. 그러나 응후應侯
에게서는 환란을 막을 수 없었다. 왕전은 진나라 장군이 되어 육
국을 짓밟고 당시에 노련한 장수가 되어 시황제의 스승이 되었
다. 그러나 진나라가 덕을 세우는 데 능히 돕지 않고 자신의 본
업만을 다지며, 구차한 영합으로 자신을 받아줄 것을 구하다가

일생을 마치는 데[①] 이르렀다. 그러니 손자 왕리에 이르러 항우에게 포로가 된 것은 또한 당연하지 않은가. 저들은 각각 (한 자의 길이가) 짧은 시기에 있었던 것이리라.

太史公曰 鄙語云 尺有所短 寸有所長 白起料敵合變 出奇無窮 聲震天下 然不能救患於應侯 王翦爲秦將 夷六國 當是時 翦爲宿將 始皇師之 然不能輔秦建德 固其根本 偸合取容 以至歾身[①] 及孫王離爲項羽所虜 不亦宜乎 彼各有所短也

① 歾身몰신

집해 서광이 말했다. "歾의 발음은 '몰沒'이다."

徐廣曰 歾音沒

색은술찬 사마정이 펼쳐서 밝히다.

백기와 왕전은 모두 용병을 잘했다. 번갈아 진나라 장군이 되어 제나라를 꺾고 초나라를 격파했다. 조나라는 마복군 아들에게 맡겼지만 장평에서 모두 묻혔다. 초나라가 이신을 몰락시키자 패상에서 끝내 출전했다. 왕분과 왕리는 계속 나왔지만 3대째엔 명성이 없었다.

白起王翦 俱善用兵 遞爲秦將 拔齊破荊 趙任馬服 長平遂阬 楚陷李信 霸上卒行 賁離繼出 三代無名

[지도 1] 백기왕전열전

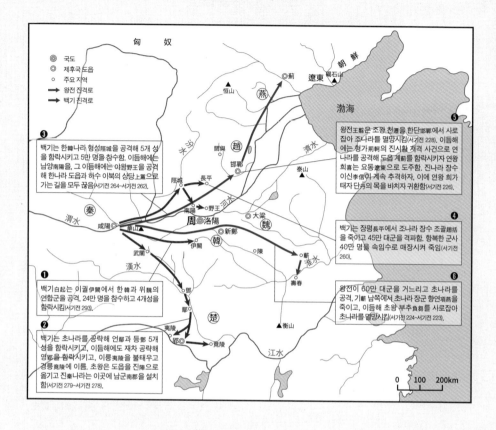

범례
- ◎ 국도
- ◎ 제후국 도읍
- ○ 주요 지역
- ➡ 왕전 진격로
- ➡ 백기 진격로

❸ 백기는 한韓나라 형성陘城을 공격해 5개 성을 함락시키고 5만 명을 참수함. 이듬해에는 남양南陽을, 그 이듬해에는 야왕野王을 공격해 한나라 도읍과 하수 이북의 상당上黨으로 가는 길을 모두 끊음(서기전 264~서기전 262).

❺ 왕전王翦은 조왕 천遷을 한단邯鄲에서 사로잡아 조나라를 멸망시킴(서기전 228). 이듬해에는 형가荊軻의 진시황 저격 사건으로 연나라를 공격해 도읍 계薊를 함락시키자 연왕 희喜는 요동遼東으로 도주함. 진나라 장수 이신李信이 계속 추격하자, 이에 연왕 희가 태자 단丹의 목을 바치자 귀환함(서기전 226).

❹ 백기는 장평長平에서 조나라 장수 조괄趙括을 죽이고 45만 대군을 격파함. 항복한 군사 40만 명을 속임수로 매장시켜 죽임(서기전 260).

❶ 백기白起는 이궐伊闕에서 한韓과 위魏의 연합군을 공격, 24만 명을 참수하고 4개성을 함락시킴(서기전 293).

❷ 백기는 초나라를 공략해 언鄢과 등鄧 5개 성을 함락시키고, 이듬해에도 재차 공략해 영郢을 함락시키고, 이릉夷陵을 불태우고 경릉竟陵에 이름. 초왕은 도읍을 진陳으로 옮기고 진秦나라는 이곳에 남군南郡을 설치함(서기전 279~서기전 278).

⑥ 왕전이 60만 대군을 거느리고 초나라를 공격, 기蘄 남쪽에서 초나라 장군 항연項燕을 죽이고, 이듬해 초왕 부추負芻를 사로잡아 초나라를 멸망시킴(서기전 224~서기전 223).

0   100   200km

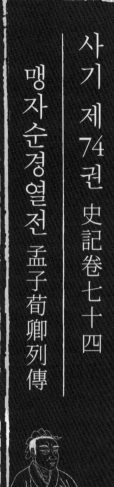

사기 제74권 史記卷七十四

맹자순경열전 孟子荀卿列傳

사기 제74권 맹자순경열전 제14

史記卷七十四 孟子荀卿列傳第十四

　색은　살펴보니 〈태사공자서〉에는 〈맹상군열전〉이 제14이고 〈맹자순경 열전〉은 제15로 되었는데, 아마 후세 사람이 등급을 정해 이 〈맹상군열전〉 을 아래에 두었을 것이다.

按 序傳孟嘗君第十四 而此傳爲第十五 蓋後人差降之矣

　신주　이 열전은 공자 이후 유학의 맥을 이은 맹자와 순자를 중심으로 도가道家 등을 제외한 제자백가를 간략하게 다루고 있다. 특히 여기에 기술한 추연鄒衍 등 전국시대 학문을 주도한 제齊나라 직하稷下 학파는 그들의 이론에 경험적, 실천적 사고를 논리적으로 쟁점화함으로써, 고대 중국 학문사에서 백가쟁명百家爭鳴의 전성기를 구가歐歌하게 했다. 이렇 듯 제나라 지역에서 흥성한 백가百家의 논쟁論爭은 진시황秦始皇이 자신 의 정책에 반대하는 지식인과 비판적인 언론에 대한 탄압책과 한漢나라 무제의 친유책親儒策을 거치면서 소강小康한 시대가 있었으나, 이후 그 논쟁은 지금까지 끊이지 않은 중국학문의 대하大河를 이루고 있다.

　열전 제목이 〈맹자순경열전〉으로 되어 있지만 제목과는 달리 맹자와 순자의 사적에 관해서 짧게 다루면서 오히려 잡가雜家를 유가보다 상세 하게 설명하고 있다. 사마천은 맹자와 순자 외에 추기騶忌, 추연騶衍,

추기騶忌, 순우곤淳于髡, 신도愼到, 이사李斯 등 다양한 학파의 인물들을 소개하면서도 이익만 추구하는 정치를 비판하는 유가儒家의 입장을 취하였으니 아이러니하다. 이 열전에서 등장하는 주요 인물을 소개하면 다음과 같다.

맹자孟子(?~서기전 289년)는 이름이 가軻이고 자는 자여子輿이다. 당시 노魯나라에 편입된 추읍鄒邑 출신으로, 전국시대의 철학자, 사상가, 교육자이다. 공자의 제자들로부터 이어진 후학들에서 순자荀子와 더불어 대표적인 유가학파이다. 이른바 '성선설'을 주창했고 이후 공자에 버금가는 아성亞聖으로 추앙된다. 저서로 《맹자》가 있다.

추연鄒衍(?~?)은 역시 제나라 직하 출신이다. 이른바 음양가陰陽家의 대표학자로, 음양오행陰陽五行 이론을 정립했다. 이후 한漢나라를 거치면서 음양오행론은 역易과 결합하여 단순히 이론을 넘어 철학과 사상의 높은 수준까지 올라선다. 그리하여 수많은 위서緯書를 낳는 등, 동아시아인들의 사상을 지배하는 도구가 된다.

순자荀子(?~서기전 238년)는 전국시대 말 조나라 출신으로 이름은 황況이다. 전국시대 말기 대표적인 사상가, 철학자, 교육자, 유가학파이며, 제나라 직하의 우두머리인 좨주祭酒를 세 차례나 거쳤다. 이후 배척당해 초나라 난릉蘭陵으로 이주했고 당시 초나라 춘신군春申君의 환대를 받았으며, 죽어서 그곳에 묻혔다. 이른바 '성악설'을 주창했고 이후 맹자와 달리 유학자들에게 배척당한다. 저서로 《순자》가 있다.

맹자와 추연

태사공은 말한다.

나는 《맹자》의 글을 읽을 때 양혜왕梁惠王이 "어찌해야 우리나라를 이롭게 하겠소?"라는 물음에 이르러 일찍이 읽던 글을 멈추고 탄식하지 않은 적이 없었다. 말하노니, 아아! 이익이란 진실로 어지러움의 시작이구나!

선생님(공자孔子)께서 이익에 대해 드물게 말씀하신 것도 항상 이익의 근원을 막기 위해서였다. 이 때문에 이르기를 "이익에 치우쳐 행동하면 원한이 많다."라고 한 것이다. 천자부터 서인庶人에 이르기까지 이익을 좋아하는 폐단이 어찌 다르겠는가.

太史公曰 余讀孟子書 至梁惠王問 何以利吾國 未嘗不廢書而歎也 曰 嗟乎 利誠亂之始也 夫子罕言利者 常防其原也 故曰 放於利而行 多怨 自天子至於庶人 好利之弊何以異哉

맹가孟軻는 추騶 땅 사람이다.[①] 학업을 자사子思의 문인門人[②]에게서 받았다. 도道를 이미 통달하고 제나라 선왕宣王에게 유세하여 섬기려 했으나 선왕은 등용하지 않았다. 양梁나라에 갔으나, 양혜왕은 말한 바대로 하지 않았고 (맹자를) 보기에 현실과 거리가 멀어 어둡다고 여겼다.

이즈음에, 진나라는 상군商君(상앙)을 등용하여 국가를 부유하게 하고 군사력을 강화하였다. 초나라와 위魏나라는 오기吳起를 등용해 약한 적과 싸워 이겼다. 제나라 위왕威王과 선왕宣王은 손자孫子와 전기田忌의 무리를 등용해 제후들이 동면東面하여 제나라에 조회하게 했다.

천하가 바야흐로 합종책과 연횡책에 힘써 정벌하는 것을 현능하다고 여기고 있었으나, 맹가는 당唐과 우虞와 삼대三代의 덕만을 말했다. 이 때문에 가는 곳마다 부합하지 못했다. 물러나 만장萬章 무리[③]와 함께 시詩와 서書에 차례를 매기고 중니仲尼의 뜻을 기술하여《맹자》7편을 저작했다. 이후에 추자騶子의 무리가 있었다.

孟軻 騶人也[①] 受業子思之門人[②] 道旣通 游事齊宣王 宣王不能用 適梁 梁惠王不果所言 則見以爲迂遠而闊於事情 當是之時 秦用商君 富國 彊兵 楚魏用吳起 戰勝弱敵 齊威王宣王用孫子田忌之徒 而諸侯東面 朝齊 天下方務於合從連衡 以攻伐爲賢 而孟軻乃述唐虞三代之德 是 以所如者不合 退而與萬章之徒[③]序詩書 述仲尼之意 作孟子七篇 其後 有騶子之屬

① 孟軻 騶人也맹가 추인야

색은 軻의 발음은 '가[苦何反]' 또는 '가[苦賀反]'이다. 추鄒는 노나라 땅이름이다. 또 '주邾'라고 이르는데, 주邾나라 사람이 추鄒 땅으로 이사했기 때문이라고 한다.

軻音苦何反 又苦賀反 鄒 魯地名 又云邾 邾人徙鄒故也

정의 맹가의 자는 자여子輿이고 제나라 경卿이 되었다. 추鄒는 연주兗州의 현이다.

軻字子輿 爲齊卿 鄒 兗州縣

② 子思之門人자사지문인

색은 왕소는 '인人' 자를 덧붙여진 글자로 여겼고 곧 맹가孟軻는 친히 공급孔伋의 문하에서 수업했다고 했다. 지금 '문인'이라고 말한 것은 곧 자사의 제자에게 학업을 받았다고 말한 것이다.

王劭以人爲衍字 則以軻親受業孔伋之門也 今言門人者 乃受業於子思之弟子也

신주 자사子思는 공자의 손자이고 이름은 급伋이다.《중용》을 저술했다고 한다.

③ 萬章之徒만장지도

색은 《맹자》에 〈만장〉, 〈공명고〉 등이 있는데 대개 모두 맹가의 문인이다. 만萬은 성이고 장章은 이름이다.

孟子有萬章公明高等 蓋竝軻之門人也 萬姓 章名

제齊나라에는 3명의 추자騶子①가 있었다. 그 제일 앞은 추기騶忌인데 비파를 타서 제나라 위왕威王에게 벼슬을 구했다. 이로 인하여 국가의 정사를 하게 되고 성후成侯로 봉해졌으며 재상의 인수를 받았다. 맹자보다 선대이다.

그 다음은 추연騶衍으로 맹자보다 후대이다. 추연은 국가를 가진 자들이 더욱 음란 사치하고 능히 덕을 숭상하지 않음을 목도하고, 마치 《시경》〈대아〉에서처럼 자기의 몸을 가지런히 하여 백성들에게까지 그 덕을 펼쳐야 존재한다고 여겼다. 이에 음과 양의 시운時運이 변화하는 것을 깊이 관찰하여 괴이하고 현실과 거리가 먼 〈종시終始〉와 〈대성大聖〉 10여만 마디를 저술했다.

그의 언어는 광범위하고 이치에는 맞지 않으나 반드시 먼저 조그마한 사물을 실증하여 미루고 확대하여 무한한 곳까지 이르는데, 먼저 지금의 이상以上부터 황제黃帝에 이르기까지는 학자들이 공동으로 서술한 것으로 대체로 시대의 흥함과 쇠함을 아우르고 있다.② 이어서 길흉의 징조와 국가의 제도를 기재하고 미루어서 멀리는 하늘과 땅이 생기기 전, 깊고 먼 신비한 세상을 생각하고 혼돈의 시대인 고증할 수 없는 근원까지 이르렀다.

먼저 중국의 명산과 대천大川에서 계곡과 통하는 새와 짐승, 물이나 뭍에서 번식하는 것 등, 사물의 종류가 진귀한 것들을 나열하고 이에 따라 미루어서 사람들이 볼 수 없는 천하의 밖에까지 미쳤다. 또 천지가 나누어진 이래 오행이 차례로 옮겨가 각 시대의 다스림이 각기 그 마땅함을 얻고, 하늘이 명령하고 사람이 응답하는 이와 같은 것을 인용하여 일컬었다.③

齊有三騶子① 其前騶忌 以鼓琴干威王 因及國政 封爲成侯而受相印 先
孟子 其次騶衍 後孟子 騶衍睹有國者益淫侈 不能尙德 若大雅整之於
身 施及黎庶矣 乃深觀陰陽消息而作怪迂之變 終始大聖之篇十餘萬言
其語閎大不經 必先驗小物 推而大之 至於無垠 先序今以上至黃帝 學
者所共術 大竝世盛衰② 因載其禨祥度制 推而遠之 至天地未生 窈冥不
可考而原也 先列中國名山大川 通谷禽獸 水土所殖 物類所珍 因而推
之 及海外人之所不能睹 稱引天地剖判以來 五德轉移 治各有宜 而符
應若茲③

① 三騶子삼추자

신주 추기騶忌, 추연騶衍, 추석騶奭이다.

② 大竝世盛衰대병세성쇠

집해 竝의 발음은 '팡[蒲浪反]'이다.

竝 蒲浪反

색은 그 대체大體는 시대의 성쇠를 따라 시기를 관찰하고 일을 설명했
다는 말이다.

言其大體隨代盛衰 觀時而說事

③ 稱引天地~而符應若茲칭인천지~이부응약자

신주 오덕은 곧 오행五行이다. '화수목금토'가 각각 순환하며 시대에 따
라 적용되고, 또 미리 그 조짐이 나타난다는 것이 '음양오행론'과 '참위설'
이다. 이것은 나중에 중국 정치사와 철학사에서 아주 중요한 기능을 한다.

(그는) 유가가 이른바 중국이란 천하의 81분 중 한 부분에 사는 것일 뿐이라고 생각했다.[1] 중원의 나라를 이름하여 '적현신주赤縣神州'라고 했는데, 적현신주의 안에는 처음부터 구주九州가 있었다. 우禹임금이 서열序列한 구주가 이것이다. 그러나 주州의 전체 수가 아니다. 이는 중원의 나라 밖에도 적현신주와 같은 것이 9개가 있어 곧 이른바 구주九州라고 하는데, 여기에는 작은 바다로 둘러싸여 있고[2] 사람과 짐승이 (다른 주와) 서로 통하지 않는 독립된 지역처럼 되어야 하나의 주가 된다. 이와 같은 주가 모두 9개이고, 큰 바다가 바깥을 두르고 있어 하늘과 땅의 경계가 된다는 것이다. 그의 학설은 모두 이런 종류이다.

그러나 그것이 돌아가는 요체는 반드시 인의仁義와 절검節儉, 군주와 신하, 위와 아래, 육친六親들에게 베푸는 것으로 마무리되는데, 시작은 부실할[3] 뿐이다. 왕공王公이나 대인 들은 처음에 그의 학설을 보고서 두려워하여 변화를 생각하나[4] 그 뒤에는 이것을 이행할 수 없었다고 한다.

以爲儒者所謂中國者 於天下乃八十一分居其一分耳[1] 中國名曰赤縣神州 赤縣神州內自有九州 禹之序九州是也 不得爲州數 中國外如赤縣神州者九 乃所謂九州也 於是有裨海環之[2] 人民禽獸莫能相通者 如一區中者 乃爲一州 如此者九 乃有大瀛海環其外 天地之際焉 其術皆此類也 然要其歸 必止乎仁義節儉 君臣上下六親之施 始也濫[3]耳 王公大人初見其術 懼然顧化[4] 其後不能行之

① 八十一分居其一分耳팔십일분거기일분이

[색은] 환관桓寬과 왕충은 나란히, 추연이 말한 바는 오활하고 괴상하며 허망한 것을 병합한 것으로 육국의 군주를 현혹하여 벼슬을 간구한 것이라고 했다. 따라서 그의 이상스러운 설명을 받아들이는 것을 이른바 "보통 사내가 제후를 경영하여 현혹한다."라는 것이 이것이다.

桓寬王充竝以衍之所言迂怪虛妄 干惑六國之君 因納其異說 所謂匹夫而營惑 諸侯者是也

② 裨海環之비해환지

[색은] 裨의 발음은 '비脾'이다. 비해裨海는 작은 바다이다. 구주九州의 밖에는 다시 대영해大瀛海가 있다. 그러므로 이 비裨는 작은 바다가 맞다는 것을 알 수 있다. 또 장군에는 비장裨將이 있는데 비裨는 작다는 뜻이다.

裨音脾 裨海 小海也 九州之外 更有大瀛海 故知此裨是小海也 且將有裨將 裨 是小義也

③ 濫람

[색은] 람濫은 곧 람상濫觴으로, 강江의 근원의 처음이고 시작이다. 그러므로 이 문장의 뜻은 람濫을 처음으로 삼은 것이다. 추연의 술術에서 군주, 신하, 위, 아래, 육친의 사이와 행사하여 베푸는 바와 시작하는 것을 말한 것은 모두 후대의 종본宗本이 될만하다. 그러므로 '람濫'이라고 이른 것뿐이다.

濫卽濫觴 是江源之初始 故此文意以濫爲初也 謂衍之術言君臣上下六親之際 行事之所施所始 皆可爲後代之宗本 故云濫耳

④ 懼然顧化구연고화

懼의 발음은 '구㤢'이다. 추연의 학설이 모두 사람의 마음을 움직여서 보는 자 중 두려워서 생각을 머물지 않는 자가 없음을 이른다. 또 내심內心에 생각이 머물러 이윽고 변화하면 그 학설을 따르고자 한 것을 이른다. 살펴보니 화化는 곧 일상적인 견문을 바꾸어 이상한 학설만을 귀하게 여기는 것이다.

懼音㤢 謂衍之術皆動人心 見者莫不懼然駐想 又內心留顧而已化之 謂欲從其術也 按 化者 是易常聞而貴異術也

이 때문에 추자騶子는 제나라에서 중요하게 여겨졌다. 양梁나라에 갔는데, 양혜왕은 교외에서 맞이하고 빈객과 주인의 예로써 대했다. 조趙나라에 갔는데, 평원군平原君이 곁에서 걷고 자리의 먼지까지 털어주었다.[①] 연나라에 갔는데, 소왕이 비를 들고 앞에서 인도하고[②] 제자들의 줄에 앉기를 청해 수업받았으며, 갈석궁碣石宮을 축조하고[③] 몸소 친히 가서 스승으로 모셨다. 〈주운〉을 저술했다.[④]

그가 제후들에게 유세할 때 예로써 존경을 받은 것이 이와 같았다. 어찌 중니仲尼가 진陳과 채蔡에서 새파랗게 질린 얼굴빛이 되고 맹가孟軻가 제齊와 양梁에서 곤란을 당한 것과 같겠는가.[⑤]

是以騶子重於齊 適梁 惠王郊迎 執賓主之禮 適趙 平原君側行撤席[①] 如燕 昭王擁彗先驅[②] 請列弟子之座而受業 築碣石宮[③] 身親往師之 作主運[④] 其游諸侯見尊禮如此 豈與仲尼菜色陳蔡 孟軻困於齊梁同乎哉[⑤]

① 側行撇席측행별석

[색은] 살펴보니 《자림》에 말한다. "撇의 발음은 '펼[疋結反]'이다." 위소가 말했다. "撇의 발음은 '별[敷蔑反]'이다." 장읍의 《삼창훈고》에서 말한다. "별撇은 먼지를 터는 것이다. 곁에서 행동하면서 옷으로 앉는 자리를 털어서 공경하고 감히 정좌正坐하지 못하며 손님과 주인의 예로써 상대하는 것을 이른다."

按 字林曰撇音疋結反 韋昭曰敷蔑反 張揖三蒼訓詁云撇 拂也 謂側而行 以衣撇席爲敬 不敢正坐當賓主之禮也

② 擁彗先驅옹혜선구

[색은] 살펴보니 혜彗는 빗자루이다. 땅을 쓰는 것인데, 옷소매에 비를 쥐고 뒤로 물러나면서 먼지가 어른에게 이를까 조심하며 공경하는 바를 이른다.

按 彗 帚也 謂爲之埽地 以衣袂擁帚而卻行 恐塵埃之及長者 所以爲敬也

③ 築碣石宮축갈석궁

[정의] 갈석궁은 유주 계현 서쪽 30리에 있는 영대寧臺의 동쪽에 있다.

碣石宮在幽州薊縣西三十里寧臺之東

④ 作主運작주운

[색은] 살펴보니 유향의 《별록》에, 추자의 책에 〈주운〉이 있다고 일렀다.

按 劉向別錄云鄒子書有主運篇

⑤ 仲尼菜色陳蔡~於齊梁同乎哉중니채색진채~어제량동호재

살펴보니 중니와 맹자는 선왕의 도를 본받고 인의仁義를 변화시켜 행했지만 또 파랗게 질린 낯빛을 하고 곤궁했다. 추연鄒衍은 궤변과 괴상함을 가지고 제후들을 현혹하여 경영했지만 그가 이처럼 예로써 존중받았으니, 길이 탄식할 만하다는 것이다.

按 仲尼孟子法先王之道 行仁義之化 且菜色困窮 而鄒衍執詭怪營惑諸侯 其見禮重如此 可爲長太息哉

그러므로 무왕武王은 인의로써 주紂를 토벌하여 천하의 왕이 되었고, 백이伯夷는 굶주려도 주나라 곡식을 먹지 않았다. 위衛나라 영공靈公이 진법陳法을 묻자 공자께서 대답하지 않았다. 양혜왕이 조나라를 공격하고자 했는데 맹가는 주나라 태왕太王이 빈邠 땅을 떠난 것을 말했다.① 이것이 어찌 세상에 아부하고 구차하게 영합하려는 뜻일 뿐이라고 하겠는가.

네모진 자루를 가지고 둥그렇게 깎은 곳에 넣으려고 하면 그것이 잘 들어가겠는가.② 어떤 이는 말했다. "이윤伊尹은 솥을 지고 탕왕湯王을 힘쓰게 해 왕업을 이루게 하고, 백리해百里奚는 소를 기르는 것을 수레 아래에서 해 진秦나라 목공穆公에게 등용되어 패업霸業을 이루게 함으로써 일어나 먼저 합한 후에 대도大道로 인도했다. 추연은 그의 말이 비록 법도가 아니었더라도 혹시 또한 소를 기르고 솥을 등에 질 뜻이 있었던가?③"

故武王以仁義伐紂而王 伯夷餓不食周粟 衞靈公問陳 而孔子不答 梁惠王謀欲攻趙 孟軻稱大王去邠① 此豈有意阿世俗苟合而已哉 持方柄

① 稱大王去邠칭태왕거빈

색은 지금 살펴보니《맹자》에 "태왕이 빈 땅을 떠났다.[태왕거빈太王
去邠]"라고 한 것은 맹자가 등문공滕文公에게 대답한 말인데, 지금 양혜왕
이 조나라를 공격하는 것을 모의했다고 했으니《맹자》와 같지 않다.

今按 孟子太王去邠是軻對滕文公語 今云梁惠王謀攻趙 與孟子不同

② 持方柄欲內圜鑿 其能入乎지방예욕내환착 기능입호

색은 살펴보니 방예方柄는 순筍(자루)이다. 환착圜鑿은 구멍이다. 공인工人
이 나무를 깎는데 모난 자루를 둥근 구멍에 집어넣을 수 없는 것을 이른
다. 그러므로《초사》에 "네모진 자루를 둥그렇게 깎은 곳에 집어넣으려
고 할 경우 나는 참으로 그것이 어긋나 들어가지 않을 것을 안다."라고
한 것이 이것이다. 전국시대 때에 중니와 맹자가 인의로써 세상의 군주
에게 간구한 것은 오히려 모난 자루를 둥근 구멍에 넣는 것과 같은 것을
이른다.

按 方柄是筍也 圜鑿是孔也 謂工人斲木 以方筍而內之圜孔 不可入也 故楚詞
云以方柄而內圜鑿 吾固知其鉏鋙而不入是也 謂戰國之時 仲尼孟軻以仁義干
世主 猶方柄圜鑿然

③ 牛鼎之意乎우정지의호

색은 살펴보니《여씨춘추》에서 말한다. "소를 넣는 솥에 닭을 삶는 것은

안 된다." 곧 우정牛鼎은 추연의 術術이 현실과는 멀고 큰 것으로 혹시라도 만약 크게 등용되면, 이것은 우정牛鼎의 뜻이 있다는 말이다. 초주는 또한 이르기를 "태사공의 이 논설을 관찰하면 곧 그가 기이한 것을 아끼는 것이 심하다."고 했다.

按 呂氏春秋云函牛之鼎不可以烹鷄 是牛鼎言衍之術迂大 儻若大用之 是有牛鼎之意 而譙周亦云觀太史公此論 是其愛奇之甚

제 二 장

직하의 학문과 순경 및 백가

> 추연과 제나라 직하稷下^① 선생으로부터 순우곤淳于髡과 신도愼到와 환연環淵^②과 접자接子^③와 전병田駢^④과 추석騶奭 무리^⑤는 각각 글을 지어 다스려지고 어지러워지는 일을 말하면서 세상의 군주에게 세상 일을 간여했지만 어찌 이루 다 말로 할 수 있었겠는가.
>
> 自騶衍與齊之稷下^①先生 如淳于髡愼到環淵^②接子^③田駢^④騶奭之徒^⑤
> 各著書言治亂之事 以干世主 豈可勝道哉

① 稷下직하

색은 직하稷下는 제나라 성문이다. 어떤 이는 "직하稷下는 산 이름이다."라고 했다. 제나라 학사들이 직문稷門의 아래에 모인 것을 이른다.

稷下 齊之城門也 或云稷下 山名 謂齊之學士集於稷門之下

② 環淵환연

색은 살펴보니 유향의 《별록》에 '환環'을 성이라 했다.

按 劉向別錄環作姓也

③ 接子접자

[색은] 옛날 책을 지은 사람의 칭호이다.

古著書人之稱號

④ 騈병

[색은] 騈의 발음은 '변[步堅反]' 또는 '병[步經反]'이다.

步堅步經反二音

⑤ 騶奭之徒추석지도

[정의] 《신자》는 10권이고 법가法家에 있으며 곧 전국시대의 처사處士
이다. 《접자》는 2편이다. 《전자》는 25편이며, 제나라 사람이고 직하稷下
에서 유학해서 '천구天口'라고 불렀다. 접자와 전병 두 사람은 도가道家
이다. 추석은 《추석》 12편이 있고 음양가陰陽家이다.

愼子十卷 在法家 則戰國時處士 接子二篇 田子二十五篇 齊人 游稷下 號天口
接田二人 道家 騶奭十二篇 陰陽家

순우곤은 제나라 사람이다. 널리 듣고 잘 기억했으며 배움에 주
된 것은 없었다. 그가 군주를 간하여 설득한 것을 보면 안영晏嬰
의 사람됨을 사모했으나 상대방의 마음을 살피고 안색을 살피는
데 힘썼다. 객客이 양혜왕에게 순우곤을 만나보도록 했다. 혜왕
이 좌우를 물리치고 홀로 앉아서 (순우곤을) 두 번 만나보았으나 끝
까지 말이 없었다. 양혜왕이 괴이쩍게 여기고 객을 꾸짖었다.

"그대는 순우 선생에 관중管仲이나 안영晏嬰이 미치지 못한다고 했는데 과인이 만나봄에 과인은 얻은 것이 없었소. 어찌 과인이 그와 이야기하기에는 부족하다는 말이오? 무슨 까닭이 있소?"

객이 순우곤에게 이러한 사실을 말했다. 순우곤이 말했다.

"확실합니다. 내가 지난날 왕을 뵈었는데 왕의 뜻은 말을 타고 달리는 데 있었소. 뒤에 다시 왕을 뵈었을 때는 왕의 뜻이 음악에 있었소. 나는 이 때문에 묵묵하게 있었던 것이오."

객이 구체적인 것으로 왕에게 보고했다. 왕이 크게 놀라면서 말했다.

"아아! 순우 선생은 진실로 성인聖人이시다! 지난날 순우 선생이 왔을 때 어떤 사람이 좋은 말[馬]을 바쳤으며 과인이 살펴보지 못했는데 때마침 선생이 이르렀소. 뒤에 선생이 왔을 때는 어떤 사람이 노래를 올렸고 시험해보지 못했는데 또한 때마침 선생이 왔소. 과인이 비록 사람을 물리쳤으나 사사로운 마음이 저곳에 있어 그것을 가지려 했었소.[①]"

뒤에 순우곤을 만나보고 한 번 입을 열어 3일 낮밤을 이어서 이야기했는데도 피곤해하지 않았다. 양혜왕은 경卿이나 재상의 지위로 대우하려고 했지만 순우곤은 이로 인해 사양하고 떠났다. 이에 전송하면서 사마駟馬(수레를 끄는 4마리 말)가 끄는 편안한 마차[②]에 비단 묶음에 구슬을 더하고 황금 100일鎰을 주어 보냈다. 죽을 때까지 벼슬하지 않았다.[③]

淳于髡 齊人也 博聞彊記 學無所主 其諫說 慕晏嬰之爲人也 然而承意觀色爲務 客有見髡於梁惠王 惠王屛左右 獨坐而再見之 終無言也 惠王

怪之 以讓客曰 子之稱淳于先生 管晏不及 及見寡人 寡人未有得也 豈
寡人不足爲言邪 何故哉 客以謂髡 髡曰 固也 吾前見王 王志在驅逐 後
復見王 王志在音聲 吾是以默然 客具以報王 王大駭 曰 嗟乎 淳于先
生誠聖人也 前淳于先生之來 人有獻善馬者 寡人未及視 會先生至 後
先生之來 人有獻謳者 未及試 亦會先生來 寡人雖屏人 然私心在彼 有
之^① 後淳于髡見 壹語連三日三夜無倦 惠王欲以卿相位待之 髡因謝去
於是送以安車駕駟^② 束帛加璧 黃金百鎰 終身不仕^③

① 私心在彼 有之사심재피 유지

[색은] 사사로운 마음이 진실로 저 말[馬]과 노래하는 데 있는 것을 이
른다. 유지有之는 "나에게 진실로 이 두 가지 일이 있었다."라는 것을
이른다.

謂私心實在彼馬與謳也 有之 謂我實有此二事也

② 安車駕駟안거가사

[신주] 안거安車는 노인이 타는 수레이다. 가사駕駟는 사마駟馬가 끄는
것이다.

③ 終身不仕종신불사

[신주] 〈골계열전〉에는 순우곤은 벼슬한 것으로 나온다. 따라서 그가
벼슬을 하지 않은 것은 아니다.

신도愼到는 조나라 사람이다. 전병田騈과 접자接子는 제나라 사람
이다. 환연環淵은 초나라 사람이다. 모두 황제黃帝와 노자의 도덕
의 술術을 배웠고 인하여 밝게 펼쳐서 그것이 가리키는 뜻을 서
술했다. 그러므로 신도는 십이론十二論을 저술했다.[①] 환연은 상
하편을 저술했다. 전병과 접자도 모두 논한 바가 있었다.

추석騶奭은 제나라 여러 추씨 중 한 사람이다. 또한 추연騶衍의
술術을 채집하여 문장을 기록했다. 이에 제나라 왕이 아름답게
여기고 스스로 순우곤과 같은 이하를 모두 명해서 열대부列大夫
라고 하고 사통팔달한 거리[②]에 저택을 열어 높은 문과 큰 집에
살며 총애받았다. 이에 천하의 제후나 빈객들에게 보여서 제나라
는 능히 천하의 어진 사인들을 이르게 했다고 말한다.

愼到 趙人 田騈接子 齊人 環淵 楚人 皆學黃老道德之術 因發明序其指
意 故愼到著十二論[①] 環淵著上下篇 而田騈接子皆有所論焉 騶奭者 齊
諸騶子 亦頗采騶衍之術以紀文 於是齊王嘉之 自如淳于髡以下 皆命
曰列大夫 爲開第康莊之衢[②] 高門大屋 尊寵之 覽天下諸侯賓客 言齊能
致天下賢士也

① 愼到著十二論신도저십이론

집해 서광이 말했다. "지금 《신자》는 유향이 정한 41편이 있다."

徐廣曰 今愼子 劉向所定 有四十一篇

② 康莊之衢강장지구

집해 《이아》에서 말한다. "사방으로 통하는 네거리를 구衢라고 이른다.

다섯 군데로 통하는 길을 강康이라고 이른다. 여섯 곳으로 통하는 길을 장莊이라고 이른다."

爾雅曰 四達謂之衢 五達謂之康 六達謂之莊

순경荀卿은 조나라 사람이다.[①] 50세가 되어서 비로소 제나라에서 유학했다. 추연騶衍의 학설은 원대하고 변론에 깊이가 있었다. 추석은 문장은 갖추어졌으나 실행하기는 어려웠다. 순우곤과는 오래도록 함께 거처하면서 가끔 좋은 말을 들을 수 있었다. 이 때문에 제나라 사람들이 칭송했다.

"오묘하고 광대한 하늘 이야기를 하는 것은 추연이고, 용을 새겨 놓은 듯이 문장을 쓰는 것은 추석이며, 기름통을 지져 흘러나오 듯[②] 지혜가 넘치는 것은 순우곤이다.[③]"

荀卿 趙人[①] 年五十始來游學於齊 騶衍之術迂大而閎辯 奭也文具難施 淳于髠久與處 時有得善言 故齊人頌曰 談天衍 雕龍奭 炙轂[②]過髠[③]

---

① 荀卿 趙人순경 조인

색은 이름은 황況이다. 경卿은 당시 사람이 서로 높여서 경卿이라고 불렀다. 제나라에 벼슬해서 좨주祭酒가 되었고 초나라에 벼슬해서 난릉령蘭陵令이 되었다. 뒤에 또 손경자孫卿子라고 일렀는데 한漢나라 선제宣帝의 휘諱를 피해서 고친 것이다.

名況 卿者 時人相尊而號爲卿也 仕齊爲祭酒 仕楚爲蘭陵令 後亦謂之孫卿子者 避漢宣帝諱改也

② 炙轂자곡

［집해］ 서광이 말했다. "다른 판본에는 '난화亂䂄'로 되어 있다."

徐廣曰 一作亂䂄

③ 談天衍~過髠담천연~과곤

［집해］ 유향의《별록》에서 말한다. "추연이 말한 바는 오덕五德의 종시終
始와 천지天地의 광대한 것으로 하늘의 일을 다 말했다. 그러므로 '담천
談天'이라고 일렀다. 추석騶奭은 추연의 글을 닦아서 꾸며 용무늬를 새겨
놓은 것과 같았다. 그러므로 '조룡雕龍'이라고 했다."《별록》에 '과過' 자
는 '과輠'로 되어 있다. 과輠는 수레의 가득 찬 기름통이다. 불을 때서 비
록 다해도 오히려 남아서 흐르는 것이 있으니, 순우곤의 지혜가 다 마르
지 않는 것은 마치 수레의 기름통에 불을 때는 것과 같다는 말이다. 좌
사左思의《제도부》주석에서 말한다. "그 많은 지혜가 다 마르기 어려운
것이 마치 기름에 불을 때도 매끄럽고 촉촉해지는 것이 있는 것과 같다
는 말이다."

劉向別錄曰 騶衍之所言五德終始 天地廣大 盡言天事 故曰談天 騶奭脩衍之文
飾若雕鏤龍文 故曰雕龍 別錄曰過字作輠 輠者 車之盛膏器也 炙之雖盡 猶有
餘流者 言淳于髠智不盡如炙輠也 左思齊都賦注曰言其多智難盡 如炙膏過之
有潤澤也

［색은］ 살펴보니 유향의《별록》에 '과過' 자는 '과輠'로 되어 있다. 과輠
는 수레의 가득 찬 기름통이다. 불에 지져 비록 다 말랐으나 아직도 남
은 액체가 있으니, 순우곤의 지혜가 다 마르지 않은 것이 기름통을 불에
지지는 것과 같다는 말이다. 살펴보니 유씨는 "곡轂은 추연의 자이다."라
고 한다. 지금 살펴보니 문장에서 '자곡과炙轂過'라고 칭했는데, 과過는

곧 그릇 이름이고 過의 발음은 통상 글자대로 읽으며 기름이 가득 찬 그릇의 이름을 '과過'라고 한다. '과過'와 '과鍋'는 글자가 서로 비슷하며 대개 곧 기름 그릇이다. 곡轂은 곧 수레바퀴이고 과過는 수레바퀴를 매끄럽게 하는 물건인즉 곡轂은 추연의 자가 아니다.

按 劉向別錄過字作輠 輠 車之盛膏器也 炙之雖盡 猶有餘津 言髡智不盡如炙 輠也 按 劉氏云轂 衍字也 今按 文稱炙轂過 則過是器名 音如字讀 謂盛脂之器 名過 過與鍋字相近 蓋卽脂器也 轂卽車轂 過爲潤轂之物 則轂非衍字矣

전병의 무리는 모두 이미 제나라 양왕襄王[①] 때 죽었기 때문에 순경이 가장 늙은 스승이 되었다. 제나라는 열대부를 높이 여겨 빈자리를 채웠는데, 순경은 세 번이나 좨주祭酒가 되었다.[②] 제나라 사람들 누군가가 순경을 헐뜯자 순경은 초나라로 갔다. 춘신군春申君이 난릉령蘭陵令[③]으로 삼았다. 춘신군이 죽자 순경은 벼슬을 물러났으며 그 인연으로 난릉에서 가문을 이루었다. 이사李斯는 일찍이 제자가 되어 얼마 후에 진나라 재상이 되었다.
순경은 세상의 정치가 혼탁하게 되는 것과 나라를 망치는 어지러운 군주가 계속 이어지는 것과, 대도大道가 이루어지지 않으면서 무당의 굿을 벌여서 상서로운 징조를 믿는 것과, 비루한 유생들은 작은 것에 얽매이고 장주莊周의 무리가 또 어지러운 세상을 비웃고 풍자하는 것을 싫어했다. 이에 유가儒家와 묵가墨家와 도덕가道德家의 행적, 사업이 흥성하고 실패한 것들을 미루어서 순서대로 나열하여 수만 마디의 저서를 짓고 죽었다. 그로 인해 난릉에 묻혔다.

田駢之屬皆已死齊襄王^①時 而荀卿最爲老師 齊尙脩列大夫之缺 而荀卿三爲祭酒焉^② 齊人或讒荀卿 荀卿乃適楚 而春申君以爲蘭陵令^③ 春申君死而荀卿廢 因家蘭陵 李斯嘗爲弟子 已而相秦 荀卿嫉濁世之政 亡國亂君相屬 不遂大道而營於巫祝 信禨祥 鄙儒小拘 如莊周等又猾稽亂俗 於是推儒墨道德之行事興壞 序列著數萬言而卒 因葬蘭陵

① 齊襄王제양왕

색은 양왕을 살펴보니 이름은 법장法章이고 민왕의 아들이며 거莒 땅 사람들이 세웠다.

按襄王名法章 湣王子 莒人所立者

② 三爲祭酒焉삼위좨주언

색은 살펴보니 향사례에는 음식을 먹으면 반드시 제사를 먼저지내고 술을 마시면 또한 그러하는데, 반드시 자리 중에 높은 한 사람이 제사를 맡을 따름이며 뒤에 이를 따라서 관명官名으로 삼았다. 그러므로 오왕吳王 유비劉濞가 유씨를 좨주로 삼은 것이 이것이다. 순경이 세 번 좨주가 되었다는 것은 순경이 출입한 전후로 세 번 열대부 강장康莊의 지위에 처해 모두 그를 높이게 된 것을 이른다. 그러므로 '삼위좨주'라고 일렀다.

按 禮食必祭先 飮酒亦然 必以席中之尊者一人當祭耳 後因以爲官名 故吳王濞爲劉氏祭酒是也 而卿三爲祭酒者 謂荀卿出入前後三度處列大夫康莊之位 而皆爲其所尊 故云三爲祭酒也

③ 蘭陵令난릉령

정의 난릉은 현이고 동해군에 속했으며 지금 기주沂州 승현承縣에 난릉산이 있다.

蘭陵 縣 屬東海郡 今沂州承縣有蘭陵山

조趙나라에는 또한 공손룡公孫龍[1]이 있어서 견백동이설堅白同異說[2]을 지었는데 극자劇子의 말[3]도 있었다. 위魏나라에는 이회李悝가 있었는데 땅의 힘을 다하는 것을 가르쳤다.[4] 초나라에는 시자尸子와 장로長盧가 있었다.[5] 아阿 땅에는 우자吁子가 있었다.[6] 맹자부터 우자에 이르기까지 세상에는 그 서적이 많이 있었다. 그러므로 그들이 전하여 이르는 것을 논하지 않았다.

대개 묵적墨翟은 송나라 대부였는데 수비와 방어를 잘하고 근검절약했다.[7] 어떤 이는 아울러 공자와 동시대라고 했고 어떤 이는 공자의 후대에 있었다고 했다.[8]

而趙亦有公孫龍[1]爲堅白同異之辯[2] 劇子之言[3] 魏有李悝 盡地力之教[4] 楚有尸子長盧[5] 阿之吁子焉[6] 自如孟子至于吁子 世多有其書 故不論其傳云 蓋墨翟 宋之大夫 善守禦 爲節用[7] 或曰竝孔子時 或曰在其後[8]

---

① 公孫龍공손룡

색은 살펴보니 곧 중니仲尼 제자의 이름이다. 이곳에는 조나라 사람이라고 했는데 〈중니제자열전〉에는 위衛나라 사람이라고 했고 정현은 초나라 사람이라고 했으니, 각각 그 진실을 알지 못한다. 또 아래 문자에

"아울러 공자와 동시대라고 했다. 어떤 이는 공자의 후대에 있다고 했다."
라고 이른 것은 별도의 사람이 아니라는 것을 알 수 있는 이유이다.

按 卽仲尼弟子名也 此云趙人 弟子傳作衞人 鄭玄云楚人 各不能知其眞也 又
下文云竝孔子同時 或曰在其後 所以知非別人也

② 堅白同異之辯건백동이지변

　집해　《진태강지기》에서 말한다. "여남군 서평현에 용연수龍淵水가 있
는데 도검을 담금질하는 데 사용하면 특별히 단단하고 날카로워진다. 이
때문에 견백堅白을 논하는 데 있어 '(검을 감정하는 사람이) 누런빛은 단단하
기 때문이고 흰빛은 날카롭기 때문이다.'라고 하자 어떤 이가 변론하기를
'흰빛은 단단하지 않기 때문이고 누런빛은 날카롭지 않기 때문이다.'라고
했다는 것이다."

晉太康地記云 汝南西平縣有龍淵水可用淬刀劍 特堅利 故有堅白之論 云 黃
所以爲堅也 白 所以爲利也 或辯之曰 白 所以爲不堅 黃 所以爲不利

　정의　《한서》〈예문지〉에《공손룡자》14편이라고 했는데 안사고가 이
르기를, 곧 견백堅白의 변辯이라고 했다. 〈평원군열전〉을 살펴보니 추연
이 때를 함께했다.《괄지지》에서 말한다. "서평현은 예주 서북쪽 140리
이고 용연수가 있다."

藝文志公孫龍子十四篇 顏師古云卽爲堅白之辯 按平原君傳 騶衍同時 括地志
云西平縣 豫州西北百四十里 有龍淵水也

　신주　단단한 흰돌에 관해 단단하다는 것은 촉감으로 아는 것이고, 희다
는 것은 시각으로 아는 것이다. 따라서 단단하다는 것과 희다는 것을 동
시에 인식할 수는 없다는 논리로 단단한 흰 돌을 시각으로 느낀 사람은
색깔은 알아도 단단한지는 모르고, 촉각으로 느낀 사람은 단단한지는

알아도 색깔은 모르기 때문에 같은[同] 성질을 두고 다른[異] 것이라고 부를 수 있고, 다른[異] 성질을 두고 같다[同]고 부를 수 있다는 것이 '견백동이론堅白同異論'이다.

③ 劇子之言극자지언

집해 서광이 말했다. "응소의《씨성주》를 살펴보니 곧 이르기를 '처자處子이다.'라고 한다."

徐廣曰 按應劭氏姓注直云處子也

색은 살펴보니 책을 지은 사람의 성은 극씨劇氏이고 '자子'라고 칭했으며 이전에 사관이 그의 이름을 기록하지 않은 것이다. 그러므로 조나라에는 극맹劇孟과 극신劇辛이 있다.

按 著書之人姓劇氏而稱子也 前史不記其名也 故趙有劇孟及劇辛也

④ 李悝 盡地力之敎이회 진지력지교

정의 《한서》〈예문지〉에서 말한다. "《이자》32편이 있다. 이회는 위나라 문후를 도와 부국강병책을 썼다."

藝文志 李子三十二篇 李悝相魏文侯 富國彊兵

⑤ 楚有尸子長盧초유시자장로

집해 유향의《별록》에서 말한다. "초나라에 시자尸子가 있는데 아마 촉에 있을 것이라고 일렀다. 지금《시자》의 글을 살펴보니 진晉나라 사람이고 이름은 교佼이며 진秦나라에서 위앙衛鞅을 돕는 객이었다. 위앙 상군商君은 일을 꾀하고 계획하고 법을 세우고 백성을 다스렸는데 일찍이 교佼의 법규를 지키지 않은 적이 없었다. 상군이 형벌을 당하자 교佼는 함께 처벌될 것이 두려워 도망쳐 촉으로 들어갔다. 스스로 《시자》 20편을 지으니 총 6만 마디였다. 그 까닭에 죽어서 촉에 묻혔다."

劉向別錄曰 楚有尸子 疑謂其在蜀 今按尸子書 晉人也 名佼 秦相衞鞅客也 衞鞅商君謀事畫計 立法理民 未嘗不與佼規之也 商君被刑 佼恐幷誅 乃亡逃入蜀 自爲造此二十篇書 凡六萬餘言 卒 因葬蜀

[색은] 살펴보니 시자의 이름은 교佼이다. 佼의 발음은 '교絞'이다. 진晉나라 사람이며 일의 구체적인 것이 《별록》에 있다. 장로長盧는 자세하지 않다.

按 尸子名佼 音絞 晉人 事具別錄 長盧 未詳

[정의] 《장로》는 9편이고 초나라 사람이다.

長盧九篇 楚人

⑥ 阿之吁子焉아지우자언

[집해] 서광이 말했다. "아阿는 지금의 동아東阿이다."

徐廣曰 阿者 今之東阿

[색은] 아阿는 제나라 동아東阿이다. 吁의 발음은 '미芈'이다. 《별록》에 '미자芈子'로 되어 있는데 지금 '우吁' 또한 글자가 같다.

阿 齊之東阿也 吁音芈 別錄作芈子 今吁亦如字也

[정의] 살펴보니 동제주東齊州이다. 《한서》 〈예문지〉에서 말한다. "《우자》 18편이고 이름은 영嬰이며 제나라 사람이고 70제자의 후대이다." 안사고는 吁의 발음을 '미弭'라고 했다. 살펴보니 이는 제나라 사람이다. 아阿는 또 제나라에 속하는데 아마 안사고가 잘못한 것이다.

按 東齊州也 藝文志云吁子十八篇 名嬰 齊人 七十子之後 顏師古云音弭 按 是齊人 阿又屬齊 恐顏公誤也

⑦ 蓋墨翟~爲節用개묵적~위절용

集解 《묵자》에서 말한다. "공수반公輸般이 구름사다리 기계를 만들어 송나라를 공격하려고 했다. 묵자가 듣고 영郢에 이르러 공수반을 만났다. 묵자가 혁대를 풀어 성을 만들고 작은 나뭇조각으로 기계를 만들었다. 공수반이 성을 공격하는 기계를 변화시켜 아홉 번 공격을 시도했으나 묵자는 아홉 번을 다 막아냈다. 공수반은 기계로 공격하는 방법을 다했으나 묵자의 수비에는 진실로 여유가 있었다. 공수반은 굴복하고 말하기를 '나는 그대를 막을 방법을 알고 있지만 말하지 않겠습니다.'라고 했다. 묵자도 말하기를 '나도 그대에게 나를 막아낼 방법이 있는 것을 알고 있지만 나도 말하지 않겠습니다.'라고 했다. 듣고 있던 초나라 왕이 그 까닭을 물었다. 묵자가 말하기를 '공수자公輸子는 신을 죽이고자 하는 데 뜻이 있을 뿐입니다. 신을 죽이면 송나라는 방어할 능력이 없으니 공격할 수 있습니다. 그러나 신의 제자 금활리禽滑釐 등 300여 명이 이미 신이 국가를 수비하는 기계를 가지고 송나라 성 위에서 초나라 침략군을 기다리고 있습니다. 비록 신을 죽이더라도 막을 수 없을 것입니다.'라고 했다. 초왕이 말하기를 '좋소. 내가 송나라 성을 공격하지 말 것을 허락하오.'라고 했다."

墨子曰 公輸般爲雲梯之械成 將以攻宋 墨子聞之 至於郢 見公輸般 墨子解帶 爲城 以牒爲械 公輸般九設攻城之機變 墨子九距之 公輸般之攻械盡 墨子之守 固有餘 公輸般詘 而言曰 吾知所以距子矣 吾不言 墨子亦曰 吾知子之所以距 我者 吾不言 楚王問其故 墨子曰 公輸子之意不過欲殺臣 殺臣 宋莫能守 可攻 也 然臣之弟子禽滑釐等三百人已持臣守國之器在宋城上而待楚寇矣 雖殺臣 不能絕也 楚王曰 善哉 吾請無攻宋城矣

索隱 '위운제지계爲雲梯之械'를 주석하면, 제梯를 살펴보니 나무를 얽어

서 높은 곳에서 내려다보는 것이다. 운운雲은 높이 올라 구름 속으로 들어
간다는 말이다. 그러므로 운제雲梯라고 했다. 계械는 기물이다. 성을 공
격하는 전망대를 이른다. '묵자해대위성墨子解帶爲城'을 주석하면, 묵자가
학설을 만들고 신체 위의 혁대를 풀어서 성을 만든 것을 이른다. '이첩위계
以牒爲械'를 주석하면, 첩牒을 살펴보니 작은 나뭇조각이다. 계械는 전망
대 등이다. '공수반지공계진公輸般之攻械盡'을 주석하면, 유씨는 이르기를
'계械는 높은 사다리, 찌르는 수레, 돌을 쏘아 날리는 수레와 같은 도구
를 이른다.'고 했다. 詘의 발음은 '굴[丘勿反]'이다. 공수반의 기술이 이미
다했는데도 묵자의 수비에는 여유가 있었다는 것을 이른다. 금활리禽滑釐
는 묵자 제자의 성과 자이다. 釐의 발음은 '리里'이다.

注爲雲梯之械者 按梯者 構木瞰高也 雲者 言其昇高入雲 故曰雲梯 械者 器也
謂攻城之樓櫓也 注墨子解帶爲城者 謂墨子爲術 解身上革帶以爲城也 注以牒
爲械者 按牒者 小木札也 械者 樓櫓等也 注公輸般之攻械盡者 劉氏云械謂飛
梯撞車飛石車弩之具 詘音丘勿反 謂般技已盡 墨守有餘 禽滑釐者 墨子弟子之
姓字也 釐音里

신주 당거撞車는 찌르는 수레이니, 즉 수레에 뾰족하게 깎은 무거운 나
무를 실어 성문을 쳐서 부수는 기계이며 충거衝車라고도 한다. 비석거노
飛石車弩는 돌을 날리는 쇠뇌를 실은 기계로 발석거發石車라고 한다. 진지
와 성을 부수는 용도로 쓴다.

⑧ 或曰在其後혹왈재기후

색은 살펴보니 《별록》에서 말한다. "지금 《묵자》의 글을 살펴보니 문자
文子가 있다. 문자는 곧 자하子夏의 제자인데 묵자에게 물었다." 이와 같
으면 묵자는 70제자의 후대이다.

按 別錄云今按墨子書有文子 文子卽子夏之弟子 問於墨子 如此 則墨子在七十
子之後也

| 색은술찬 | 사마정이 펼쳐서 밝히다.

전국시대 말기에 싸워 이기는 것을 최고로 쳤다. 맹가는 제나라와 위나
라에서 유세했으나 그 설득은 통하지 않았다. 물러나 저술하며 궁구한
도를 깨우쳐 일컬었다. 난릉에서 초나라를 섬겼고 추연은 헛된 말로
담론했다. 강장 무리는 비록 나열되었지만 거둔 공은 보이지 않는구나!
六國之末 戰勝相雄 軻游齊魏 其說不通 退而著述 稱吾道窮 蘭陵事楚 騶衍談
空 康莊雖列 莫見收功

사 기 제 75 권 史 記 卷 七 十 五

맹 상 군 열 전 孟 嘗 君 列 傳

사기 제75권 맹상군열전 제15

史記卷七十五 孟嘗君列傳第十五

신주 전국시대 사공자四公子로 알려진 조나라 평원군平原君, 위나라 신
릉군信陵君, 초나라 춘신군春申君과 더불어 선두 주자인 제나라 맹상군
을 다룬 열전이다. 성명은 전문田文(?~?)이며 문자文子, 설문薛文 또는 설
공薛公 등으로 불린다. 아버지는 정곽군靖郭君 전영田嬰이고 할아버지는
제나라 위왕威王이다. 서자로 태어났지만 뛰어난 재주를 인정받아 아버
지를 이어 후계자가 되어 설薛에 계속 봉해지게 되었다.

빈객들을 좋아하여 수많은 종류의 빈객들이 그에게 와서 머물렀으며,
제후들 사이에서 유명해졌다. 맹상군은 진秦나라 소양왕이 초대했을 때
진나라에 갔다가 죽을 위기를 넘기는 과정에서 특이한 재주를 가진 빈
객의 도움을 받아 탈출에 성공했는데, 이것이 이른바 '계명구도雞鳴狗盜'
이다. 또 전갑田甲이 난을 일으킨 것에 대해 민왕은 맹상군이 사주한 것
으로 의심하자 제나라에서 위魏나라로 도망하였다가 위나라 재상을 지
내기도 했다. 제민왕은 송宋나라를 멸하여 위세를 뽐냈으나, 결국 6국
연합군의 공격을 받아 제나라는 무너지고 민왕은 달아났다가 그 17년
(서기전 284)에 죽임을 당한다.

제나라 양왕襄王이 즉위한 후, 전단田單의 기책으로 마침내 연나라를 몰아내고 제나라는 옛 본토를 거의 회복한다. 아마 맹상군은 이때 제나라로 돌아왔을 것으로 생각되며, 양왕은 그가 설 땅에 물러나 살 것을 허락한다. 맹상군은 이후 제후들 사이에서 중립을 지켰다고 하는데, 사마천은 '나는 일찍이 설薛 땅에 들린 적이 있었는데, 그곳의 풍속은 마을마다 난폭하고 사나운 자제들이 많아서 추鄒나 노魯와는 달랐다.'고 한 말이 매우 흥미롭다. 맹상군이 죽은 후 그의 아들들이 자리를 놓고 다투자 이를 계기로 제나라와 위나라가 함께 설을 멸하고 후계자를 남기지 않았다고 하는데, 자세한 것은 알 수 없다. 《전국책》에 많은 이야기가 전하고 또 그 일부를 사마천이 소개하고 있지만, 모두 사실로 믿기는 힘들다.

계명구도

맹상군의 이름은 문文이고 성은 전씨田氏이다. 전문의 아버지는 정곽군靖郭君 전영田嬰이다. 전영은 제나라 위왕威王의 막내아들로 제나라 선왕의 서제庶弟이다.[①] 전영은 위왕 때부터 직임을 맡아 권력을 누렸으며 성후成侯 추기鄒忌 및 전기田忌와 함께 장군으로서 한나라를 구원하고 위나라를 정벌했다.[②]

성후와 전기는 위왕의 총애를 다투었는데 성후가 전기를 음해하였다. 전기가 두려워 제나라 변방의 읍을 습격했으나 승리하지못하고 도망쳤다.[③] 때마침 제나라 위왕이 죽고 선왕宣王이 왕위에 올라서[④] 성후가 전기를 죄에 빠뜨린 것을 알게 되었고, 이에다시 전기를 불러서 장군으로 삼았다.

선왕 2년, 전기는 손빈孫臏 및 전영田嬰과 함께 위나라를 정벌하여 마릉馬陵에서 무찌르고 위나라 태자 신申을 포로로 잡았으며위나라 장수인 방연龐涓을 살해했다.[⑤]

孟嘗君名文 姓田氏 文之父曰靖郭君田嬰 田嬰者 齊威王少子而齊宣王庶弟也[①] 田嬰自威王時任職用事 與成侯鄒忌及田忌將而救韓伐魏[②]

成侯與田忌爭寵 成侯賣田忌 田忌懼 襲齊之邊邑 不勝 亡走^③ 會威王
卒 宣王立^④ 知成侯賣田忌 乃復召田忌以爲將 宣王二年 田忌與孫臏田
嬰俱伐魏 敗之馬陵 虜魏太子申而殺魏將龐涓^⑤

① 齊宣王庶弟也제선왕서제야

색은 살펴보니 《전국책》과 여러 서적에 모두 이러한 말이 없는 것은
아마 여러 전씨의 별도 아들일 것이다. 그러므로 《전국책》에 늘 '영자嬰子',
'반자肦子'라고 일컬었고 고유의 주석에는 '전반田肦', '전영田嬰'이라고 일
렀다. 왕소가 또 살펴보니 《전국책》에 이르기를 "제나라 모변貌辯이 선왕
에게 말하기를 '왕께서 막 태자가 되었을 때, 제가 정곽군靖郭君에게 태자
를 폐하고 다시 교사郊師를 세우는 것만 같지 못하다고 했는데, 정곽군이
차마 하지 못했습니다.'라고 했다. 선왕이 크게 탄식하여 말하기를 '과인이
어려서 자못 알지 못했다.'고 했다."라고 했는데, 이러한 말로 보면 전영이
선왕의 아우가 아닌 것이 명백하다.

按 戰國策及諸書竝無此言 蓋諸田之別子也 故戰國策每稱 嬰子 肦子 高誘注
云 田肦 田嬰 也 王劭又按 戰國策云 齊貌辯謂宣王曰 王方爲太子時 辯謂靖郭
君 不若廢太子 更立郊師 靖郭君不忍 宣王太息曰 寡人少 殊不知 以此言之 嬰
非宣王弟明也

② 救韓伐魏구한벌위

신주 이것은 계릉桂陵 전투를 가리키므로, 한나라를 구원한 것이 아니라
조나라를 구원한 것이다. 〈위세가〉 등에 자세히 기록되어 있다.

③ 不勝 亡走불승 망주

신주 《사기지의》에서는 망령된 기록이라 했으며,《전국책》에도 전기는
왕과 추기를 피해 도망했다고 했다. 그 시기도 마릉 전투 이후이다.

④ 會威王卒 宣王立회위왕졸 선왕립

신주 사마천이 잘못된 제나라 기년을 적용한 결과이며, 실제 선왕 원년
은 아직 위왕 15년이 된다. 마릉 전투도 이때 벌어진다.

⑤ 殺魏將龐涓살위장방연

색은 《죽서기년》에 양혜왕 28년에 해당하고 36년에 이르러 원년을 고쳐
서 후원後元이라 했다.

紀年當梁惠王二十八年 至三十六年改爲後元也

선왕 7년, 전영은 한나라와 위나라에 사신으로 가서 한나라와
위나라를 제나라에 복종하게 했다. 전영은 한나라 소후昭侯 및
위나라 혜왕과 함께 동아東阿① 남쪽에서 제나라 선왕과 만나 맹약
하고 떠나게 했다.②
이듬해, 다시 양혜왕梁惠王과 함께 견甄 땅③에서 회동했다. 이 해에
양혜왕이 죽었다.④
제선왕 9년, 전영은 제나라 재상이 되었다. 제나라 선왕은 위나라
양왕과 함께 서주徐州에서 회동하고 서로 왕이 되기로 했다.⑤ 초
나라 위왕威王이 듣고 전영에게 노했다. 이듬해에 초나라는 제나라

군사를 서주에서 깨뜨리고 사람을 시켜 전영을 내쫓게 했다. 전영은 장추張丑를 보내서 초위왕楚威王을 설득하게 하자 위왕이 이에 중지했다.

전영이 제나라 재상이 된 지 11년에 선왕이 죽고 민왕湣王이 즉위했다.[⑥] 즉위한 3년에 전영을 설薛 땅[⑦]에 봉했다.

宣王七年 田嬰使於韓魏 韓魏服於齊 嬰與韓昭侯魏惠王會齊宣王東阿[①]南 盟而去[②] 明年 復與梁惠王會甄[③] 是歲 梁惠王卒[④] 宣王九年 田嬰相齊 齊宣王與魏襄王會徐州而相王也[⑤] 楚威王聞之 怒田嬰 明年 楚伐敗齊師於徐州 而使人逐田嬰 田嬰使張丑說楚威王 威王乃止 田嬰相齊十一年 宣王卒 湣王即位[⑥] 即位三年 而封田嬰於薛[⑦]

① 東阿동아

정의 동아東阿는 제주濟州의 현이다.

東阿 濟州縣也

신주 〈육국연표〉와 〈전경중완세가〉에는 평아平阿라고 했는데, 평아는 당시 멀리 남쪽 초나라 땅이므로 '동아'라는 기록이 맞다.

② 盟而去맹이거

색은 《죽서기년》에 양혜왕 후원 11년에 해당한다. 그곳의 글에는 '평아平阿'로 되어 있다. 또 이르기를 "13년 제나라 위왕威王과 견鄄에서 회동했다."라고 했다. 이곳과 이듬해에 제선왕과 양혜왕이 견鄄에서 회동했다고 한 것은 문장이 동일하다. 다만 제나라 위왕, 선왕 두 왕은 문장이 어긋나 모두 같지 않다.

紀年當惠王之後元十一年 彼文作平阿 又云 十三年會齊威王于鄄 與此明年齊
宣王與梁惠王會鄄文同 但齊之威宣二王 文舛互竝不同

신주 색은 주석에서 인용한 《죽서기년》 기록과 달리 〈전경중완세가〉
기록에 따르면, 제나라 선왕은 위魏나라 왕과 연속으로 회동하였다. 제
선왕은 재위 7년에 평아平阿에서, 재위 8년에 견鄄에서, 재위 9년에 서주
徐州에서 위나라 왕과 회동하였다. 〈위세가〉에 의하면 회동한 시기는 위
혜왕魏惠王 35~36년과 위양왕魏襄王 원년에 해당하며, 《죽서기년》 기록
보다 10여 년가량 빠르다. 색은 은 아마 《죽서기년》 기년을 잘못 인용하
여 제나라 위왕 21년을 양혜왕 후원 11년으로, 제나라 위왕 23년을 양혜
왕 후원 13년이라 했을 가능성이 크다. 또 제나라 선왕 9년 서주의 모임
은 "제후들이 서로 왕이라고 칭했다."고 말한 기록으로 보아, 실제 그해
인 위혜왕 후원 원년에 있었다고 보인다. 위혜왕이 새로 개원하여 왕이라
고 칭했기 때문이다. 하지만 그때는 《사기》 기록처럼 제나라 선왕 9년이
아니라, 실제 제나라 위왕 23년인 점이 다를 뿐이다.

③ 甄견

집해 甄의 발음은 '견絹'이다.

音絹

④ 是歲 梁惠王卒시세 양혜왕졸

신주 역시 잘못된 기록이다. 양혜왕은 다음 해 제나라 위왕과 더불어
왕이라 칭하고 후원 원년으로 한다.

⑤ 會徐州而相王也회서주이상왕야

정의 《죽서기년》에, 양혜왕 30년에 하비下邳에서 설薛로 옮기고 서주徐州라고 이름을 고쳤다고 한다.

紀年云梁惠王三十年 下邳遷于薛 改名徐州

⑥ 宣王卒 湣王卽位선왕졸 민왕즉위

신주 역시 잘못된 기록이며, 실제 위왕 33년이다. 아직 선왕조차 등극하지 않았다. 또 그렇다면 전영이 봉해진 것도 위왕 때가 맞을 것이다.

⑦ 卽位三年 而封田嬰於薛즉위삼년 이봉전영어설

색은 《죽서기년》에 양혜왕 후원 13년 4월, 제위왕이 전영田嬰을 설薛에 봉했다. 10월에 제나라에서 설薛에 성을 쌓았다. 14년에 설자薛子 전영이 조회에 들어왔다. 15년 제위왕이 죽었다. 전영은 처음에 팽성彭城에 봉해졌다. 모두 이곳의 문장과는 다르다.

紀年以爲梁惠王後元十三年四月 齊威王封田嬰于薛 十月 齊城薛 十四年 薛子嬰來朝 十五年 齊威王薨 嬰初封彭城 皆與此文異也

정의 설薛의 옛 성은 지금 서주 등현滕縣 남쪽 44리에 있다.

薛故城在今徐州滕縣南四十四里也

신주 실제 이때는 제위왕 35년으로 《죽서기년》과 《사기》 기년이 다르지만, 연도는 서기전 320년으로 일치한다.

애초에, 전영은 아들 40여 명을 두었는데, 신분이 천한 첩에게 아들이 있었다. 그 아이의 이름을 문文이라고 했다. 문文은 5월 5일에 태어났다. 전영이 아이의 어머니에게 고했다.

"키우지 말라."

아이 어머니가 몰래 키워서 (아이를) 살렸다.^① 장성하자 아이의 어머니는 형제들을 따라서 전영에게 그의 아들 전문田文을 만나보게 했다. 전영은 아이 어머니에게 노하여 말했다.

"내가 너에게 이 자식을 버리라고 명령했는데 감히 살리다니 어째서인가?"

전문이 머리를 조아리고 인하여 말했다.

"군君께서 5월에 태어난 자식을 키우지 말라고 한 것은 무슨 까닭이었습니까?"

전영이 말했다.

"5월에 태어난 자식^②이 자라서 키가 집 문과 같아지면 장차 그의 부모에게 이롭지 않다고 했다."

전문이 말했다.

"사람이 태어나는 것은 하늘에서 명을 받는 것입니까, 혹은 집 문에서 명을 받는 것입니까?"

전영이 대답 없이 잠잠히 있었다. 전문이 말했다.

"반드시 하늘에서 명을 받은 것입니다. 군君께서는 무엇을 걱정하십니까? 반드시 집 문에서 명을 받는다면 그 문짝을 높이면 될 것인데 누가 이를 수 있겠습니까."

전영이 말했다.

"아들이 훌륭하구나."

初 田嬰有子四十餘人 其賤妾有子名文 文以五月五日生 嬰告其母曰
勿舉也 其母竊舉生之① 及長 其母因兄弟而見其子文於田嬰 田嬰怒其
母曰 吾令若去此子 而敢生之 何也 文頓首 因曰 君所以不舉五月子者
何故 嬰曰 五月子者② 長與戶齊 將不利其父母 文曰 人生受命於天乎
將受命於戶邪 嬰默然 文曰 必受命於天 君何憂焉 必受命於戶 則可高
其戶耳 誰能至者 嬰曰 子休矣

① 勿舉也 其母竊舉生之 물거야 기모절거생지

색은 살펴보니 앞의 '거舉'는 처음 태어났을 때 키운 것을 이르고, 뒤의
'거舉'는 목욕시켜서 젖을 먹여 키운 것을 이른다. 생生은 자라게 키운 것
을 이른다.

按 上 舉 謂初誕而舉之 下 舉 謂浴而乳之 生謂長養之也

② 五月子者 오월자자

색은 살펴보니 《풍속통》에서 말한다. "세속의 이야기에, 5월 5일에
태어난 자식이 아들이면 아버지를 해치고 딸이면 어머니를 해친다."

按 風俗通云 俗說五月五日生子 男害父 女害母

한동안을 지나 전문은 한가한 틈을 타서 그의 아버지 전영을 모시
고 질문했다.

"아들의 아들은 무엇이라고 합니까?"

영이 말했다.

"손자이다."

(전문이 질문했다.)

"손자의 손자는 무엇이라고 합니까?"

(전영이 답했다.)

"현손玄孫이라고 한다."

(전문이 질문했다.)

"현손의 손자는 무엇이라고 합니까?①"

(전영이 답했다.)

"잘 모르겠다."

전문이 말했다.

"군君께서는 권력을 잡아 제나라 재상이 되어 지금까지 세 분의 왕을 모셨습니다. 제나라 영토는 넓어지지 않았지만 군君의 사가 私家에서는 수만금의 부富를 쌓았는데도 문하에는 현능한 이가 한 사람도 보이지 않습니다. 제가 듣자니 장수의 집안에는 반드 시 장수감이 있고 재상의 집안에는 반드시 재상감이 있다고 했습 니다. 지금 군께서는 후궁들도 문채가 있는 비단옷을 입고 있는 데 사인士人들은 해진 짧은 베옷②을 얻지 못합니다. 노복이나 첩 들도 쌀밥에 고기반찬이 남아도는데 사인들은 술지게미나 겨도 배부르게 먹지 못합니다. 지금 군께서는 또 넉넉하게 쌓고 저장한 것이 남아돌지만, 어떤 사람에게 남겨줄지 알지 못하여③ 공가公 家의 일이 날마다 손해 본다는 것을 잊고 계십니다. 저는 가만히 이상하게 여기고 있습니다."

이에 전영은 비로소 전문을 예로써 대우하고 집안의 일을 주관하게 하며 빈객들을 접대하게 했다. 빈객들이 날마다 늘어나서 명성이 제후들에게 알려졌다. 제후들이 모두 사람을 보내서 설공薛公 전영에게 전문을 태자로 삼도록 청하자, 전영이 허락했다. 전영이 죽자 시호를 정곽군靖郭君[④]이라고 했다. 전문이 과연 설薛 땅에서 대를 이었는데 이이가 맹상군이다.

久之 文承閒問其父嬰曰 子之子爲何 曰 爲孫 孫之孫爲何 曰 爲玄孫 玄孫之孫爲何[①] 曰 不能知也 文曰 君用事相齊 至今三王矣 齊不加廣而君私家富累萬金 門下不見一賢者 文聞將門必有將 相門必有相 今君後宮蹈綺縠而士不得(短)〔裋〕褐[②] 僕妾餘粱肉而士不厭糟穅 今君又尙厚積餘藏 欲以遺所不知何人[③] 而忘公家之事日損 文竊怪之 於是嬰迺禮文 使主家待賓客 賓客日進 名聲聞於諸侯 諸侯皆使人請薛公田嬰以文爲太子 嬰許之 嬰卒 諡爲靖郭君[④] 而文果代立於薛 是爲孟嘗君

① 玄孫之孫爲何현손지손위하

색은 살펴보니 《이아》에서 말한다. "현손의 아들은 내손來孫이고, 내손의 아들은 곤손昆孫이고, 곤손의 아들은 잉손仍孫이고, 잉손의 아들은 운손雲孫이다." 또 이손耳孫이 있는데 또한 곧 현손의 아들로 《이아》와 같지 않다.

按 爾雅云 玄孫之子爲來孫 來孫之子爲昆孫 昆孫之子爲仍孫 仍孫之子爲雲孫又有耳孫 亦是玄孫之子 不同也

② 裋褐수갈

裋의 발음은 '수豎'이다. 수갈豎褐은 갈옷을 짧게 만들어 줄여서 일을 하는 데 편리하게 한 것을 이른다.

(短)〔裋〕亦音豎 豎褐 謂褐衣而豎裁之 以其省而便事也

③ 遺所不知何人유소부지하인

색은 遺의 발음은 '예[唯季反]'이다. 오히려 어떤 사람에게 남겨 주고자 하는지를 알지 못하겠다는 말이다.

遺音唯季反 猶言不知欲遺與何人也

④ 靖郭君정곽군

집해 《황람》에서 말한다. "정곽군 무덤은 노국魯國 설성薛城 안의 동남 쪽 모퉁이에 있다."

皇覽曰 靖郭君冢在魯國薛城中東南陬

색은 살펴보니 죽은 뒤에 별도의 호칭으로 '정곽靖郭'이라고 했을 뿐인 즉 '정곽靖郭'은 혹 봉읍의 호칭이다. 그러므로 한漢나라 제왕齊王의 장인 사균駟鈞을 정곽후에 봉한 것이 이것이다. 陬의 발음은 '추鄒' 또는 '추緅' 이다. 추陬는 성의 모퉁이이다.

按 謂死後別號之曰靖郭耳 則靖郭 或封邑號 故漢齊王舅父駟鈞封靖郭侯是也
陬音鄒 亦音緅 陬者 城隅也

맹상군이 설薛에 있을 때 제후들의 빈객 및 망명하여 죄가 있는 자까지 초청하기에 이르렀는데, 모두 맹상군에게 귀속했다. 맹상군은 가산을 털어서① 후하게 대우했기 때문에 천하 사인들의 마음을 기울였다. 식객食客이 수천 명이었는데 귀천貴賤이 없이 전문田文 등과 하나가 되었다. 맹상군이 객을 대우해 앉아서 말할 때는 병풍 뒤에 항상 모시는 사관史官이 있어 맹상군이 객과 대화한 것들 및 친척의 거처에 대해 묻는 것들을 주로 기록했다. 객이 떠나면 맹상군은 사신을 보내 안부를 묻고 나서 그의 친척들에게 선물을 보냈다.

맹상군이 일찍이 객을 접대하면서 밤에 음식을 먹는데 어떤 한 사람이 불빛을 가렸다. 객이 노하고 밥이 평등하지 않다고 여기며, 먹는 것을 그만두고 작별하고 떠나려고 했다. 맹상군이 일어나 스스로 그의 밥을 가져다 비교했다. 객이 부끄러워 자결했다. 사인들은 이로써 대부분 맹상군에게 귀속했다. 맹상군은 객을 가리지 않고 모두 잘 대우했다. 사람마다 각자 스스로 맹상군이 자기와 친하다고 여겼다.

孟嘗君在薛 招致諸侯賓客及亡人有罪者 皆歸孟嘗君 孟嘗君舍業①厚遇之 以故傾天下之士 食客數千人 無貴賤一與文等 孟嘗君待客坐語 而屛風後常有侍史 主記君所與客語 問親戚居處 客去 孟嘗君已使使存問 獻遺其親戚 孟嘗君曾待客夜食 有一人蔽火光 客怒 以飯不等 輟食辭去 孟嘗君起 自持其飯比之 客慚 自剄 士以此多歸孟嘗君 孟嘗君客無所擇 皆善遇之 人人各自以爲孟嘗君親己

① 舍業사업

색은 살펴보니 사업舍業이란 그의 가산을 거두어 버려서 빈객을 두터이 섬기는 것이다. 유씨가 말했다. "舍의 발음은 '사赦'이다. 그들을 위해 관사를 짓고 살 수 있는 업業을 세우는 것을 이른다."

按 舍業者 拾棄其家産而厚事賓客也 劉氏云 舍音赦 謂爲之築舍立居業也

진秦나라 소왕昭王은 맹상군이 현명하다는 소문을 듣고 이에 먼저 경양군涇陽君을 시켜서 제나라 인질이 되게 하고[①] 맹상군을 만나보기를 구했다. 맹상군이 장차 진나라로 들어가려는데 빈객들은 길을 나서려고 하지 않고 맹상군에게 간했는데도 맹상군은 듣지 않았다. 소대가 말했다.

"오늘 아침에 제가 밖에서 오는데 나무로 만든 인형과 흙으로 만든 인형이 서로 말하는 것을 보았습니다.[②] 나무로 만든 인형이 말하기를 '하늘에서 비가 내리면 그대는 장차 무너질 것이다.'라고 하자 흙으로 만든 인형이 말하기를 '나는 흙으로 만들어졌으니 무너지면 흙으로 돌아간다. 지금 하늘에서 비가 내리면 그대는 흘러서 떠내려갈 것인데 멈춰 쉴 곳이 어디인지 알지 못할 것이다.'라고 했습니다. 지금 진나라는 호랑이나 이리의 나라이고 군君께서 가고자 하나 만일 돌아오지 못한다면 군께서는 흙으로 만든 인형의 비웃음을 얻지 않겠습니까."

맹상군은 곧 그만두었다.

秦昭王聞其賢 乃先使涇陽君爲質於齊[①] 以求見孟嘗君 孟嘗君將入秦 賓客莫欲其行 諫 不聽 蘇代謂曰 今旦代從外來 見木禺人與土禺人相與語[②] 木禺人曰 天雨 子將敗矣 土禺人曰 我生於土 敗則歸土 今天雨

> 流子而行 未知所止息也 今秦 虎狼之國也 而君欲往 如有不得還 君得
> 無爲土禺人所笑乎 孟嘗君乃止

① 先使涇陽君爲質於齊선사경양군위질어제

신주 《죽서기년》에 따르면, 이때가 민왕 원년이다. 진나라에서 제나라에 인질을 보냈다는 것은 제나라에 어떠한 변화가 있었다는 의미이다. 새 군주가 즉위했다는 뜻일 수 있다. 맹상군을 만나고 싶다는 뜻은 덤이다.

② 見木禺人與土禺人相與語견목우인여토우인상어

색은 禺의 발음은 '우偶' 또는 '우寅'이다. 나무나 흙으로 사람과 비슷하게 만든 장난감을 이른다. 소대蘇代는 흙으로 만든 인형을 경양군涇陽君에 비유하고, 나무로 만든 인형을 맹상군孟嘗君에 비유하였다.

音偶 又音寅 謂以土木爲之偶 類於人也 蘇代以土偶比涇陽君 木偶比孟嘗君也

> 제나라 민왕湣王 25년,① 다시 마침내 맹상군을 시켜서 진나라로 들어가게 했다. 소왕은 곧 맹상군을 진나라 재상으로 삼았다. 어떤 사람이 진소왕을 설득했다.
> "맹상군은 현명하고 또 제나라 씨족입니다. 지금 진나라 재상이 되면 반드시 제나라를 우선하고 진나라를 뒤에 둘 것이니 진나라는 위태해질 것입니다."

이에 진소왕은 그만두고 맹상군을 옥에 가둔 뒤 죽이려고 계획했다. 맹상군은 사람을 시켜 소왕의 총애하는 여인에게 접근해[2] 풀려나기를 구했다. 총애받는 여인이 말했다.

"첩은 군君에게 호백구狐白裘[3] 얻기를 원하오."

이때 맹상군에게는 호백구 한 벌이 있었는데 1,000금의 값어치로 천하에는 둘도 없는 것이었다. 진나라에 들어갈 때 소왕에게 바쳐서 다시 다른 호백구는 없었다. 맹상군은 걱정하고 객들에게 두루 물었으나 제대로 대답하는 자가 없었다. 가장 말석에 앉아 있던 자는 개로 변장해 훔치기를 잘했다. 그 사람이 말했다.

"신이 호백구를 가져오겠습니다."

이에 밤에 개가 되어서 진나라 궁의 창고[4] 안으로 들어가 바친 호백구를 탈취하였고, 소왕이 총애하는 여인에게 바쳤다. 총애하는 여인이 소왕에게 풀어주라고 말하자 소왕은 맹상군을 석방했다.

齊湣王二十五年[1] 復卒使孟嘗君入秦 昭王卽以孟嘗君爲秦相 人或說秦昭王曰孟嘗君賢 而又齊族也 今相秦 必先齊而後秦 秦其危矣 於是秦昭王乃止 囚孟嘗君 謀欲殺之 孟嘗君使人抵[2]昭王幸姬求解 幸姬曰妾願得君狐白裘[3] 此時孟嘗君有一狐白裘 直千金 天下無雙 入秦獻之昭王 更無他裘 孟嘗君患之 徧問客 莫能對 最下坐有能爲狗盜者 曰 臣能得狐白裘 乃夜爲狗 以入秦宮臧[4]中 取所獻狐白裘至 以獻秦王幸姬 幸姬爲言昭王 昭王釋孟嘗君

① 齊湣王二十五年齊제민왕이십오년

신주 실제는 민왕 2년이다. 〈전경중완세가〉에 따르면 인질로 있던 진나라 경양군을 이때 돌려보내는데, 아마 맹상군과 동행했을 것이다. 진나라 소양왕 8년에 해당한다. 〈진본기〉에, 소양왕 9년에 맹상군은 진나라 재상이 되었다가 10년에 승상 김수金受 때문에 면직되었다고 한다. 하지만 김수가 면직되고 누완樓緩이 승상이 된 것임이 틀림없으며, 〈진본기〉는 잘못된 기록으로 보인다. 〈육국연표〉 기록처럼 맹상군은 8년에 진나라에 갔다가 9년에 벗어난 것이 맞을 것이다.

② 抵저

색은 抵의 발음은 '제[丁禮反]'이다. 살펴보니 저抵는 충돌해서 구하는 것을 이른다.

抵音丁禮反 按 抵謂觸冒而求之也

③ 狐白裘호백구

집해 위소가 말했다. "여우의 흰 털을 사용해서 갖옷을 만든 것이다. 여우의 겨드랑이털을 모아서 아름답게 만든 것으로 구하기가 어려운 것을 말한다."

韋昭曰 以狐之白毛爲裘 謂集狐腋之毛 言美而難得者

④ 臧장

정의 臧의 발음은 '장[在浪反]'이다.

臧 在浪反

맹상군은 옥에서 나오자 곧 달려서 떠나 관문을 통행하는 증명서를 바꾸고 성명을 변경하고[①] 관문으로 나갔다. 한밤중에 함곡관에 이르렀다.[②] 진소왕은 맹상군을 풀어준 것을 후회하고 찾았는데 이미 떠났다고 하자 곧 사람을 시켜 역마를 달려서 쫓게 했다. 맹상군은 함곡관에 이르렀지만 함곡관의 법은 첫닭이 울어야 객을 내보내게 되어 있었다. 맹상군은 추격하는 자가 이를 것을 두려워했는데, 객의 말석에 앉아 있던 자가 닭울음소리를 능숙하게 내서 닭들이 일제히 울어 마침내 증명서를 내보이고 나갔다.[③]

관문을 나간 지 한식경쯤 되어서 진나라 추격자가 과연 관문에 이르렀지만 이미 맹상군이 나간 뒤였으므로 이에 돌아갔다. 처음 맹상군이 이 두 사람을 빈객으로 나열했을 때 빈객들은 모두 부끄러워했다. 맹상군이 진나라의 어려움을 당해서는 마침내 이 두 사람이 구출해 냈다. 이 뒤로부터는 객들이 모두 복종했다.

孟嘗君得出 卽馳去 更封傳 變名姓[①]以出關 夜半至函谷關[②] 秦昭王後悔出孟嘗君 求之已去 卽使人馳傳逐之 孟嘗君至關 關法鷄鳴而出客 孟嘗君恐追至 客之居下坐者有能爲鷄鳴 而鷄齊鳴 遂發傳出[③] 出如食頃 秦追果至關 已後孟嘗君出 乃還 始孟嘗君列此二人於賓客 賓客盡羞之 及孟嘗君有秦難 卒此二人拔之 自是之後 客皆服

① 更封傳 變名姓경봉전 변명성

[색은] 경更은 고치는 것이다. 앞의 봉전封傳을 고치고 성명을 바꾼 것

이며 맹상군의 이름을 말하지 않은 것이다. 봉전은 지금의 역권驛券과 같은 것이다.

更者 改也 改前封傳而易姓名 不言是孟嘗之名 封傳猶今之驛券

② 夜半至函谷關야반지함곡관

정의 함곡관은 섬주陝州 도림현 서남쪽 13리에 있다.

關在陝州桃林縣西南十三里

③ 而鷄齊鳴 遂發傳出이계제명 수발전출

신주 이것이 유명한 '계명鷄鳴'이다. 앞의 '구도狗盜'와 합쳐 '계명구도鷄鳴狗盜'라는 고사성어가 되었다.

맹상군이 조나라를 들렀는데 조나라 평원군平原君이 빈객으로 접대했다. 조나라 사람들은 맹상군이 현명하다는 소문을 듣고 몰려나와 보고서는 모두가 비웃으면서 말했다.

"처음에 설공薛公은 장대한 줄로 여겼는데 지금 보니 난쟁이 사내일 뿐이네."

맹상군이 듣고 분노하자 객들과 함께 수레를 탄 자들이 내려서 수백 명을 쳐서 죽이고 마침내 하나의 현縣을 전멸시키고 떠났다. 제나라 민왕은 스스로 덕스럽지 못하다고 여겼다.[①] 맹상군을 (진나라로) 보내 (곤경에) 처하게 했기 때문이다. 맹상군이 이르자 제나라 재상으로 삼아서 정사를 맡겼다.

孟嘗君過趙 趙平原君客之 趙人聞孟嘗君賢 出觀之 皆笑曰 始以薛公
爲魁然也 今視之 乃眇小丈夫耳 孟嘗君聞之 怒 客與俱者下 斫擊殺數
百人 遂滅一縣以去 齊湣王不自得[1] 以其遣孟嘗君 孟嘗君至 則以爲齊
相 任政

① 不自得부자득

색은 부자덕不自德이다. 이것은 민왕이 맹상군을 보낸 것은 스스로 자
신이 덕이 없다고 여겼다는 말이다.

不自德 是湣王遣孟嘗君 自言己無德也

맹상군은 진나라를 원망하고 장차 제나라가 한나라와 위나라를
위해 초나라를 공격한 것을 계기로 한나라와 위나라와 함께 진나
라를 공격하기① 위해 군량을 서주西周에서 빌리려고 했다. 소대
가 서주를 위해 맹상군에게 말했다.②
"군君께서는 제나라가 한나라와 위나라를 위해 초나라를 공격한
지 9년이고, 완宛과 섭葉 땅③을 빼앗아 북쪽 한나라와 위나라를
강하게 하려고 합니다. 지금은 다시 진나라를 공격해서 더해주
려고 합니다. 한나라와 위나라가 남쪽으로 초나라 근심이 없어지
고 서쪽으로 진나라 근심이 없어지면 제나라는 위태하게 됩니다.
한나라와 위나라는 반드시 제나라를 가볍게 여기고 진나라를
두려워할 것인데, 신의 생각으로는 군君께서 위태로울 것입니다.

군君께서는 폐읍敝邑(서주)으로 하여금 진나라에 깊이 연합하게 하고 군께서는 공격하지 말고 또 군량도 빌리지 않는 것만 못합니다.

군君께서는 함곡관에 이르되 공격하지 말고 폐읍으로 하여금 군君의 정서를 진소왕에게 말하게 하십시오. '설공薛公은 반드시 진나라를 깨뜨리되 한나라와 위나라를 강하지 않도록 할 것입니다. 그 진나라를 공격하는 것은 왕께서 초왕에게 동쪽 국가④를 떼어 제나라에 주게 하고 진나라는 초나라 회왕을 내보내는 것으로 화친하게 하려는 것입니다.' 군께서는 폐읍으로 하여금 이것을 이용하게 해 진나라에 은혜를 베풀고 진나라는 공격받지 않으면서 동쪽 나라로부터 저절로 벗어났다고 여기게 한다면 진나라는 반드시 하고자 할 것입니다. 초왕이 벗어나게 되면 반드시 제나라 덕으로 여길 것입니다. 제나라는 동쪽 국가를 얻어서 더욱 강해지고 설薛은 대대로 근심이 없을 것입니다. 진나라는 대체로 약한 나라가 아니고 삼진三晉의 서쪽에 위치하고 있어 삼진은 반드시 제나라를 중요하게 여길 것입니다."

설공이 말했다.

"좋소."

그래서 한나라와 위나라를 시켜서 진나라에 하례하게 하여 세 나라가 진나라를 공격할 일이 없다고 했으며 서주에서 군량을 빌리지도 않았다. 이 무렵 초회왕은 진나라로 들어갔고 진나라에서 그를 억류하고 있었다. 이 때문에 반드시 구출하려 한 것이다. 그러나 진나라는 끝내 초회왕을 내보내지 않았다.

孟嘗君怨秦 將以齊爲韓魏攻楚 因與韓魏攻秦[1] 而借兵食於西周 蘇代

爲西周謂曰[2] 君以齊爲韓魏攻楚九年 取宛葉[3]以北以彊韓魏 今復攻

秦以益之 韓魏南無楚憂 西無秦患 則齊危矣 韓魏必輕齊畏秦 臣爲君

危之 君不如令敝邑深合於秦 而君無攻 又無借兵食 君臨函谷而無攻

令敝邑以君之情謂秦昭王曰 薛公必不破秦以彊韓魏 其攻秦也 欲王之

令楚王割東國[4]以與齊 而秦出楚懷王以爲和 君令敝邑以此惠秦 秦得

無破而以東國自免也 秦必欲之 楚王得出 必德齊 齊得東國益彊 而薛

世世無患矣 秦不大弱 而處三晉之西 三晉必重齊 薛公曰 善 因令韓魏

賀秦 使三國無攻 而不借兵食於西周矣 是時 楚懷王入秦 秦留之 故欲

必出之 秦不果出楚懷王

① 韓魏攻秦한위공진

[집해] 서광이 말했다. "〈육국연표〉에서 한, 위, 제가 함께 진나라 군사

를 함곡관에서 공격했다."

徐廣曰 年表曰韓魏齊共擊秦軍於函谷

[신주] 이때는 진나라 소왕 9년이고 맹상군이 진나라에서 벗어난 때이

다. 함곡관 공격을 과연 맹상군이 주도했는지는 의문이다. 진나라는 회

왕을 내보내기는커녕 초나라를 크게 공격하여 초나라 북부 일대, 즉 초

나라에서 한나라에 이르는 접경 부근을 다 차지하게 되기 때문이다.

② 蘇代爲西周謂曰소대위서주위왈

[색은] 《전국책》에 "한경韓慶이 서주를 위해 설공에게 말했다."로 되어 있다.

戰國策作韓慶爲西周謂薛公

③ 宛葉완섭

정의　완宛 땅은 등주鄧州에 있고 섭葉 땅은 허주許州에 있다. 두 현의
북쪽은 옛 초나라에 속했는데 두 나라가 함께 몰락하여 한나라와 위나
라로 편입되었다.

宛在鄧州 葉在許州 二縣以北舊屬楚 二國共沒以入韓魏

신주　〈양후열전〉에 따르면 소왕 15년에 초나라를 쳐서 완과 섭 땅을
빼앗는다. 즉 완과 섭 땅이 한나라와 위나라로 들어간 적이 없으니, 잘
못 기록하였음을 알 수 있다. 〈진본기〉에 역시 소왕 15년에 백기가 초나
라를 쳐서 완 땅을 빼앗았다고 하였다. 〈육국연표〉에는 1년 늦은 소왕
16년에 이 사건의 내용이 있다. 무엇보다 제나라가 송나라를 뛰어넘어
완과 섭 땅을 공격할 수가 없고, 공격하려면 한나라를 통해서 공격해야
한다.

④ 東國동국

정의　동쪽 국가는 제齊와 서주의 이夷이다.

東國 齊徐夷

맹상군이 제나라 재상이 되자 그의 사인舍人 위자魏子[①]는 맹상군
의 봉읍에서 조세를 거두기 위해[②] 세 번이나 다녀왔지만 하나도
거두어들이지 않았다. 맹상군이 묻자 (위자가) 대답했다.
"어진 이가 있어 몰래 빌려주었습니다. 이런 연유로 거두어들이지
못했습니다."

맹상군이 노하고 위자를 물리쳤다. 수년이 지나서 어떤 사람이 제나라 민왕에게 맹상군을 헐뜯었다.

"맹상군은 장차 난을 일으킬 것입니다."

전갑田甲이 반역하여 민왕을 겁박하자 민왕이 마음으로 맹상군을 의심해 맹상군이 이에 달아났다.[③] 위자가 지난날 곡식을 빌려준 어진 이가 보낸 소식을 듣고 이에 글을 올려서 말하기를 '맹상군은 반란을 일으키지 않았으며 자신이 몸으로써 맹세하겠다.'라고 청하고 마침내 스스로 궁문 앞에서 목을 찔러 맹상군을 보증했다. 민왕이 이에 놀라고 그간의 종적을 조사해본 결과 맹상군이 과연 반역을 꾀하지 않은 것을 알고 이에 맹상군을 다시 불러들였다. 맹상군은 인하여 병을 들었다는 이유로 사양하고 설薛 땅에서 여생을 마칠 것을 청했다. 민왕이 허락했다.[④]

孟嘗君相齊 其舍人魏子[①]爲孟嘗君收邑入[②] 三反而不致一入 孟嘗君問之 對曰 有賢者 竊假與之 以故不致入 孟嘗君怒而退魏子 居數年 人或毀孟嘗君於齊湣王曰 孟嘗君將爲亂 及田甲劫湣王 湣王意疑孟嘗君 孟嘗君迺奔[③] 魏子所與粟賢者聞之 乃上書言孟嘗君不作亂 請以身爲盟 遂自到宮門以明孟嘗君 湣王乃驚 而蹤跡驗問 孟嘗君果無反謀 乃復召孟嘗君 孟嘗君因謝病 歸老於薛 湣王許之[④]

① 舍人魏子사인위자

[색은] 사인舍人은 관직이 낮아서 성씨만 기록하고 그의 이름을 생략했다. 그러므로 위자魏子라고 했다.

舍人官微 記姓而略其名 故云魏子

② 收邑入수읍입

색은 그 봉군 조세를 걷는 것이다.

收其國之租稅也

③ 孟嘗君逌奔맹상군내분

집해 서광이 말했다. "민왕 34년에 전갑이 왕을 겁박하자 설문이 달아 났다."

徐廣曰 湣王三十四年 田甲劫王 薛文走

신주 〈육국연표〉에 민왕 30년이고 진소왕 13년이니, 실제 민왕 7년 이다.

④ 歸老於薛 湣王許之귀로어설 민왕허지

신주 뒤에 이어지는 말들로 볼 때, 맹상군이 아주 물러난 시기는 민왕 다음에 양왕이 등극한 다음이어야 한다.

그 뒤 진나라에서 망명한 장군 여례呂禮가 제나라 재상이 되어 소대를 곤욕스럽게 하고자 했다. 소대가 맹상군에게 말했다. "주최周最①를 제나라에서 지극히 후하게 대했는데 제왕은 그를 내쫓고 친불親弗②의 말만 듣고서 여례를 재상으로 삼아 진나라에 기대려고 합니다. 제나라와 진나라가 합하게 되면 친불과 여례는 귀중하게 되고, 이들이 등용되면 제나라와 진나라는 반드시 군 君을 가볍게 여길 것입니다. 군君께서는 급하게 군사를 북쪽으로

보내서 조나라로 달려가 진나라와 위나라가 화해하도록 하고, 주
최를 거두어 두텁게 예를 행하고 장차 제왕의 믿음을 돌이키도록
해서③ 또 천하의 변화를 막는④ 것만 같지 못합니다. 제나라는 진
나라가 없어지면 천하는 제나라로 모이게 되고 친불은 반드시 도
망칠 것인데, 제왕은 누구와 더불어 그 나라를 다스리겠습니까."
이에 맹상군이 소대의 계책을 따르자 여례가 맹상군을 미워하고
해치려고 했다.

其後 秦亡將呂禮相齊 欲困蘇代 代乃謂孟嘗君曰 周最^①於齊 至厚也
而齊王逐之 而聽親弗^②相呂禮者 欲取秦也 齊秦合 則親弗與呂禮重矣
有用 齊秦必輕君 君不如急北兵 趨趙以和秦魏 收周最以厚行 且反齊
王之信^③ 又禁天下之變^④ 齊無秦 則天下集齊 親弗必走 則齊王孰與爲
其國也 於是孟嘗君從其計 而呂禮嫉害於孟嘗君

① 周最주최

［정의］ 주최는 주나라 공자이다.

周最 周之公子

② 親弗친불

［집해］ 친불은 사람의 성명이다.

親弗 人姓名

［색은］ 친親은 성이고 불弗은 이름이다. 《전국책》에 '축불祝弗'로 되어
있는데 대개 '축祝'이 적합한 것으로 여겨진다.

親 姓 弗 名也 戰國策作祝弗 蓋 祝 爲得之

③ 收周最~齊王之信수주최~제왕지신

[색은] 주최는 본래 제나라에서 두텁게 대했는데 지금 쫓아내고 진나라에서 도망친 장수를 상相으로 삼고자 한 것이다. 소대는 맹상군에게 "제나라로 하여금 주최를 거두어 스스로 그의 행하는 것을 두텁게 하고 또 장차 제왕齊王에게 다시 믿음을 얻는다면 주최는 축출되지 않을 것이다."라고 했다.

周最本厚於齊 今欲逐之而相秦之亡將 蘇代謂孟嘗君 令齊收周最以自厚其行 又且得反齊王之有信 以不逐周最也

④ 又禁天下之變우금천하지변

[색은] 변變은 제나라와 진나라가 합하게 되면 친불親弗과 여례呂禮가 등용되고 등용되면 진나라와 제나라는 맹상군을 가볍게 여길 것이라는 말이다.

變謂齊秦合則親弗呂禮用 用則秦齊輕孟嘗也

맹상군은 두려워 이에 진나라 재상 양후穰侯 위염魏冉에게 서신을 보내서 말했다.

"내가 듣자니 '진나라는 여례를 시켜서 제나라를 거두려고 한다.' 라고 합니다. 제나라는 천하의 강한 나라인데 그대는 필시 가볍게 여겨질 것입니다. 제나라와 진나라가 서로 의지해 삼진三晉에 다다르면 여례는 반드시 재상을 겸직할 것인데, 이는 그대가 제나라와 통하여 여례를 중용시키는 것입니다. 만약 제나라가 천하의 군사들에게서 제외된다면 (제나라가) 그대를 원수로 여기는데 반드시 심각해질 것입니다. 그대는 제나라를 정벌하라고 진왕에게 권하는 것이 나을 것입니다. 제나라가 무너지면 얻게 되는 땅을 그대에게 봉하도록 내가 청하겠습니다.

제나라가 무너지면 진秦나라는 진晉(삼진)나라가 강해지는 것을 두려워하여 반드시 그대를 중히 여기고 진晉나라에 의지할 것입니다. 진晉나라가 제나라에 무너지게 되면 진秦나라를 두려워하여 진晉나라는 반드시 그대를 중요하게 여기고 진秦나라에 의지할 것입니다. 이것은 그대가 제나라를 무너뜨리는 것을 공로로 삼는 것으로, 진晉나라를 끼고 중요하게 될 것입니다. 이것은 그대가 제나라를 깨뜨리고 봉작이 정해지는 것으로, 진秦나라와 진晉나라는 번갈아 그대를 중요하게 여길 것입니다. 만약 제나라가 무너지지 않고 여례가 다시 등용된다면 그대는 반드시 크게 궁해질 것입니다."

이에 양후가 진소왕에게 말해 제나라를 정벌하도록 하자 여례가 도망쳤다.[1]

孟嘗君懼 乃遺秦相穰侯魏冉書曰 吾聞秦欲以呂禮收齊 齊 天下之彊國也 子必輕矣 齊秦相取以臨三晉 呂禮必幷相矣 是子通齊以重呂禮也 若齊免於天下之兵 其讎子必深矣 子不如勸秦王伐齊 齊破 吾請以所得封子 齊破 秦畏晉之彊 秦必重子以取晉 晉國敝於齊而畏秦 晉必重子以取秦 是子破齊以爲功 挾晉以爲重 是子破齊定封 秦晉交重子 若齊不破 呂禮復用 子必大窮 於是穰侯言於秦昭王伐齊 而呂禮亡[1]

① 而呂禮亡이여례망

신주 〈진본기〉에 여례가 진나라로 돌아온 것은 소왕 19년이다. 이해 잠시 제와 진 양국은 동제東帝와 서제라 칭하기도 한다. 제나라가 송나라를 멸하기 2년 전이다. 또한 진나라가 제나라를 정벌하는 일은 없었다.

뒤에 제민왕은 송宋나라를 멸하고 더욱 교만해졌으며 맹상군을 제거하고자 했다. 맹상군은 두려워 위魏나라로 갔다. 위나라 소왕昭王은 맹상군을 재상으로 삼아 서쪽 진秦나라 및 조나라와 연합하고 연나라와 함께 제나라를 공격해서 깨뜨렸다. 제민왕은 도망쳐 거莒 땅에 있다가 마침내 죽었다.

제양왕이 왕위에 오르자 맹상군은 제후들의 중립에 서서 소속한 바가 없게 되었다. 제양왕은 새로 왕위에 올라 맹상군을 두려워하고 더불어 연대하여 화친하고 다시 설공薛公을 친하게 대했다. 전문田文이 죽자 시호를 맹상군孟嘗君이라고 했다.① 여러 아들이 후계를 다투자, 제나라와 위나라는 함께 설薛을 멸했다. 맹상군은 후사가 단절되었으며 계승한 후손이 없었다.

後齊湣王滅宋 益驕 欲去孟嘗君 孟嘗君恐 迺如魏 魏昭王以爲相 西合於秦趙 與燕共伐破齊 齊湣王亡在莒 遂死焉 齊襄王立 而孟嘗君中立於諸侯 無所屬 齊襄王新立 畏孟嘗君 與連和 復親薛公 文卒 謚爲孟嘗君① 諸子爭立 而齊魏共滅薛 孟嘗絶嗣無後也

---

① 謚爲孟嘗君시위맹상군

집해 《황람》에서 말한다. "맹상군 무덤은 노국魯國 설성 안의 향문向門 동쪽에 있다. 향문은 북변으로 나가는 문이다."《시경》에서 "상常과 허許에 살았다."라고 했는데, 정현은 "상常은 어떤 이는 '상嘗'이 되어야 한다고 했고 설薛의 남쪽에 있다."라고 했다. 맹상군은 설성薛城에 도읍했다.

皇覽曰 孟嘗君冢在魯國薛城中向門東 向門 出北邊門也 詩云 居常與許 鄭玄曰 常 或作嘗 在薛之南 孟嘗邑于薛城也

색은 살펴보니 맹상군이 아버지를 봉한 설薛 땅을 물려받고 호를 맹상군이라고 했는데 여기서는 시호라고 이른 것은 잘못이다. 맹孟은 자이고 상嘗은 읍 이름이다.《시경》에 "상常과 허에 살았다."라고 이른 것을 정현의 주석에서 "상常은 어떤 사람은 '상嘗' 자로 되어야 한다고 했으며 상읍嘗邑은 설薛 땅의 곁에 있다."라고 한 것이 이것이다.

按 孟嘗襲父封薛 而號曰孟嘗君 此云謚 非也 孟 字也 嘗 邑名 詩云 居常與許 鄭箋云 常 或作嘗 嘗邑在薛之旁 是也

정의 《괄지지》에서 말한다. "맹상군의 묘는 서주徐州 등현滕縣 52리에 있다. 그의 죽음은 제나라 양왕 시대에 있다."

括地志云 孟嘗君墓在徐州滕縣五十二里 卒在齊襄王之時也

풍훤과 맹상군

애초에, 풍훤馮驩[①]은 맹상군이 빈객을 좋아한다는 소문을 듣고 짚신을 신고[②] 만나보았다. 맹상군이 말했다.

"선생께서는 먼 곳에서 수고롭게 오셨는데 무엇으로 저를 가르치시겠습니까?"

풍훤이 말했다.

"군께서 사인를 좋아한다는 소식을 듣고 가난한 몸으로 군에게 귀속할까 합니다."

맹상군은 (풍훤을) 전사傳舍(숙소)에[③] 10일간 있게 하고 전사의 책임자에게 물어보았다.

"객은 무엇을 하고 있소?"

책임자가 대답했다.

"풍 선생은 매우 가난해서 한 자루의 검이 있을 뿐인데다 (검 손잡이를) 새끼줄로 감고[④] 있습니다. 그 검을 두드리면서 노래를 부르는데 '장검은 귀의했건만 식사에 물고기 반찬이 없구나.'라고 합니다."

맹상군이 (풍훤을) 옮겨서 행사幸舍에 거처하게 하고 식사에 물고기 반찬을 주게 했다. 5일이 지나서 또 전사의 책임자에게 (객이 무엇을 하고 있는지) 물었다.

책임자가 대답했다.

"객은 다시 검을 두드리며 노래하기를 '장검은 귀의했건만 외출하는 데 수레가 없구나.'라고 합니다."

맹상군이 대사代舍로 옮겨주고 출입할 때 수레를 타게 했다. 5일이 지나서 맹상군은 다시 전사의 책임자에게 (객이 무엇을 하고 있는지) 물었다. 사舍 책임자가 대답했다.

"선생이 또 일찍이 칼을 두드리며 노래하기를 '장검은 귀의했건만 살 집이 없구나.'라고 합니다."

맹상군은 기뻐하지 않았다.

初 馮驩^①聞孟嘗君好客 躡蹻^②而見之 孟嘗君曰 先生遠辱 何以教文也 馮驩曰 聞君好士 以貧身歸於君 孟嘗君置傳舍^③十日 孟嘗君問傳舍長 曰 客何所爲 答曰 馮先生甚貧 猶有一劍耳 又蒯緱^④ 彈其劍而歌曰 長鋏歸來乎 食無魚 孟嘗君遷之幸舍 食有魚矣 五日 又問傳舍長 答曰 客 復彈劍而歌曰 長鋏歸來乎 出無輿 孟嘗君遷之代舍 出入乘輿車矣 五 日 孟嘗君復問傳舍長 舍長答曰 先生又嘗彈劍而歌曰 長鋏歸來乎 無 以爲家 孟嘗君不悅

① 馮驩풍훤

[집해] 驩의 발음은 '환歡'이다. 거듭 '훤煖' 자로 되어 있는데 煖의 발음은 '훤[許袁反]'이다.

音歡 復作煖 音許袁反

[색은] 驩의 발음은 '환歡'이다. 어떤 곳에는 '훤諼'이라 했는데, 諼의 발음은 '훤[況遠反]'이다.

音歡 或作諼 音況遠反

신주 驩과 煖의 발음 역시 '훤'이므로, 본서에서는 번역의 일관성을 위해 '풍훤'이라고 하였다.

② 蹻각

색은 蹻의 발음은 '각脚'이다. 글자는 또한 '교繑'로 되어 있고 또 '갹屩'으로 되어 있으며 또한 '교僑'로 되어 있다.

蹻音脚 字亦作繑 又作屩 亦作僑

③ 傳舍전사

색은 傳의 발음은 '천[逐緣反]'이다. 살펴보니 전사傳舍와 행사幸舍, 대사代舍는 나란히 상, 중, 하 세 등급의 객이 머무는 곳의 명칭일 따름이다.

傳音逐緣反 按 傳舍幸舍及代舍 竝當上中下三等之客所舍之名耳

④ 蒯緱괴후

집해 蒯의 발음은 '괴[苦怪反]'이고 띠 풀의 종류이며 노끈을 만들 수 있다. 검의 손잡이를 장식할 만한 물건이 없어서 가는 노끈으로 감았다는 말이다. 緱의 발음은 '후侯'이고 또한 후緱가 '후候'로 되어 있으며 검을 잡는 곳을 이른다.

蒯音苦怪反 茅之類 可爲繩 言其劍把無物可裝 以小繩纏之也 緱音侯 亦作候 謂把劍之處

색은 괴蒯는 풀 이름이다. 蒯의 발음은 '괴외蒯聵'의 '괴蒯'이다. 緱의 발음은 '후侯'이고 글자 또한 '후候' 자로 되어 있다. 칼을 잡는 물건을 이른다. 그 검을 장식할 만한 물건이 없어 다만 기름새 풀로 끈을 만들어

감았다는 말이다. 그러므로 '괴후剉緱'라고 일렀다.

剉 草名 音剉購之剉 緱音侯 字亦作候 謂把劍之物 言其劍無物可裝 但以剉繩
纏之 故云 剉緱

1년쯤 되었는데 풍훤이 아무 말이 없었다. 맹상군이 이때 제나라 재상이 되어 1만 호로 설薛 땅에 봉해졌는데 그 식객이 3,000명이었다. 봉읍의 수입으로는 식객을 대접하는 데① 부족해 사람을 시켜서 설 땅에서 금전을 내오게 했다.

한 해 남짓 되었는데도 수입은 들어오지 않고, 돈을 대출받은 자들은 많은데 그들이 이자를 줄 수 없어서② 식객들을 접대하는 데 넉넉하지 못하게 되었다.

맹상군은 걱정하고 좌우에게 물었다.

"어떤 사람을 시켜야 설 땅에서 빚을 걷게 하겠는가?"

전사의 책임자가 말했다.

"대사代舍의 객 풍공馮公이 모습과 용모가 뛰어나고 말을 매우 잘합니다. 연장자인데 다른 재주③는 없는 것 같으니 마땅히 빚을 걷게 할 수 있습니다."

맹상군은 풍훤을 나오게 하여 청했다.

"빈객들은 제가 불초한 것을 알지 못하고 다행히 저에게 이른 자가 3,000여 명이 되는데, 봉읍의 수입이 빈객들을 대접하는 데 부족하오. 그러므로 설 땅에서 돈놀이를 내었소. 그런데 설에서 해마다 수입이 들어오지 않고 백성들은 자못 그 이자도 주지 않소.

지금은 객에게 먹이는 것도 넉넉하지 못하여 걱정이니, 원컨대 선생께서 책임을 맡아주시오."

풍훤이 말했다.

"그리하겠습니다."

居朞年 馮驩無所言 孟嘗君時相齊 封萬戶於薛 其食客三千人 邑入不足以奉^①客 使人出錢於薛 歲餘不入 貸錢者多不能與其息^② 客奉將不給 孟嘗君憂之 問左右 何人可使收債於薛者 傳舍長曰 代舍客馮公形容狀貌甚辯 長者 無他伎^③能 宜可令收債 孟嘗君乃進馮驩而請之曰 賓客不知文不肖 幸臨文者三千餘人 邑入不足以奉賓客 故出息錢於薛 薛歲不入 民頗不與其息 今客食恐不給 願先生責之 馮驩曰 諾

① 奉봉

정의 奉의 발음은 '봉[符用反]'이다.

奉 符用反

② 不能與其息불능여기식

색은 살펴보니 여與는 돌려주는 것과 같다. 식息은 이자와 같다.

按 與猶還也 息猶利也

③ 伎기

집해 기伎는 '기技'로도 되어 있다.

亦作技

하직인사를 하고 떠나 설 땅에 이르러 맹상군에게 돈을 빌린 자들을 불러서 모두 모이게 하여, 이자로 10만 전을 받았다. 이에 많은 술을 빚고 살찐 소를 구매하여 모든 대출을 받은 자들을 부르자, 이자를 낸 자들은 모두 왔고 이자를 내지 못한 자들도 왔는데, 모두 대출받은 증서를 가지고 와서 부합하는지 살피고. 일제히 모일 날을 정해 그날 소를 잡고 술잔치를 베풀었다.

술잔치가 한창 무르익자, 이에 증서를 가지고 지난날에 대출할 때의 것과 부합하는지를 살핀 후 이자를 낼 만한 자들은 함께 이자를 낼 수 있는 기일을 정하고 가난하여 이자를 낼 수 없는 자는 그 증서를 가져다 불살라 버렸다. 그리고 말했다.

"맹상군이 돈을 대출한 것은 돈이 없는 백성들을 위해 사업밑천을 삼게 하기 위해서이고 이자를 요구한 까닭은 식객들을 대접하는 데 모자라지 않게 하기 위해서였소. 지금 부유해서 넉넉한 자에게는 기약을 지킬 것을 요구하고 가난하고 궁한 자는 채권을 불살라 증서를 없애버렸소. 여러분들은 음식을 많이 드시오. 이와 같은 주군이 있는데 어찌 저버릴 수 있겠소."

앉아 있는 자들이 모두 일어나서 두 번 절을 올렸다.

맹상군은 풍훤이 채권 증서를 불태워 버렸다는 소식을 듣고 노하여 사인使人을 보내서 풍훤을 불렀다. 풍훤이 이르자 맹상군이 말했다.

"내 식객이 3,000명이기 때문에 설 땅에 돈을 대출했소. 내 봉읍은 적고[1] 백성은 오히려 제때 이자를 내지 않는 자가 많아서 객을 대접하는 것이 부족할까 걱정했소. 그러므로 선생을 청해서 빚을 거두게 한 것이오. 그런데 듣자니 선생께서 돈을 받아서 곧 많은 소와 술을 준비시키고 채권을 불태웠다고 하는데 무엇 때문이오?"

풍훤이 말했다.

"그러합니다. 소와 술을 많이 준비하지 않고는 다 모이게 하지 못할 것 같았고 그들이 넉넉한지 부족한지 알 수 없었습니다. 여유가 있는 자들은 기한을 정하여 요구했고 부족한 자들은 비록 가지고 있더라도 10년 동안의 빚일 뿐이며 이자는 더욱 많겠으나 급하면 곧 도망쳐 스스로 버리게 될 것입니다. 만약 급박하게 하면 마침내 갚지도 못할뿐더러, 위에서는 군君께서 이익을 좋아하여 사인士人과 백성을 아끼지 않는다고 할 것이고, 아래에서는 위를 떠나 배반하기에 이르렀다는 명분만 있게 되니, 사인과 백성을 격려하고 군君의 명성을 빛내는 방법이 아닙니다. 쓸모없는 빈 채권 문서를 불살라버리고 얻을 수 없는 헛된 계산을 없애서 설 땅의 백성으로 하여금 군君에 친근하게 하고 군君의 좋은 명성을 빛나게 한 것입니다. 군君께서는 무엇을 의심하십니까?"

맹상군은 이에 손을 어루만지며 사죄했다.

辭行 至薛 召取孟嘗君錢者皆會 得息錢十萬 迺多釀酒 買肥牛 召諸取錢者 能與息者皆來 不能與息者亦來 皆持取錢之劵書合之 齊爲會 日 殺牛置酒 酒酣 乃持劵如前合之 能與息者 與爲期 貧不能與息者 取其劵而燒之 曰 孟嘗君所以貸錢者 爲民之無者以爲本業也 所以求息者 爲無以奉客也 今富給者以要期 貧窮者燔劵書以捐之 諸君彊飲食

有君如此 豈可負哉 坐者皆起 再拜 孟嘗君聞馮驩燒券書 怒而使使召

驩 驩至 孟嘗君曰 文食客三千人 故貸錢於薛 文奉邑少^① 而民尙多不

以時與其息 客食恐不足 故請先生收責之 聞先生得錢 卽以多具牛酒

而燒券書 何 馮驩曰 然 不多具牛酒卽不能畢會 無以知其有餘不足 有

餘者 爲要期 不足者 雖守而責之十年 息愈多 急 卽以逃亡自捐之 若急

終無以償 上則爲君好利不愛士民 下則有離上抵負之名 非所以厲士民

彰君聲也 焚無用虛債之券 捐不可得之虛計 令薛民親君而彰君之善聲

也 君有何疑焉 孟嘗君乃拊手而謝之

① 文奉邑少문봉읍소

색은 전문의 봉읍이 적기 때문에 설薛 땅에서 이자를 내게 하라고 시킨
다는 말이다.

言文之奉邑少 故令出息於薛

제나라 왕이 진秦나라와 초楚나라 비방에 현혹되어서 맹상군의
명성이 그의 군주보다 높고 제나라 권력을 멋대로 한다고 생각하
여 마침내 맹상군을 내쳤다. 여러 객은 맹상군이 내쳐진 것을 보
고 모두 떠나갔다. 풍훤이 말했다.

"신에게 수레 한 대만 빌려준다면 진나라로 들어가 반드시 군군
으로 하여금 나라에 중용되어 봉읍을 더욱 넓히게 할 수 있는데,
괜찮으시겠습니까?"

맹상군은 이에 수레와 폐백을 마련해서 보냈다. 풍훤은 이에 서쪽으로 가서 진왕을 설득했다.

"천하의 유세하는 사인 풍훤이 수레에 말고삐를 매어 서쪽 진나라로 들어온 것은 진나라를 강하게 하고 제나라를 약하게 만들고자 해서입니다. 제가 수레에 말고삐를 매어 동쪽 제나라에 들어가는 것은 제나라를 강하게 하고 진나라를 약하게 만들고자 해서입니다. 이것은 자웅雌雄① 나라이므로 형세가 둘이 서서 웅雄이 되지 못하기 때문입니다. 웅雄이란 천하를 얻는 것입니다."

진왕이 무릎을 꿇고 물었다.

"어떻게 하면 진秦나라가 암컷이 되지 않겠습니까?"

풍훤이 말했다.

"왕께서는 또한 제나라가 맹상군을 내친 것을 알고 계십니까?"

진왕이 대답했다.

"들었소."

풍훤이 말했다.

"제나라로 하여금 천하에서 중시되게 만든 자는 맹상군입니다. 지금 제왕은 헐뜯는 말로써 그를 내쫓았는데 그의 마음에는 원한을 품어 반드시 제나라를 배신할 것입니다. 제나라를 배신하고 진나라로 들어오면, 제나라 실정과 인사人事의 진실을 모두 진나라에 맡겨 제나라 땅을 얻게 될 것인데, 어찌 곧바로 웅雄이 될 뿐이겠습니까? 군주께서는 급히 사신을 시켜 폐백을 싣고 몰래 맹상군을 맞아들이되 때를 잃지 않게 하십시오. 만일 제나라에서 이러한 것들을 깨닫고 다시 맹상군을 등용한다면 자웅의 소재는 알 수 없게 될 것입니다."

진왕이 크게 기뻐하고 이에 수레 10대에 황금 100일을 실어 보내서 맹상군을 맞이하도록 했다.

齊王惑於秦楚之毀 以爲孟嘗君名高其主而擅齊國之權 遂廢孟嘗君 諸客見孟嘗君廢 皆去 馮驩曰 借臣車一乘 可以入秦者 必令君重於國而奉邑益廣 可乎 孟嘗君乃約車幣而遣之 馮驩乃西說秦王曰 天下之游士馮軾結靷西入秦者 無不欲彊秦而弱齊 馮軾結靷東入齊者 無不欲彊齊而弱秦 此雄雌^①之國也 勢不兩立爲雄 雄者得天下矣 秦王跽而問之曰 何以使秦無爲雌而可 馮驩曰 王亦知齊之廢孟嘗君乎 秦王曰 聞之馮驩曰 使齊重於天下者 孟嘗君也 今齊王以毀廢之 其心怨 必背齊 背齊入秦 則齊國之情 人事之誠 盡委之秦 齊地可得也 豈直爲雄也 君急使使載幣陰迎孟嘗君 不可失時也 如有齊覺悟 復用孟嘗君 則雌雄之所在未可知也 秦王大悅 迺遣車十乘黃金百鎰以迎孟嘗君

① 雄雌웅자

신주 웅자雄雌는 수컷과 암컷을 말하는데 우열을 뜻하기도 한다.

풍환이 하직인사를 하고 먼저 길을 떠나서 제나라에 이르러 제왕을 설득했다.

"천하의 떠돌이 사인 풍환이 수레에 말고삐를 매어 동쪽 제나라로 들어온 것은 제나라를 강하게 하고 진나라를 약하게 만들고자 해서입니다. 제가 수레에 말고삐를 매어 서쪽 진나라에 들어가는 것은 진나라를 강하게 하고 제나라를 약하게 만들고자 해서입니다. 대저 진나라와 제나라는 자웅雌雄의 나라이므로 진나라가 강해지면 제나라는 약해지는 것으로 이는 두 수컷이 될 수 없는 형세입니다. 지금 신이 가만히 듣자니 진나라는 수레 10대에 황금 100일鎰(1일은 스무 냥 또는 스물네 냥)을 싣고 사신을 보내 맹상군을 맞이한다고 했습니다.

맹상군이 서쪽으로 가지 않으면 그만이겠으나 서쪽으로 들어가 진나라 재상이 된다면 천하는 진나라로 돌아가게 되어 진나라가 웅雄이 되고 제나라는 자雌가 될 것이며, 자雌가 되면 임치臨淄와 즉묵卽墨은 위태할 것입니다. 왕께서는 어찌 먼저 진나라 사신이 도착하기 전에 맹상군을 복직시키고 읍을 더해주어 사죄하지 않으십니까? 맹상군은 반드시 기뻐하고 받을 것입니다. 진나라가 비록 강한 나라이나 어찌 남의 재상을 청해서 맞이할 수 있겠습니까. 진나라 계책을 꺾고 그들이 패자霸者로 강해지는 책략을 단절하십시오."

제왕이 말했다.

"좋소."

이에 사람을 시켜 국경에 이르러 진나라 사신을 살피게 했다. 진나라 사신의 수레가 때마침 제나라 국경으로 들어오자 사신이 달려 돌아와 보고했다. 왕은 맹상군을 불러서 그의 재상의 지위를 복원시키고 그의 옛 읍의 땅을 주며 또 1,000호를 더해주었다.

진나라 사자는 맹상군이 다시 제나라 재상이 되었다는 소식을 듣고 수레를 돌려 떠나갔다. 제왕이 비방으로 맹상군을 내치고부터 여러 객이 모두 떠나갔는데, 뒤에 부름을 받아 복직되자 풍훤에게 손님들을 영접하게 했다. 아직 도착하지 않았는데 맹상군이 크게 한숨을 내쉬며 탄식해 말했다.

"저는 항상 객을 좋아했고 객을 대우하여 감히 실수하는 것이 없었으며 식객은 3,000여 명이라는 것을 선생께서는 아실 것이오. 객들은 제가 하루아침에 쫓겨나는 것을 보고 모두 저를 배신하고 떠나 저를 돌아보는 자가 없었소. 지금 선생에 힘입어 그 지위로 복귀하였는데, 객들 또한 무슨 면목으로 저를 다시 보겠소. 만일 다시 저를 보는 자는 반드시 그의 얼굴에 침을 뱉어서 크게 모욕할 것이오."

이에 풍훤이 고삐를 매고 내려와 절을 했다. 맹상군은 수레에서 내려 손을 대면서 말했다.

"선생께서는 객을 위해 사죄하는 것입니까?"

풍훤이 말했다.

"객을 위한 사죄가 아니라 군의 실언 때문입니다. 대저 사물에는 반드시 이르는 것이 있고 일에는 본래 그러한 것이 있다는 것을 군君께서는 알지 않습니까?"

맹상군이 말했다.

"어리석어서 이르는 바를 알지 못하겠소."

풍훤이 말했다.

"살아 있는 것은 반드시 죽음이 있어, 사물은 반드시 이에 도달

합니다. 부귀하면 사인이 많아지고 빈천하면 벗이 적어지는 것은 일이 본래 그러한 것입니다. 군께서는 다만 사내가 시장으로 달려가는① 것을 보지 않으셨습니까? 아침에는 어깨를 부딪치며 문으로 다투어서 들어가지만, 날이 저문 뒤 성시成市가 지나면② 손사래 치며 돌아보지 않고 가버립니다. 이는 아침을 좋아하고 저녁을 싫어해서가 아니라 기대한 물건이 시장 안에서 떨어져 없어졌기 때문입니다.③ 지금 군께서 지위를 잃어서 빈객들이 모두 떠난 것인지라 사인들을 원망하고 무턱대고 빈객들의 길을 단절시키지 않아야 합니다. 원컨대 군께서는 빈객을 대우하는 것을 옛날처럼 하십시오."

맹상군이 두 번 절을 하고 말했다.

"공경히 명을 따르겠소. 선생의 말씀을 듣고서 감히 가르침을 받들지 않을 수 있겠습니까."

馮驩辭以先行 至齊 說齊王曰 天下之游士馮軾結靷東入齊者 無不欲彊齊而弱秦者 馮軾結靷西入秦者 無不欲彊秦而弱齊者 夫秦齊雄雌之國 秦彊則齊弱矣 此勢不兩雄 今臣竊聞秦遣使車十乘載黃金百鎰以迎孟嘗君 孟嘗君不西則已 西入相秦則天下歸之 秦爲雄而齊爲雌 雌則臨淄卽墨危矣 王何不先秦使之未到 復孟嘗君 而益與之邑以謝之 孟嘗君必喜而受之 秦雖彊國 豈可以請人相而迎之哉 折秦之謀 而絕其霸彊之略 齊王曰 善 乃使人至境候秦使 秦使車適入齊境 使還馳告之 王召孟嘗君而復其相位 而與其故邑之地 又益以千戶 秦之使者聞孟嘗君復相齊 還車而去矣 自齊王毀廢孟嘗君 諸客皆去 後召而復之 馮驩迎之 未到 孟嘗君太息歎曰 文常好客 遇客無所敢失 食客三千有餘人

先生所知也 客見文一日廢 皆背文而去 莫顧文者 今賴先生得復其位
客亦有何面目復見文乎 如復見文者 必唾其面而大辱之 馮驩結轡下
拜 孟嘗君下車接之 曰 先生爲客謝乎 馮驩曰 非爲客謝也 爲君之言
失 夫物有必至 事有固然 君知之乎 孟嘗君曰 愚不知所謂也 曰 生者
必有死 物之必至也 富貴多士 貧賤寡友 事之固然也 君獨不見夫(朝)
趣①市〔朝〕者乎 明旦 側肩爭門而入 日暮之後 過市朝②者掉臂而不顧
非好朝而惡暮 所期物忘其中③ 今君失位 賓客皆去 不足以怨士而徒
絕賓客之路 願君遇客如故 孟嘗君再拜曰 敬從命矣 聞先生之言 敢不
奉教焉

① 趣취

색은 趣의 발음은 '취娶'이다. 취趣는 향하는 것이다.

趣音娶 趣 向也

② 過市朝과시조

색은 過의 발음은 '과[光臥反]'이고 朝의 발음은 '조潮'이다. 시장 행인의
지위가 조정에서 지위를 나열한 것과 같다는 말이다. 그로 인해 '시조
市朝'라고 말했을 뿐이다.

過音光臥反 朝音潮 謂市之行位有如朝列 因言市朝耳

③ 所期物忘其中소기물망기중

색은 살펴보니 기물期物이란 시장에 들어가서 마음속으로 기대하는
바가 물건을 사고팔아 이익을 챙겨야 한다는 것을 이른다. 이 때문에 날

이 밝으면 어깨를 부딪치며 문으로 다투어서 들어가지만 이제 날이 저물어지면 기대하는 물건이 시장 안에서 다 떨어져 없어지게 된다. 망忘은 무無이다. 기중其中은 시장의 안이다. 날이 저물면 물건이 다 떨어지기 때문에 손사래 치며 뒤돌아보지 않고 떠나간다는 말이다.

按 期物謂入市心中所期之物利 故平明側肩爭門而入 今日暮 所期忘其中 忘者 無也 其中 市朝之中 言日暮物盡 故掉臂不顧也

태사공은 말한다.

나는 일찍이 설薛 땅에 들린 적이 있었는데, 그곳의 풍속은 마을마다 난폭하고 사나운 자제들이 많아서 추鄒나 노魯와는 달랐다. 그 까닭을 물으니, '맹상군이 천하의 협객들을 초청하여 이르렀는데 간사한 사람들이 설 땅으로 들어온 것이 대략 6만여 가구나 되었기 때문입니다.'라고 일렀다. 세상에서 맹상군이 빈객을 좋아하고 스스로 기뻐했다고 전하는데, 명성이 헛말은 아니었도다.

太史公曰 吾嘗過薛 其俗閭里率多暴桀子弟 與鄒魯殊 問其故 曰 孟嘗 君招致天下任俠 姦人入薛中蓋六萬餘家矣 世之傳孟嘗君好客自喜 名 不虛矣

색은술찬 사마정이 펼쳐서 밝히다.

정곽군의 아들은 위왕의 손자였다. 그 국가를 강하게 하였으니 실로 그 가문이 높아졌다. 빈객을 좋아하고 사인을 좋아했으며 평원군에게 귀하게 대접받았다. 계명구도의 재주꾼과 위자와 풍훤의 현량이 있었다.
어찌 두 눈에 눈물이 흐르는가! 설현의 무리들이 남아 있구나.

靖郭之子 威王之孫 旣彊其國 實高其門 好客喜士 見重平原 鷄鳴狗盜 魏子馮
煖 如何承睫 薛縣徒存

기타

《신주 사마천 사기》〈열전〉을 만든 사람들

한가람역사문화연구소 사기연구실

이덕일(한가람역사문화연구소 소장, 문학박사)

김명옥(문학박사)

송기섭(문학박사)

이시율(고대사 및 역사고전 연구가)

정　암(지리학박사)

최원태(고대사 연구가)

한가람역사문화연구소는 1998년 창립된 이래 한국 사학계에 만연한 중화사대주의 사관과 일제식민 사관을 극복하고 한국의 주체적인 역사관을 세우려 노력하고 있는 학술연구소이다. 독립운동가들의 역사관 계승 작업을 꾸준히 진행하는 한편 《사기》 본문 및 '삼가주석'에 한국 고대사의 진실을 말해주는 수많은 기술이 있음을 알고 연구에 몰두했다. 지난 10여 년간 '《사기》 원전 및 삼가주석 강독(강사 이덕일)'을 진행하는 한편 사기연구실 소속 학자들과 《사기》에 담긴 한중고대사의 진실을 찾기 위한 연구 및 답사도 계속했다. 《신주 사마천 사기》는 원전 강독을 기초로 여러 연구자들이 그간 토론하고 연구한 결과의 집대성이라고 할 수 있다. 한가람역사문화연구소는 《신주 사마천 사기》 출간을 시작으로 역사를 바로세우기 위해 토대가 되는 문헌사료의 번역 및 주석 추가 작업을 꾸준히 이어갈 계획이다.

한문 번역 교정

유정님 박상희 김효동 곽성용 김영주 양훈식 박종민

《사기》를 지은 사람들

본문_ 사마천

사마천은 자가 자장子長으로 하양(지금 섬서성 한성시) 출신이다. 한무제 때 태사공을 역임하다가 이릉 사건에 연루되어 궁형을 당했다. 기전체 사서이자 중국 25사의 첫머리인 《사기》를 집필해 역사서 저술의 신기원을 이룩했다. 후세 사람들이 태사공 또는 사천이라고 높여 불렀다. 《사기》는 한족의 시각으로 바라본 최초의 중국 민족사라고 할 수 있는데 여기서 사마천은 동이족의 역사를 삭제하거나 한족의 역사로 바꾸기도 했다.

삼가주석_ 배인·사마정·장수절

《집해》 편찬자 배인은 자가 용구龍駒이며 남북조시대 남조 송(420~479)의 하동 문희(현 산서성 문희현) 출신이다. 진수의 《삼국지》에 주석을 단 배송지의 아들로 《사기집해》 80권을 편찬했다.

《색은》 편찬자 사마정은 자가 자정子正으로 당나라 하내(지금 하남성 심양) 출신인데 굉문관 학사를 역임했다. 사마천이 삼황을 삭제한 것을 문제로 여겨서 〈삼황본기〉를 추가했으며 위소, 두예, 초주 등 여러 주석자의 주석을 폭넓게 모으고 자신의 견해를 덧붙여 《사기색은》 30권을 편찬했다.

《정의》 편찬자 장수절은 당나라의 저명한 학자로, 개원 24년(736) 《사기정의》 서문에 "30여 년 동안 학문을 섭렵했다"고 썼을 정도로 《사기》 연구에 몰두했다. 그가 편찬한 《사기정의》에는 특히 당나라 위왕 이태 등이 편찬한 《괄지지》를 폭넓게 인용한 것을 비롯해서 역사지리에 관한 내용이 풍부하다.